小王在海关稽查的日子

——企业如何配合海关稽查

"关务通·稽查系列"编委会 ◎ 编著

中国海关出版社

图书在版编目（CIP）数据

小王在海关稽查的日子——企业如何配合海关稽查／"关务通·稽查系列"编委会编著．—北京：中国海关出版社，2013.2
（"关务通·稽查系列"丛书）
ISBN 978-7-80165-925-5

Ⅰ.①小… Ⅱ.①关… Ⅲ.①海关－稽查－中国 Ⅳ.①F752.57

中国版本图书馆 CIP 数据核字（2012）第 304464 号

小王在海关稽查的日子——企业如何配合海关稽查
XIAOWANG ZAI HAIGUAN JICHA DE RIZI——QIYE RUHE PEIHE HAIGUAN JICHA

作　　者：	"关务通·稽查系列"编委会
总 策 划：	谭宁
策划团队：	马超　刘倩　钟刘
责任编辑：	钟刘　刘倩
责任监制：	王岫岩
出版发行：	中国海关出版社
社　　址：	北京市朝阳区东四环南路甲1号　　邮政编码：100023
网　　址：	www.hgcbs.com.cn；www.hgbookvip.com
编 辑 部：	01065194259（电话）　　01065194234（传真）
发 行 部：	01065194221/4238/4246（电话）　　01065194233（传真）
社办书店：	01065195616/5127（电话/传真）　　01065194262/63（邮购电话）
	北京市建国门内大街6号海关总署东配楼一层
印　　刷：	北京京都六环印刷厂　　经　　销：新华书店
开　　本：	710mm×1000mm　1/16
印　　张：	17　　字　　数：260千字
版　　次：	2013年3月第1版
印　　次：	2013年3月第1次印刷
书　　号：	ISBN 978-7-80165-925-5
定　　价：	70.00元

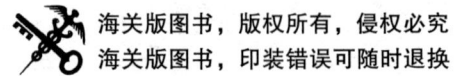

海关版图书，版权所有，侵权必究
海关版图书，印装错误可随时退换

前　言

　　海关对进出口企业实施稽查，是法律赋予海关的权力，它承载着"监督企业进出口活动，查发企业各类问题，验证企业守法状况，完善海关内部管理"的重要职责。海关稽查作为海关监管的重要组成部分，越来越重要地发挥着提高海关管理效能、促进企业规范进出口行为、引导企业守法自律的作用，已逐渐成为进出口企业的"保健医生"。然而，对于大多数企业而言，一提到"海关稽查"，便感到忧心忡忡，以为稽查就是来查发问题的，甚至认为"逢查必罚"。有这样的误解，是因为大多数企业对稽查业务的陌生感，所以会诚惶诚恐。2011年以后，保税中后期核查改由稽查部门实施，企业对于海关核查事务的理解也存在着很多偏差，使得企业也有一些顾虑。

　　解决企业（特别是企业高级关务经理以及关务）对于稽查与核查业务的种种困惑与疑虑正是编著此书的初衷。本书的编者均是长期从事一线监管的关员，他们在工作过程中，收集了大量海关在稽查与核查过程中发现的进出口企业存在的问题与瑕疵，并进行系统的梳理与总结；为编写此书，编者们也召集部分有代表性的企业进行座谈，充分听取他们的心声，了解他们的需求，使得本书的编写尽量在最大程度上契合企业的需要。

　　在写作过程中，编者们以企业关务人员（如以关务"小王"为例）的全新视角，以案例为载体，从故事的角度入手，将"知识点链接"与"海关提醒"内容等贯穿全文始终，细致、务实地解读稽查与核查。以生动的笔触将稽查、核查业务进行全面、客观、真实地展示，通过一个个案例，使得关务人员轻松学习和理解稽查与核查，达到拨云见日的效果。

　　本书的编者全部来自苏州工业园区海关。其中，胡文杰、张忠良负责

小王在海关稽查的日子——企业如何配合海关稽查

组织协调，干晶宇负责稽查篇第一章和第三章的编写，周怡琛负责稽查篇第二章和第四章的编写，包黎黎负责核查篇第一章和第二章的编写。同时，包黎黎还承担了全书的统稿工作。本书所引用的相关法律法规截至2012年7月。

本书的出版，得到了海关总署稽查司的大力支持和指导。尤其是在审稿阶段，稽查司领导高度重视，专门抽调部分直属海关稽查部门的业务骨干组成专家组，严把本书质量关。在此，特别感谢朱伟华、钟萱、夏建平、刘作仁、刘海棠、任娟、刘颂恩等同志。

本书不仅适合企业的关务、高级关务经理阅读，也适合海关一线关员及高校相关专业学生参考，同时可满足读者的工作需求与学习需求。

因时间仓促、以及编者们的学识和政策水平有限，不到之处还请各位读者见谅并指正！联系邮箱：guanwutong@mail.customs.gov.cn。

编　者

简要目录

稽查篇

第一章　我要了解海关稽查 ································· 3
　第一节　"稽查通知书"的疑惑 ························· 3
　第二节　"稽查征求意见书"的争议 ····················· 8
　第三节　"稽查结论"的效力 ··························· 13

第二章　"体检式"稽查规范了我们的经营 ················· 19
　第一节　"体检"并不是为了查发问题 ··················· 19
　第二节　"体检"完善了公司的内控制度 ················· 22
　第三节　"体检"发现的隐患 ··························· 25
　第四节　"平衡表"暴露的问题 ························· 28

第三章　"重点式"稽查纠正了我们的问题 ················· 41
　第一节　加工贸易稽查 ······························· 41
　第二节　价格稽查 ··································· 63
　第三节　归类稽查 ··································· 83
　第四节　减免税设备稽查 ····························· 100
　第五节　特许权使用费稽查 ··························· 107

第四章　"验证式"稽查提升了我们的资质 ················· 113
　第一节　通过"验证式"稽查的意义 ····················· 113
　第二节　为什么没有通过验证 ························· 114
　第三节　"我通过验证了" ····························· 121

— 1 —

小王在海关稽查的日子——企业如何配合海关稽查

核查篇

第一章　我要了解海关核查 ················· 177
　第一节　核查的"主角"变了 ··············· 177
　第二节　一次被核查的经历 ················ 180
　第三节　被核查人的"警戒线" ············· 183
第二章　核查提升了我们的管理水平 ·········· 185
　第一节　单耗核查 ······················· 185
　第二节　盘点核查 ······················· 204
　第三节　内销核查 ······················· 210
　第四节　深加工结转核查 ················· 219
　第五节　外发加工核查 ··················· 230
　第六节　不作价设备核查 ················· 235
　第七节　其他项目核查 ··················· 240

目　录

稽查篇

第一章　我要了解海关稽查 ······················· 3
 第一节　"稽查通知书"的疑惑 ··············· 3
  一、收到"稽查通知书" ························· 3
   知识点链接 ···································· 4
    1. 了解"海关稽查" ························ 4
    2. 海关实施稽查的范围 ···················· 4
    3. 海关为什么来查 ························· 4
    4. 海关来查什么 ···························· 5
    5. 海关能不能来我这儿查 ·················· 5
   海关提醒 ······································· 5
    1. 学会从海关"稽查通知书"中获得信息 ··· 5
    2. 读懂时间范围与业务范围 ················ 5
  二、稽查准备 ···································· 6
   知识点链接 ···································· 7
    1.《中华人民共和国海关稽查条例》对企业资料的要求 ······ 7
    2. 海关稽查的时效要求 ···················· 8
   海关提醒 ······································· 8
    1. 企业内部进出口单证保存期限 ··········· 8
    2. 针对稽查范围做好相应准备 ············· 8

第二节 "稽查征求意见书"的争议 ……………………………… 8
接受稽查 ………………………………………………………… 8
知识点链接 …………………………………………………… 9
1. 海关稽查时可以行使哪些权力 ………………………… 9
2. 企业接受海关稽查时该如何配合 ……………………… 10
3. 企业应如何正确对待"稽查征求意见书" …………… 10
海关提醒 ……………………………………………………… 11
1. 稽查时稽查人员常会行使的权力 ……………………… 11
2. 接受稽查时企业常见的工作内容 ……………………… 11
3. 被稽查人（企业）的权利 ……………………………… 11
4. 企业在接受稽查时应如何有效配合 …………………… 12

第三节 "稽查结论"的效力 …………………………………… 13
稽查结果 ………………………………………………………… 13
知识点链接 …………………………………………………… 13
1. 如何读懂"稽查结论" ………………………………… 13
2. 海关是如何依据稽查事实做稽查结论的 ……………… 14
知识点链接 …………………………………………………… 14
1. 什么是"补税"与"追税" …………………………… 14
2. 什么情形会被移交相关部门 …………………………… 15
3. 移交相关部门后产生的后果 …………………………… 16
海关提醒 ……………………………………………………… 16
1. "稽查结论"的签收并不一定意味着稽查事项的结束 … 16
2. 企业在接受稽查时需要履行的法定义务 ……………… 17
3. 企业在接受稽查时可以维护的自身权益 ……………… 18

第二章 "体检式"稽查规范了我们的经营 ……………………… 19
第一节 "体检"并不是为了查发问题 ………………………… 19
一、某电子企业的"体检式"稽查 …………………………… 19
二、稽查准备 …………………………………………………… 20
三、接受稽查 …………………………………………………… 20

目　录

　　　四、稽查结果 …………………………………………… 22
第二节　"体检"完善了公司的内控制度 ……………………… 22
　　　一、某销售公司的"体检式"稽查 ……………………… 22
　　　二、稽查准备 …………………………………………… 22
　　　三、接受稽查 …………………………………………… 22
　　　四、稽查结果 …………………………………………… 25
第三节　"体检"发现的隐患 ………………………………… 25
　　　一、某煤炭企业的"体检式"稽查 ……………………… 25
　　　二、稽查准备 …………………………………………… 25
　　　三、接受稽查 …………………………………………… 26
　　　四、稽查结果 …………………………………………… 27
　　　　知识点链接 …………………………………………… 28
　　　　什么是滞期费 ………………………………………… 28
第四节　"平衡表"暴露的问题 ……………………………… 28
　　　一、某液晶面板生产企业的"体检式"稽查 …………… 28
　　　二、稽查准备 …………………………………………… 28
　　　三、接受稽查 …………………………………………… 28
　　　　海关提醒 ……………………………………………… 35
　　　　　1. 稽查人员对加工贸易料件核算平衡是一种常见手段 … 35
　　　　　2. 加工贸易料件核算平衡时须保证相关数据的完整性 … 35
　　　　　3. 选择准确的 BOM 表进行料件折算 ………………… 35
　　　四、稽查结果 …………………………………………… 40

第三章　"重点式"稽查纠正了我们的问题 ………………… 41
　第一节　加工贸易稽查 ……………………………………… 41
　　　第一讲　企业未能建立有效的管理标准及内部沟通不畅的情形 … 41
　　　一、某电子公司加工贸易内销稽查 ……………………… 41
　　　二、接受稽查 …………………………………………… 42
　　　　海关提醒 ……………………………………………… 43
　　　　　1. 加工贸易货物内销税款计征标准 …………………… 43

— 3 —

2. 有效获取加工贸易应税料件数量及价格的方式 ………… 43
　　3. 加工贸易货物归并申报对确认补税价格的影响 ………… 44
　海关提醒 ……………………………………………………………… 47
　　1. 关注内销成品与保税料件的符合度 …………………… 47
　　2. 料件换算需选择合适的方式 …………………………… 48
　三、稽查结果 ………………………………………………………… 49
第二讲　关务管理仅依靠数据却不了解实际的情形 ……………… 50
　一、某大型 EMS 生产企业加工贸易稽查 ………………………… 50
　　知识点链接 ……………………………………………………… 51
　　　1. 了解企业 ERP …………………………………………… 51
　　　2. 了解 MRP ………………………………………………… 52
　二、稽查准备 ………………………………………………………… 53
　　海关提醒 ………………………………………………………… 53
　　　加工贸易企业中 ERP 系统的重要性 ……………………… 53
　三、接受稽查 ………………………………………………………… 54
　四、稽查结果 ………………………………………………………… 56
第三讲　企业管理体制不能随生产变化而变更的情形 …………… 56
　一、某电子设备生产公司加工贸易稽查 ………………………… 56
　二、接受稽查 ………………………………………………………… 57
　　知识点链接 ……………………………………………………… 59
　　　1. 了解 Backflush（倒冲法） ……………………………… 59
　　　2. 了解"小推车加原料站式"管理 ………………………… 59
　　海关提醒 ………………………………………………………… 62
　　　1. 完成保税料件内销统计的多种方法 …………………… 62
　　　2. 加工贸易管理相关部门人员需积极沟通 ……………… 63
　　　3. 类似"共通料"的料件不宜实行加工贸易管理 ………… 63
　三、稽查结果 ………………………………………………………… 63
第二节　价格稽查 ……………………………………………………… 63
　第一讲　价格申报会出现哪些问题 ……………………………… 63
　　一、某小型电子公司货物价格申报真实性稽查 ………………… 63

知识点链接 ·· 64
　　　　1. 了解"价格申报" ······································ 64
　　　　2. 了解"稽查范围"中的海关专业名词 ···················· 64
　二、稽查准备 ·· 65
　　海关提醒 ·· 67
　　　　同品名合并申报的注意点 ···································· 67
　三、接受稽查 ·· 67
　　海关提醒 ·· 69
　　　　企业对进出口货物相关资料审核的重点 ···················· 69
　　海关提醒 ·· 71
　　　　五种有效的报关错误自查方法 ······························ 71
　　知识点链接 ·· 71
　　　　1.《中华人民共和国海关法》对申报行为的规定 ············ 71
　　　　2. 货物进出口申报有问题的是否要承担责任 ·············· 72
　　　　3. 违反"如实申报"将会受到什么处罚 ···················· 72
　　　　4. 接受委托办理报关手续的报关企业应审查哪些内容 ······ 73
　四、稽查结果 ·· 74
第二讲　完税价格与成交价格 ·· 74
　一、某中型电子公司货物价格申报完整性稽查 ······················ 74
　二、稽查准备 ·· 74
　三、接受稽查 ·· 75
　　知识点链接 ·· 77
　　　　1. 了解"成交方式" ······································ 77
　　　　2. "完税价格"是如何产生的 ···························· 77
　　海关提醒 ·· 79
　　　　1. 计算和确定运费时应关注的问题 ······················ 79
　　　　2. 完税价格申报中的常见失误 ···························· 79
　　　　3. 企业内部建立实质性复核体系的重要性 ·················· 80
　四、稽查结果 ·· 80
第三讲　如何处理漏报与伪报进出口货物价格 ························ 80

一、某机械设备组装企业漏报与伪报类稽查 ………………… 80
二、接受稽查 ………………………………………………… 81
三、稽查结果 ………………………………………………… 82
　　知识点链接 ……………………………………………… 82
　　　1. 了解"低报、伪报价格走私" …………………… 82
　　　2. 从价计征关税如何计算 …………………………… 83

第三节　归类稽查 ………………………………………… 83

第一讲　海关为何稽查进出口货物品名申报情况 …………… 83
一、某外资电气传送公司税则号列申报类稽查 ……………… 83
　　知识点链接 ……………………………………………… 83
　　　1. 了解"申报" ……………………………………… 83
　　　2. 了解"税号" ……………………………………… 84
二、接受稽查 ………………………………………………… 84
三、稽查结果 ………………………………………………… 86
　　知识点链接 ……………………………………………… 86
　　　1. 了解"伪报品名" ………………………………… 86
　　　2. 了解"走私普通货物罪" ………………………… 86

第二讲　进出口货物"规格型号"申报情况是否属海关稽查范围 … 87
一、某小型贸易公司税则号列申报类稽查 …………………… 87
　　知识点链接 ……………………………………………… 87
　　　税号72191100与72192100的区别 ………………… 87
二、接受稽查 ………………………………………………… 88
三、稽查结果 ………………………………………………… 90
　　知识点链接 ……………………………………………… 91
　　　了解"许可证件管理" ……………………………… 91
　　海关提醒 ………………………………………………… 91
　　　货物的规格型号对确定税号非常重要 ……………… 91

第三讲　进出口货物"料号"是否会影响到归类 …………… 92
一、某液晶显示器公司税则号列申报类稽查 ………………… 92
二、稽查准备 ………………………………………………… 92

海关提醒 …………………………………………………………… 93
 1. 将货物的申报要素规则化、程序化的重要性 ………… 93
 2. 应注重企业内部作业流程的整理 ……………………… 93
三、接受稽查 ………………………………………………………… 93
 海关提醒 …………………………………………………………… 95
  1. 充分了解料号特征是确定进出口货物的首要条件 …… 95
  2. 料号编制规则是掌握归类重点和了解货物特征的重要基础
   …………………………………………………………… 95
四、稽查结果 ………………………………………………………… 96
 海关提醒 …………………………………………………………… 96
  不应以主观印象或仅凭货物外观进行武断的归类 ……… 96
第四讲 品名、规格型号、料号之外的用途等因素在货物归类中
   是否重要 ……………………………………………… 96
 一、某中型贸易公司税则号列申报类稽查 ………………………… 96
 二、接受稽查 ………………………………………………………… 97
  知识点链接 ……………………………………………………… 98
   税号 85285110 与 85285910 的区别 ………………………… 98
 三、稽查结果 ………………………………………………………… 99
  海关提醒 ………………………………………………………… 99
   1. 正确完成归类应充分了解与货物"用途"相关的各项特征
    及指标 ………………………………………………… 99
   2. 了解用途应充分关注货物的"功能用途"及"最终用途" … 99
   3. 关注海关各类归类决定或裁定有助于提高归类水平 …… 100
第四节 减免税设备稽查 ……………………………………………… 100
 第一讲 减免税设备申报类稽查 ………………………………… 100
  一、某通讯科技公司减免税设备稽查 ……………………………… 100
   知识点链接 ……………………………………………………… 100
    1. 减免税设备进口时具有哪些特征 ………………………… 100
    2. 特定减免税货物与保税货物的不同点 …………………… 101
  二、接受稽查 ………………………………………………………… 101

三、稽查结果 …………………………………………… 102
第二讲　减免税设备使用及流向类稽查 ………………… 102
一、某电子公司减免税设备稽查 ………………………… 102
　知识点链接 …………………………………………… 103
　　1. 特定减免税货物进口后接受海关监管的期限 …… 103
　　2. 特定减免税货物的海关稽查时效 ………………… 103
二、接受稽查 ……………………………………………… 103
　知识点链接 …………………………………………… 104
　　1. 减免税设备是否可以移作他用 …………………… 104
　　2. 减免税设备是否可以转让 ………………………… 104
　海关提醒 ……………………………………………… 104
　　擅自转让减免税设备或将减免税设备移作他用的后果 …… 104
三、稽查结果 ……………………………………………… 104
第三讲　减免税设备处置类稽查 ………………………… 105
一、某机械公司减免税设备稽查 ………………………… 105
　知识点链接 …………………………………………… 105
　　1. 减免税货物是否可以办理贷款抵押 ……………… 105
　　2. 减免税货物办理贷款抵押有什么特别要求 ……… 105
二、接受稽查 ……………………………………………… 106
　海关提醒 ……………………………………………… 106
　　1. 减免税货物如何才能算合法抵押 ………………… 106
　　2. 擅自抵押减免税货物会受到什么处罚 …………… 106
三、稽查处理 ……………………………………………… 106
第五节　特许权使用费稽查 ……………………………… 107
第一讲　哪些特许权使用费是海关的征税对象 ………… 107
一、某企业手机芯片设计许可费稽查 …………………… 107
　知识点链接 …………………………………………… 108
　　了解"特许权使用费" ……………………………… 108
二、接受稽查 ……………………………………………… 108
　知识点链接 …………………………………………… 109

1. 什么样的特许权使用费应计入货物的完税价格 ………… 109
　　　2. 如何确定特许权使用费是否与进口货物有关 ………… 109
　　三、稽查结果 …………………………………………………… 110
　第二讲　如何确定特许权使用费是否应计入货物的完税价格 …… 110
　　一、某企业技术入门费稽查 …………………………………… 110
　　　知识点链接 …………………………………………………… 111
　　　什么样的支付条件可作为卖方出口销售该货物到我国关境
　　　内的条件 ……………………………………………………… 111
　　二、接受稽查 …………………………………………………… 111
　　三、稽查结果 …………………………………………………… 112

第四章　"验证式"稽查提升了我们的资质 ………………… 113
　第一节　通过"验证式"稽查的意义 ……………………………… 113
　　　知识点链接 …………………………………………………… 113
　　　1. AA 类企业可享受的政策优惠 …………………………… 113
　　　2. 申请 AA 类企业的条件 …………………………………… 114
　　　3. "验证式"稽查的启动 …………………………………… 114
　第二节　为什么没有通过验证 ……………………………………… 114
　　一、小王第一次经历"验证式"稽查 ………………………… 114
　　二、接受稽查（财务状况与进出口守法指标） ……………… 115
　　　（一）财务状况指标验证 …………………………………… 115
　　　（二）进出口守法指标验证 ………………………………… 116
　　　海关提醒 ……………………………………………………… 116
　　　"验证式"稽查关于财务状况的指标 ……………………… 116
　　　海关提醒 ……………………………………………………… 119
　　　"验证式"稽查关于进出口守法的指标 …………………… 119
　　三、稽查结果 …………………………………………………… 120
　第三节　"我通过验证了" ………………………………………… 121
　　一、小王第二次经历"验证式"稽查 ………………………… 121
　　二、接受稽查（内控制度与贸易安全指标） ………………… 121

（一）内控制度指标验证 ... 121
海关提醒 ... 121
"验证式"稽查关于内控制度的指标 ... 121

（二）贸易安全指标验证 ... 153
海关提醒 ... 153
"验证式"稽查关于贸易安全的指标 ... 153

三、稽查结果 ... 174
海关提醒 ... 174
"验证式"稽查中相关指标不符合要求的处理方式 ... 174

核查篇

第一章 我要了解海关核查 ... 177
第一节 核查的"主角"变了 ... 177
知识点链接 ... 178
1. 了解核查 ... 178
2. 核查查什么 ... 178
3. 稽查与核查的区别 ... 178

第二节 一次被核查的经历 ... 180
知识点链接 ... 180
1. 海关实施核查前是否会通知企业 ... 180
2. 实施核查时海关会做些什么 ... 180
3. 核查中企业的权利与义务 ... 181
4. 核查中海关的权力 ... 181

海关提醒 ... 181
1. 企业收到海关核查通知后该做哪些准备 ... 181
2. 核查时的企业"自查"非常重要 ... 182

第三节 被核查人的"警戒线" ... 183
知识点链接 ... 183

被核查人违法违规的后果 ·················· 183
海关提醒 ······························ 184
企业防范违规情事发生的有效方法 ············ 184

第二章 核查提升了我们的管理水平 ············ 185
第一节 单耗核查 ······················ 185
一、读懂"单耗" ··················· 185
知识点链接 ························ 186
1. 了解单耗 ······················ 186
2. 损耗与工艺损耗该如何区分 ············ 187
3. 工艺损耗与不能列入工艺损耗的损耗在处理上有什么区别
······························ 188
4. 单耗核查过程中海关可能会做些什么 ········ 188
5. 企业关务人员获取单耗相关数据的几个途径 ···· 188

二、电子行业小王经历的单耗核查 ············ 189
知识点链接 ························ 189
1. 工程 BOM 表和制造 BOM 表的区别 ········ 189
2. BOM 表对单耗申报的作用 ············ 190
知识点链接 ························ 190
1. 维修领用该如何判别 ················ 190
2. 哪些属于残次品且残次品该如何处理 ········ 190
海关提醒 ························ 192
电子行业单耗管理容易出现的问题 ·········· 192

三、塑胶行业小青经历的单耗核查 ············ 192
知识点链接 ························ 193
1. 成品有多种规格型号时料件单耗的计算方法 ···· 193
2. 浇口可回用时料件工艺损耗的计算方法 ······ 193
3. 如何认识工艺成熟的产品在一定时间段内料件损耗率浮动
较大 ·························· 196
4. 塑料粒子中加了色母粒时料件单耗的计算方法 ···· 197

  海关提醒 ·· 197
   塑胶行业单耗管理的注意点 ························· 197
四、化工行业小敏经历的单耗核查 ·························· 198
  知识点链接 ·· 199
   工艺损耗率计算方法 ································ 199
  海关提醒 ·· 200
   "实际测定法"计算损耗率的前提条件 ············ 200
五、纺织服装行业小石经历的单耗核查 ···················· 200
  知识点链接 ·· 201
   1. 企业选择在备案环节申报单耗能否再申请变更 ··· 201
   2. 企业还可以选择哪些环节向海关申报单耗 ······ 201
  海关提醒 ·· 202
   纺织行业单耗申报注意点 ··························· 202
六、五金行业小楼经历的单耗核查 ·························· 202
  知识点链接 ·· 203
   生产过程中的几种具体情形是否可列入工艺损耗 ··· 203

第二节 盘点核查 ·· 204
  知识点链接 ·· 204
   了解"盘点核查" ···································· 204
  知识点链接 ·· 206
   1. "在途清单"包括哪些保税货物 ················ 206
   2. 哪些情形可能导致盘点不通过 ··················· 206

第三节 内销核查 ·· 210
  知识点链接 ·· 211
   1. 海关对加工贸易货物转内销有何规定 ··········· 211
   2. 企业擅自内销应承担的法律责任 ················· 211
一、联网企业内销"连连看" ······························· 212
  知识点链接 ·· 213
   海关对加工贸易联网监管企业内销的管理规定 ··· 213

　　　　海关提醒 ·· 215
　　　　　1. 联网企业"月度集中补税"注意事项 ················· 215
　　　　　2. 保税进口料件的制成品出口须谨慎 ··················· 216
　　　　　3. 即将取消订单时涉及的保税货物处理须谨慎 ········· 216
　　二、非联网企业内销"连连看" ·································· 216
　　　　海关提醒 ·· 218
　　　　　1. 非联网企业适用的内销政策不同于联网企业 ········· 218
　　　　　2. 保税边角料的正当"出路"在哪里 ··················· 218
　　　　　3. 关务部门的地位举足轻重 ···························· 218

第四节　深加工结转核查 ·· 219
　　一、令人惊愕的进口"空结转" ································· 219
　　　　知识点链接 ··· 221
　　　　　1. 了解"深加工结转" ································ 221
　　　　　2. 哪些加工贸易企业可以开展深加工结转业务 ········ 221
　　　　海关提醒 ·· 222
　　　　　企业自查出的违规行为应向海关如实申报 ············· 222
　　二、一场"金融危机"中的"危机" ···························· 223
　　　　知识点链接 ··· 224
　　　　　深加工结转业务的办理流程 ···························· 224
　　　　海关提醒 ·· 226
　　　　　深加工结转的"三步运作"不可颠倒 ················· 226
　　三、都是"超期"惹的祸 ······································· 227
　　　　知识点链接 ··· 229
　　　　　转出、转入企业实际收发货后如何办理结转报关手续 ··· 229
　　　　海关提醒 ·· 230
　　　　　深加工结转报关超期后补办也属违规 ················· 230

第五节　外发加工核查 ··· 230
　　一、"擅自外发"不可取 ·· 230
　　　　知识点链接 ··· 232
　　　　　1. 了解外发加工 ······································· 232

2. 海关关于企业开展保税货物外发加工的规定 …………… 233
 海关提醒 ……………………………………………………… 233
  外发加工必须严格遵守审批程序 ………………………… 233
二、"超范围"的外发加工 …………………………………… 234
 海关提醒 ……………………………………………………… 235
  保税货物的外发工序须在海关批准的范围内 …………… 235

第六节　不作价设备核查 ……………………………………… 235
一、不作价设备切不可"互通有无" ………………………… 235
 知识点链接 …………………………………………………… 237
  1. 了解"加工贸易不作价设备" ………………………… 237
  2. 不作价设备的海关监管期限 …………………………… 237
  3. 企业是否可以任意处置已满海关监管期的不作价设备 …… 237
 海关提醒 ……………………………………………………… 238
  不作价设备转借他用须先行办理相关手续 ……………… 238
二、不作价设备"越界"使用须有"度" ………………… 238
 知识点链接 …………………………………………………… 240
  不作价设备的使用规定 …………………………………… 240
 海关提醒 ……………………………………………………… 240
  不作价设备应主要用于加工贸易产品的生产 …………… 240

第七节　其他项目核查 ………………………………………… 240
"蓝膜"的争议 ………………………………………………… 241
 知识点链接 …………………………………………………… 242
  1. 了解"消耗性物料" …………………………………… 242
  2. 哪些"消耗性物料"属于可以保税的范畴 …………… 243
  3. "消耗性物品"和"消耗性物料" …………………… 243
 海关提醒 ……………………………………………………… 243
  "磨具"不同于"磨料" ………………………………… 243

楷查篇

第一章　我要了解海关稽查

海关稽查，在国外一般被称为"海关外部审计"，它的工作方法包括查阅相关企业、单位账册、记录等，其行为符合审计的各项特点。我国的海关稽查制度，正是借鉴了国外"海关外部审计"的各项优点，再结合我国国情及海关改革的要求，在20世纪90年代中期所创设的。它最主要的工作方式是对企业、单位的各种记录进行书面核对，以及对有关进出口货物的使用情况和实际去向进行实地盘点，以此来判断相关进出口业务的真实性及合法性。所以，对进出口企业、单位来说，了解海关稽查的基本知识、实现针对性管理及准备是非常有必要的。为此，本章将以情景案例的形式介绍海关稽查的基本内容、程序及相关的法律后果等，以对海关稽查作业进行简介。

第一节　"稽查通知书"的疑惑

一、收到"稽查通知书"

2011年初夏的一天，关务沈康丽接到海关通知，要来她所在的工厂进行稽查，今天就要来送"稽查通知书"，请她做好准备。沈康丽连忙向总经理陈力作了汇报。陈力不解地问道："海关能来我们这查吗？海关为何来查啊？海关要查什么啊？"工作仅两年的沈康丽从未接触过海关稽查，总经理的询问让她倍感紧张。幸好，海关稽查人员听说她的困扰后，向她提供了《中华人民共和国海关稽查条例》文本并作了详尽解释，终于让她松了一口气，现在她终于能回答总经理的问题了！

知识点链接

1. 了解"海关稽查"

根据《中华人民共和国海关法》第四十五条的规定,自进出口货物放行之日起三年内或者在保税货物、减免税进口货物的海关监管期限内及其后的三年内,海关可以对与进出口货物直接有关的企业、单位的会计账簿、会计凭证、报关单证以及其他有关资料和有关进出口货物实施稽查。

2. 海关实施稽查的范围

海关对下列与进出口活动直接有关的企业、单位实施海关稽查:

(1) 从事对外贸易的企业、单位;

(2) 从事对外加工贸易的企业;

(3) 经营保税业务的企业;

(4) 使用或者经营减免税进口货物的企业、单位;

(5) 从事报关业务的企业;

(6) 海关总署规定的从事与进出口活动直接有关的其他企业、单位。

3. 海关为什么来查

海关稽查是不戴"有色眼镜"的。海关稽查只是海关判断进出口活动是否真实、合法的一种例行检查,因此收到稽查通知并不意味着就是在进出口管理上有错误,更不意味着补税和罚款。

海关稽查最主要的工作是对企业与进出口活动有关的各种商业记录进行书面核对,以及对有关进出口货物的使用情况和实际去向进行实地核查,并以此来判断企业进出口业务的真实性及合法性。它可能涉及的进出口活动主要包括以下内容:

(1) 进出口申报;

(2) 进出口关税和其他税、费的缴纳;

(3) 进出口许可证、件的交验;

(4) 与进出口货物有关的资料记载、保管;

(5) 保税货物的进口、使用、储存、加工、销售、运输、展示和复出口;

(6) 减免税进口货物的使用、管理;

(7) 转关运输货物的承运、管理；

(8) 暂时进出口货物的使用、管理；

(9) 其他进出口活动。

4. 海关来查什么

海关稽查内容包括"物"和"账"。稽查不光会对进出口货物本身进行核查，对与货物相关的会计账簿、会计凭证、报关单证以及其他有关资料也是有核查要求的。同时，这种核查还包含进出口货物申报、使用、管理等多项内容。

5. 海关能不能来我这儿查

海关稽查一般针对存在进出口业务的企业、单位。另外，值得提醒的是，就算没有直接发生实际进出口业务，企业、单位如果使用或经营进出口减免税设备的，也有可能被稽查。

海关提醒

1. 学会从海关"稽查通知书"中获得信息

"稽查通知书"盖有海关印章，至少包含稽查开始时间、企业准备内容、稽查范围三个部分，所有海关稽查均有"稽查通知书"，同时海关稽查人员均应持有《中华人民共和国海关稽查证》。企业应注意分辨，防止欺诈。"稽查通知书"具体格式如图1-1所示。

海关稽查依据通知方式不同可分为通知稽查及径行稽查两种方式。径行稽查中"稽查通知书"所示稽查开始日期与企业收到"稽查通知书"的时间是同一天；而通知稽查中的稽查开始日期比"稽查通知书"制发日期至少晚三天。

2. 读懂时间范围与业务范围

海关会按需求确定稽查的时间范围和业务范围，不同的时间范围及业务范围决定了海关稽查开展的深度及广度。通过对"稽查通知书"内容的了解，我们可以对稽查时间范围和业务范围有初步判断。

小王在海关稽查的日子——企业如何配合海关稽查

```
       中华人民共和国    海关

        稽 查 通 知 书

              （正 本）

                    ___关稽通（  ）    号

    _____：

      根据《中华人民共和国海关法》、《中华人民共和国海关稽查
  条例》的有关规定，我关自    年   月   日起对你单位实施海关
  稽查。请收到本通知书后按下列范围准备相应账簿、单证等有关
  资料。海关稽查期间，你单位法定代表人、主要负责人或其授权
  的代表应到场配合海关工作，并提供必要的工作条件。

      稽查范围：你单位    年  月  日至    年  月  日期
  间                                                。
  必要时，海关可对你单位其他进出口情况进行稽查。

      联系人：            联系电话：

      特此通知。

                                    （海关印章）

                                       年  月  日
```

图 1-1　稽查通知书

二、稽查准备

"海关是来稽查我们之前的进出口情况的。"沈康丽一脸轻松地跟总经

理报告，同时请作为法定代表人的总经理陈力签收"稽查通知书"。陈力仔细查看了"稽查通知书"的内容，有两句话引起了他的注意，一句是"请收到本通知书后按下列范围准备相应账簿、单证等有关资料"，另一句是"你单位 2008 年 4 月 7 日至 2011 年 4 月 6 日期间进出口活动的真实性和合法性"。

"我们要准备哪些账簿、单证及相关资料？三年前的也要查吗？我们还有资料吗？海关会不会查 2007 年、2006 年的啊？你这边有什么困难吗？"陈力带着疑惑向沈康丽一连串地询问道。

"我知道海关要我们准备什么资料，刚刚海关关员跟我解释过了，可能涉及稽查期限内的进出口报关单证、合同以及与进出口业务直接有关的其他资料，还有相关进出口货物的购买、销售、加工、使用、损耗、库存情况的书面资料和资产负债表、损益表等会计报表。而且，听说海关对我们的稽查是有时限的，不会对我们有很多的要求。"沈康丽自信地汇报着，但同时，也对公司稽查期间的业务单证保存情况表示了担忧："陈总，我们公司内控规定，对相关业务单证只要求保存两年，但海关的要求是三年，可能我们有问题啊！"

知识点链接

1.《中华人民共和国海关稽查条例》对企业资料的要求

（1）会计资料设置的要求。与进出口活动直接有关的企业、单位所设置、编制的会计账簿、会计凭证、会计报表和其他会计资料，应当真实、准确、完整地记录和反映进出口业务的有关情况。

（2）资料保管的要求。与进出口活动直接有关的企业、单位应当依照有关法律、行政法规规定的保管期限，保管会计账簿、会计凭证、会计报表和其他会计资料。报关单证、进出口单证、合同以及与进出口业务直接有关的其他资料，应当自进出口货物放行之日起保管 3 年。

（3）计算机资料打印的要求。与进出口活动直接有关的企业、单位会计制度健全，能够通过计算机正确、完整地记账、核算的，其计算机储存和输出的会计记录视同会计资料，但是应当打印成书面记录并依照规定完整保管。

(4) 资料报送的要求。与进出口活动直接有关的企业、单位应当按照海关要求，报送有关进出口货物的购买、销售、加工、使用、损耗和库存情况的资料。

2. 海关稽查的时效要求

自进出口货物放行之日起三年内或者在保税货物、减免税进口货物的海关监管期限内及其后的三年内。

 海关提醒

1. 企业内部进出口单证保存期限

企业内部对于进出口相关单证的保存期限不应低于三年。企业的报关单证、进出口单证、合同以及与进出口业务直接有关的其他资料必须保存三年以上。此处的三年应自进出口货物放行之日起计算，否则海关会要求责令限期改正，逾期不改正的，会处1万元以上5万元以下的罚款。

2. 针对稽查范围做好相应准备

企业应针对稽查范围内容作好稽查准备，稽查范围包括时间范围及业务范围两项内容。由于"稽查通知书"中会明确告知企业稽查开始时间、稽查时间范围及稽查业务范围，因此，企业应针对上述内容完成相应的资料准备、数据核对及合规性自查。我们将在后面相关章节中介绍各种稽查准备要点。

第二节 "稽查征求意见书"的争议

接受稽查

依照海关稽查人员的要求，作为法定代表人的陈力代表公司签收了"稽查通知书"。三天后，稽查正式开始了。其间，海关稽查人员查看了相关账务及仓库单证,并对其中的部分账册进行了复制。此外,还对该公司的保税原材料仓库进行检查,并对其中的部分大包装货物进行开启清查。之后,该公司收到了"检查记录""账簿单证调审单"等好几份单证。经检查,稽查人员发现该公司某项保税原料因运输不当而短缺 200 千克,且经核对仓库及财务账册,稽查人员又发现公司还将 500 千克某保税料件借给其客户使用。稽查组在稽查开始一个月后就上述事实制发了"稽查征求意见书",注明"按照《中华人民共和国海关稽查条例》的规定,现征求你单位意见,你单位应自海关送达'稽查征求意见书'之日起 7 日内,将书面意见送交海关,逾期未送交的,视为无意见"。

收到"稽查征求意见书"后,依照陈力的要求,沈康丽与公司仓库人员对海关认定的上述情况进行复核,发现保税原料短缺情况属实,但保税料件外借情况统计有误。公司计划外借 500 千克,但其中 150 千克仅从原料仓库领出,尚未出厂。对此情况沈康丽汇报给了总经理陈力,并建议及时告诉海关稽查人员,但陈力对此提出了自己的顾虑:"海关已经确定数量了,我们还能再改吗?我们提出意见是否会引起海关稽查人员的反感?"

因为是初次经历,沈康丽对此也拿不定主意,直到反馈期限快到了,想起他的同学王伟所在的力达公司曾接受过稽查,就向其进行了询问。王伟听后,连忙建议沈康丽将真实情况向海关进行书面反映,千万不要过了时效。

知识点链接

1. 海关稽查时可以行使哪些权力

海关进行稽查时,可以行使下列职权:

(1) 查阅、复制被稽查人的账簿、单证等有关资料。

(2) 进入被稽查人的生产经营场所、货物存放场所,检查与进出口活动有关的生产经营情况和货物。

(3) 询问被稽查人的法定代表人、主要负责人员和其他有关人员与进出口活动有关的情况和问题。

(4) 经海关关长批准,查询被稽查人在商业银行或者其他金融机构的存款账户。

（5）海关进行稽查时，发现被稽查人有可能转移、隐匿、篡改、毁弃账簿、单证等有关资料的，经海关关长批准，可以暂时封存其账簿、单证等有关资料。采取该项措施时，不得妨碍被稽查人正常的生产经营活动。海关对有关情况经查明或者取证后，应当立即解除对账簿、单证等有关资料的封存。

（6）海关进行稽查时，发现被稽查人的进出口货物有违反《中华人民共和国海关法》和其他有关法律、行政法规规定的嫌疑的，经海关关长批准，可以封存有关进出口货物。

2. 企业接受海关稽查时该如何配合

接受海关稽查的单位，依法应履行以下义务：

（1）被稽查人应当配合海关稽查工作，并提供必要的工作条件；

（2）被稽查人应当接受海关稽查，如实反映情况，提供账簿、单证等有关资料，不得拒绝、拖延、隐瞒。被稽查人使用计算机记账的，应当向海关提供记账软件、使用说明书及有关资料；

（3）海关查阅、复制被稽查人的账簿、单证等有关资料或者进入被稽查人的生产经营场所、货物存放场所检查时，被稽查人的法定代表人或者主要负责人员或其指定的代表应当到场，并按照海关的要求清点账簿、打开货物存放场所、搬移货物或者开启货物包装；

（4）海关进行稽查时，与被稽查人有财务往来或者其他商务往来的企业、单位应当向海关如实反映被稽查人的有关情况，提供有关资料和证明材料。

3. 企业应如何正确对待"稽查征求意见书"

依据《中华人民共和国海关稽查条例》及相关法律法规的规定，海关稽查在作出结论前，应依法将稽查发现的主要认定事实书面告知被稽查人，并征求被稽查人的意见，被稽查人对稽查认定的事实提出异议的，稽查组原则上会对异议部分进行复查，并可能就复查内容进行重新认定。

一般来说，"稽查征求意见书"包含稽查范围、稽查认定的事实、要求被稽查人反馈意见的时限等内容。值得注意的是，"稽查征求意见书"

中并不会出现稽查处理意见，但不出现并不意味着不处理，千万不能因"稽查征求意见书"中没有处理意见而认为不会有后续处理措施而放弃相关权利。

海关提醒

1. 稽查时稽查人员常会行使的权力

海关稽查中稽查人员最常行使的是查阅、复制及检查权。查阅、复制主要是针对账簿、单证，而检查权的对象一般包括企业的生产及仓储场所及相关货物。特殊情况下（一般是企业存在违法嫌疑），海关稽查人员可以对企业的账簿、单证等资料及货物进行封存，并查询企业账户的资金情况。

2. 接受稽查时企业常见的工作内容

首先，依法签收的义务。稽查过程中可能涉及的"检查记录""账簿单证调审单""封存通知书"等均需要被稽查人的法定代表人或其指定的代表人签收及加盖公章。

其次，积极配合的义务。如海关查阅单证、检查货物时被稽查人的法定代表人或者主要负责人员或其指定的代表应当到场，并按照海关的要求清点账簿、打开货物存放场所、搬移货物或者开启货物包装；

此外，被稽查人还应提供必要的工作条件，如会议室、复印条件、数据保障等。

3. 被稽查人（企业）的权利

知情的权利。被稽查人有权向海关了解有关进出口管理的法律、法规及规章，有权要求海关告知双方在海关企业稽查中的权利与义务。

维护自身合法权益的权利。被稽查人有权维护自身的合法权益，一是如被稽查人认为海关工作人员与自身存在直接的利害关系，可以对海关工作人员提出回避申请；二是在稽查过程中，被稽查人有权要求海关保守商业秘密；三是对于海关违反法定程序或超出法律授权范围的要求或行为，被稽查人有权拒绝。

寻求法律救济的权利。被稽查人对于海关实施企业稽查中的行政行为不服的,可以依法申请行政复议,或者向法院提起诉讼。

对于海关违法实施的企业稽查行为,致使被稽查人的合法权益受到损失时,被稽查人可依法申请行政赔偿。

4. 企业在接受稽查时应如何有效配合

(1) 及时建立工作小组,防止出现沟通问题及误解。如前所述,海关稽查需收集并核对财务、仓库、生产、计划等多个部门资料,涉及各项专业知识,完全依靠关务人员完成上述工作,将是低效率且高风险的。因此企业面临稽查时,应及时组织相关部门人员成立工作小组并确定联系人,对内由小组成员分头负责各项业务,对外由联系人统一协调及答复,防止出现协调问题及应对失误。

(2) 做好授权委托,减轻法定代表人签字压力。在稽查中,海关稽查人员最常调阅的是企业财务凭证、账簿、仓库出入库账、生产记录、订单、销售记录、进出口报关单、发票、装箱单等纸质单证,其中重要部分稽查人员均会要求复印,复印完成后会要求在复制的资料首页上注明出处、页数、复制时间及"本复印件与原件一致,核对无误"字样,最后由被稽查人代表签名并逐页加盖被稽查人公司印章。此处的被稽查人代表只能是被稽查企业的法定代表人或经授权的代表。对于企业提供的每一份资料,如果均要求法定代表人审核并签字,那么会非常麻烦,因此建议授权给关务主管或稽查联系人签收法律文件、确认相关资料的权力,以减少公司法定代表人的压力,同时提高企业应对稽查的效率。

(3) 做好时间协调及生产安排,避免影响生产。海关调取账簿、检查生产场所时均要求不得妨碍企业正常的生产、经营活动。因此,当海关稽查提出检查货物、调取账簿时,遇到可能影响生产安排的情况,企业应及时向稽查人员说明并协调具体时间,而怠于行使自身权利则可能导致企业利益受到不必要的损失。

(4) 及时反馈异议,维护自身权利。对"稽查征求意见书"所列事实有异议的,应在收到"稽查征求意见书"之日(签收之日)起7日内向海关提出书面意见,建议以快件形式邮寄给海关,这样可以证明已递送了意见。对于企业的异议,海关一般会及时决定是否复查;对于异议合理的,海关会进行实质性复查,并针对复查的事实做出最终认定。但值得注意的是，复查完成后海关将不再征求被稽查人的意见而直接做出稽查结论，因此，企业对海关稽查过程中发现的异议应在"稽查征求意见书"签收后七日内及时有效地提出。

（5）有效完成预判，提前做好应对。通过对"稽查征求意见书"格式及内容的了解，企业不难发现，"稽查征求意见书"中仅描述海关稽查发现的事实，但不做出处理或处置意见的说明，即企业无法从"稽查征求意见书"中直接获得海关处理意见。然而，海关稽查最终的处理（处置）意见必定严格依据"稽查征求意见书"中所描述的稽查事实做出，企业完全可以针对"稽查征求意见书"中海关稽查人员对事实描述及用词，从中做出对处理意见的预判，并以此为基础作出应对，防止因误解而造成损失。

第三节 "稽查结论"的效力

稽查结果

沈康丽在反馈时效的最后一天提出异议，海关稽查人员核对相关资料后，经审批展开了复查。一周后，海关稽查人员将一式两份的"稽查结论"交至沈康丽手中，要求依法签收。办完签收手续后，陈力与沈康丽发现"稽查结论"除了将他们所提异议部分擅自外借的 500 千克保税料件修改成 350 千克外，每段稽查事实后面还多了一段话"你单位上述行为涉嫌违法，已移交海关缉私部门处理""你单位上述行为已造成少征税款，应当补缴有关税款"。那么，这两段话意味着什么呢，该如何看待呢？

知识点链接

1. 如何读懂"稽查结论"

海关稽查在完成征求意见后，对于到期未提异议、无异议及异议完成复查的情形，海关将制发"稽查结论"，并交被稽查人签收。"稽查结论"的签收不但意味着海关将稽查结果正式告知被稽查人，更是稽查结束的一种宣告。因此,"稽查结论"一般包括的内容有:稽查基本情况、稽查认定事实及处理意见。

2. 海关是如何依据稽查事实做稽查结论的

未发现被稽查人存在问题的,海关会做出未发现问题的结论;

发现被稽查人存在问题的,海关可能做出以下几种稽查结论:

(1)被稽查人存在涉嫌走私或者违规情事,一般会做出涉嫌违法,并移交相关部门处理的稽查结论;

(2)被稽查人存在追补税情事,一般会做出少征、漏征税款的认定,并做出应当补缴有关税款的稽查结论;

(3)如果要求被稽查人限期改正的,应当在稽查组检查完被稽查人限期改正情况后做出相应的稽查结论;

(4)发现被稽查人有其他违反国家法律规定的行为,可比照移交的相关规定办理。

看完"稽查结论",又了解完相关法律规定后,陈力虽然明白了稽查流程和结果,但面对"稽查结论"上确认的事实和可能出现的后果又产生了疑惑:"补税我知道,但会不会被追税呢?移交缉私部门是什么意思,会产生什么后果呢?"

知识点链接

1. 什么是"补税"与"追税"

补税,即补征税款,是指进出口货物放行后,海关发现少征或者漏征税款的,自缴纳税款或者货物放行之日起 1 年内,向纳税义务人进行补征税款。

追税,即追征税款,是指因纳税义务人违反规定造成少征或者漏征税款的,海关可以自缴纳税款或者货物放行之日起 3 年内追征税款,并从缴纳税款或者货物放行之日起按日加收少征或者漏征税款万分之五的滞纳金。

补税与追税相比有以下区别:

首先是时效不同,补税是自缴纳税款或货物放行之日起 1 年内,而追税时效是从缴纳税款或者货物放行之日起 3 年内；

其次是前提不同，补税条件只需是海关发现少征或漏征税款，而追税必须以纳税义务人违反规定造成少征或者漏征税款为条件；

最后是法律后果有明显区别，追税应从应缴纳税款之日起按日加收少征或者漏征税款万分之五的滞纳金，而补征未有相关规定。

2. 什么情形会被移交相关部门

出现移交相关部门的情况，说明被稽查人至少出现以下三种情形之一：涉嫌违规、涉嫌构成走私行为、涉嫌走私犯罪。

违规、走私行为、走私犯罪的区别如下：

违规，即违反海关监管规定的行为，是指违反《中华人民共和国海关法》及其他有关法律、行政法规和规章但不构成走私行为的行为。

走私行为，即依法不追究刑事责任的走私行为，是指违反《中华人民共和国海关法》及其他有关法律、行政法规，逃避海关监管，偷逃应纳税款、逃避国家有关进出境的禁止性或者限制性管理，且有下列情形之一的行为：

（1）未经国务院或者国务院授权的机关批准，从未设立海关的地点运输、携带国家禁止或者限制进出境的货物、物品或者依法应当缴纳税款的货物、物品进出境的；

（2）经过设立海关的地点，以藏匿、伪装、瞒报、伪报或者其他方式逃避海关监管，运输、携带、邮寄国家禁止或者限制进出境的货物、物品或者依法应当缴纳税款的货物、物品进出境的；

（3）使用伪造、变造的手册、单证、印章、账册、电子数据或者以其他方式逃避海关监管，擅自将海关监管货物、物品、进境的境外运输工具，在境内销售的；

（4）使用伪造、变造的手册、单证、印章、账册、电子数据或者以伪报加工贸易制成品单位耗料量等方式，致使海关监管货物、物品脱离监管的；

（5）以藏匿、伪装、瞒报、伪报或者其他方式逃避海关监管，擅自将保税区、出口加工区等海关特殊监管区域内的海关监管货物、物品，运出区外的；

（6）有逃避海关监管，构成走私的其他行为的。

走私犯罪，是指个人或者单位故意违反海关法规，逃避海关监管，通过各种方式运送违禁品进出口或者偷逃关税，情节严重的行为。其具体罪名至少包括：

（1）走私武器、弹药罪；

（2）走私核材料罪；

（3）走私假币罪；

（4）走私文物罪；

（5）走私贵重金属罪；

（6）走私珍贵动物、珍贵动物制品罪；

（7）走私珍稀植物、珍稀植物制品罪；

（8）走私淫秽物品罪；

（9）走私普通货物、物品罪；

（10）走私固体废物罪。

3. 移交相关部门后产生的后果

根据《中华人民共和国海关法》、《中华人民共和国海关行政处罚实施条例》等法律法规的相关规定，被稽查企业、单位的违法违规行为都可能受到处罚。

"原来是这样，看来我们还是有不少问题啊！"了解完相关法条后，陈力感叹道，但同时又有点失落，"我们这样配合海关稽查，还是又是被要求限期改正，又是要求补税，又是要被处罚。要是我们什么都不配合，说不定会好点呢！"海关稽查组小王听说后，向陈力解释："海关稽查时，法规明确要求被稽查人应配合海关开展工作。如果不配合，海关可以实施行政强制、行政处罚等行政措施来保证稽查顺利进行。同时，法律法规也明确规定，如果海关人员滥用稽查权力也是要受惩处的。"

海关提醒

1. "稽查结论"的签收并不一定意味着稽查事项的结束

"稽查结论"的签收意味着稽查程序的结束，但并不意味着稽查所涉及事项的终止。在特定条件下，"稽查结论"的签收意味着才开始进入实

质处理程序。目前,依据"稽查结论"处理模式的不同,我们可以将"稽查结论"分为以下两种类型:

(1) 无后续权利义务型,即稽查结束后不再产生任何后续事项,这种情况仅限于稽查未发现违反海关监管等违法情事的稽查中;

(2) 告知判断型,即"稽查结论"中未对被稽查人设定相关权利义务,仅将事实及海关内部流程告知被稽查人,当然这其中必然包括对被稽查人相关义务及责任的判断。这一般包含三种情况:判断被稽查人存在须追、补税事项的;判断被稽查人存在违法违规事项且应由海关惩处的;判断被稽查人存在违法事项但应由非海关部门处理的。

这三种情况,最大的共同点是稽查均未就被稽查人应承担的义务或责任进行确认,即并非以要求被稽查人何时何地应补缴多少税款或要对被稽查人处以多少金额罚款为结论,而是以一种明示的方式告知被稽查人存在追补税、违法违规等情事,并确认将此事项交海关内部相关部门继续调查或作出最终行政决定。

2. 企业在接受稽查时需要履行的法定义务

企业在接受稽查时应积极履行法定义务,及时修正可能存在的问题,避免出现不必要的损失。特别是对于法定义务,应杜绝"没有""领导(公司)不同意""经办人不在"等简单回答,对待特殊情况应做好解释及说明。

(1) 没有或未按规定设置、编制相关资料将受法律制裁。依规定设置、编制及保存账簿、单证等有关资料,这不但是企业管理的需求,也是海关的强制性要求,未按要求设置或假称未设置均会被要求限期完成相关义务,否则可能被处罚,甚至取消报关资格。

(2) 向海关稽查提供资料及情况是法定义务,任何形式的阻挠、欺瞒均可能被处罚。被列为禁止性行为的包括:拒绝、拖延提供资料;隐瞒或提供虚假情况;转移、隐匿、篡改、毁弃资料。一旦出现上述情况,海关有权要求被稽查人限时改正,逾期不改将予以处罚。

需要特别提醒的是,向海关提供资料及真实情况是法律规定的强制性义务。如果违反了相关规定,不但企业可能受处罚,执行人员个人也可能受到高额罚款。因此,称"公司有要求、领导要我这样做的"均不能成为免责的理由。

（3）海关在必要时可以强制封存被稽查人账簿、单证。虽然海关要求采用封存措施时不得妨碍被稽查人正常的生产经营活动，但企业账簿、单证被封存，其正常运作必然要受到一定的不良影响，同时企业声誉可能遭受严重影响。

3. 企业在接受稽查时可以维护的自身权益

企业在接受稽查时应拒绝履行非法定义务，积极维护自身权益，有效防范因海关稽查人员滥用职权可能带来的损失。判断稽查要求是否应积极履行最直观的标准应是——是否有法律依据。如前所述海关稽查权力主要包含查阅、复制、检查、询问及其延伸出来的封存、调阅等权力，一旦出现海关稽查人员扣留货物、人员、资料等情事，应及时向海关反映或寻求司法帮助，以维护自身权利。同时，对于不合法的稽查要求或行为，被稽查企业均可拒绝执行或配合。

第二章 "体检式"稽查规范了我们的经营

海关根据企业不同的守法状况和不同的稽查工作目标，分别采取不同的稽查方式，合理分配管理资源，充分发挥海关稽查规范企业进出口行为、查发企业各类问题、验证企业守法状况、监督企业进出口活动的职能作用。

海关以规范被稽查人进出口行为为主要目的，以风险程度较低或风险未确定的企业和单位为重点，对其一定年限内进出口活动实施全面核查的一种稽查工作方式，常常被企业比喻为给他们做了一次全面的体检。这种"体检"主要是为了规范企业进出口经营行为，也是海关后续监管的一个重要组成部分。本章所介绍的就是在"体检式"稽查中，海关稽查人员对企业、单位进行"体检"的过程以及结果。

第一节 "体检"并不是为了查发问题

一、某电子企业的"体检式"稽查

某电子公司，注册资本300万美元，主要从事电子加工服务业，产品领域涉及工业产品、医疗电子、网络通讯、航空航天、汽车电子等。企业的贸易方式主要是一般贸易。2011年4月，海关稽查人员对该企业实施稽查。

二、稽查准备

小王是该电子公司的关务,已经在该公司工作 2 年。2011 年 4 月 3 日,小王收到"稽查通知书",知道了海关将于 3 天后开始对公司 3 年来的进出口业务开展稽查。

小王接到通知后,一时不知道该准备些什么才好,因为这是他工作以来,公司第一次接受海关稽查。虽然公司一直以来都经营得很好,但这次突然收到海关要来稽查的消息,他还是感到很紧张,以为自己公司有什么差错要接受处罚。小王开始到处询问稽查是怎么一回事,在问了其他公司的关务朋友后,才知道这种"体检式"稽查其实是对公司的一次全方位体检,并不是为了查处企业,同时小王也知道了自己应该对所有的进出口业务资料进行准备。

按照关务朋友所讲的要求,小王审查了下自己公司的进出口贸易情况,有一般贸易进出口,没有加工贸易进出口,此外公司还有 8 台进口的减免税设备。小王想,只要把一般贸易进出口的资料和减免税设备的相关资料准备好了就行,等海关稽查人员看了没问题,稽查也就结束了。于是,小王花了 1 天时间,准备妥当了这些材料。

三、接受稽查

2011 年 4 月 7 日,稽查正式开始。稽查人员到了小王公司,首先让小王介绍了公司的基本情况,对小王的公司情况和经营业务有了大致的了解,随后开始对小王公司的内部控制制度进行了询问:从进出口部门的组织架构情况、进出口部门各组织的职能、到财务会计是否依法设置并按规定执行相关准则。小王找来了公司的财务人员,财务人员都一一作了回答,并将相应的内控文件和制度文件都提供给海关稽查人员,以便核实。

在看到相关的文件和制度后,稽查人员抽了一部分,对这部分文件和制度的执行情况进行了进一步的验证。由于小王平时工作严谨且认真负责,所有的进出口业务都是一步步按照规定来执行的,所以对于这方面的检查工作很顺利。

随后，稽查人员问小王，公司有没有加工贸易业务和减免税设备。小王回答道，公司业务不是非常大，所以没有办理加工贸易业务，所有货物都是一般贸易进口的，但是有进口减免税设备。于是，稽查人员让小王提供了减免税设备清单和3年内进出口报关单清单明细。

由于小王之前准备充分，因此他并没花太多时间就把海关稽查人员所要的资料拿出来了。在递交给海关稽查人员后，海关稽查人员又询问了小王一些问题，了解相关情况。

小王公司经营的是电子产品，进口货物大多为插座、变压器、连接器、开关等电子元器件，而这些货物都是以一般贸易的方式申报进口的。

稽查人员在询问和查看报关单清单时，抽取了十几票报关单，让小王准备对应的进出口文件资料，要的资料很全，包括订单、发票、装箱单、报关单、出入库清单，基本上所有涉及进出口的相关资料都要调取查看。

在看了几票抽查的报关资料后，稽查人员让小王请来了公司的采购经理、仓库经理、生产经理、销售经理，从采购经理开始，对小王公司的进出口业务整个流程进行逐步了解。在海关稽查人员的了解过程中，小王也进一步熟悉了公司的整个产业流程。

小王从他的关务朋友那边了解到，进出口申报是属于最容易出现差错的部分，他的很多关务朋友曾经碰到过在这边发现问题的情况。不过这次，小王公司的规范制度和严谨作风终于起到了作用，在抽查报关单了解进出口申报合法情况这部分的检查，海关稽查人员并没有提出什么问题。

最后是公司的减免税设备，小王带着稽查人员去了公司的生产线，将那8台减免税设备指给稽查人员看，为了确认这8台设备就是减免税设备，稽查人员特地去查看了这几台设备的品牌和型号，并将这些与当时申报时备案的资料进行一一核对，确认无误后稽查人员还看了下这些减免税设备的生产情况是否正常。稽查人员向小王询问了解这些设备是否存在出租、抵押的情况，小王找来了公司的财务人员，在得到了财务人员的否定回答及翻阅相关财务账册确认后，稽查人员就回去了。

四、稽查结果

2011年6月11日，小王收到未发现问题的"稽查结论"，看着这结论，小王觉得这段时间的辛苦没有白费，通过海关的稽查，他知道公司的业务很规范，并没有什么风险隐患，这也是对自己工作的一种肯定，这下小王可以更加放心地开展工作了。

第二节　"体检"完善了公司的内控制度

一、某销售公司的"体检式"稽查

某销售有限公司是一家单纯做进口后国内销售的外商独资贸易公司，注册资本500万美元。货物从国外以一般贸易方式进口，或从国内加工贸易生产商处经物流园区完税进口。企业本身无生产设备，无原材料开展加工贸易。经营范围为进出口、批发电子仪器设备及零部件，提供相关技术和售后服务。小李是这家公司的关务，平时负责进口相关方面的业务。

二、稽查准备

2011年11月11日，小李接到通知，海关将对公司开展稽查。小李也是有经验的关务了，对于他来说，稽查并不陌生，周围的同行、朋友有经历过稽查的，也向他讲过被稽查的经历，小李按照同行朋友讲过的情况，好好地准备了基本材料。小李心想，公司是贸易公司，进口的东西都是以一般贸易的方式，海关稽查人员所要查的重点应该也就这个方面吧。

三、接受稽查

11月15日，海关稽查人员到了小李的公司，向小李了解了公司的整体经营情况后开始询问内部控制方面的问题。问题很简单，也就是问公司有没有设立专门的进出口岗位；是否依法设置、编制会计账册、凭证等会计资料；账簿、单证是否真实完整记录和反映进出口业务的有关情况；进出物流管理是否符合海关要求等。小李一一回答了稽查人员提出的问题，并说公司很规范，所以相应的规章制度都很完备。随后海关稽查人员根据小李的回答，让小李提供了部分与公司进出口活动有关的内部控制的相关文件资料，稽查人员在查阅了内部控制的相关文件资料后，就开始针对其中的规定，要求小李提供实际执行的文件记录，小李公司的规定很多都要求纸面记录留档，所以小李很容易证明这些规定真实并有效执行。

随后稽查人员让小李提供了公司稽查期限内的进出口报关单清单。由于小李在之前的准备阶段就将资料准备好了，因此准备得很快。在拿到资料后，海关稽查人员抽了一票进口记录，跟小李说，本次稽查是对公司的整个进出口活动的"体检"，帮助规范企业的进出口活动；为了方便熟悉小李公司的整个进出口业务，了解其中是否存在风险隐患，需要小李从最初的谈合同、下订单开始，到申报、收货，再到最后的国内销售，带着海关稽查人员整个走一遍。这虽然牵涉到多个部门，但是由于小李事先就已经和各个部门的负责人打好了招呼，所以整个流程走下来很快也很顺利。

稽查人员在对公司的整个业务流程有了一定的了解后，问小李公司在稽查年限内的年均进出口值有多少。小李找财务问了下，财务告诉小李，稽查年限内的年均进出口总值为 800 万美元左右。小李将这个数据告诉了稽查人员，随后稽查人员就在小李提供的报关单清单里面抽了 34 票报关单，让小李准备这些报关单的合同、订单、发票、箱单、入库单等相关资料。小李心想，发票、箱单，这些都与报关单一起留档的，合同、订单、入库单也能根据发票号码对应找到。想到这里，小李开始行动起来，他先在准备的清单资料里面找到了报关单的对应发票号，随后将发票号发给了公司的采购负责人和仓库负责人，让他们将对应发票号的合同、采购订单和仓库入库单准备好，自己则开始在归档的报关单中查找稽查人员所需要的其他资料。

由于小李公司管理较为规范，而且小李的思路准确，稽查人员所抽查的报关单资料也较为迅速地准备好了。稽查人员仔细地查阅了小李提供的

小王在海关稽查的日子——企业如何配合海关稽查

资料,小李也在一边看着。小李并不紧张,毕竟公司这方面的管理还是比较到位的,而且小李就是负责这个的,他对自己的工作非常有信心。

忽然,稽查人员拿出一票报关单,似乎发现了什么问题,小李的心也提了起来。海关稽查人员问小李,为什么这票报关单的订单与报关单的数量不一致?由于事发突然,小李一时也没想到原因,指着入库单说,入库单的数量与报关单是一致的啊,可能是订单错了吧。

为了查实这个情况,小李跑去找了采购主管,采购主管跑来一看就知道原因了。他指着订单上的另一个发票号说,这是一个订单分了两次发货,所以还有一票进口报关,让小李找这另一个发票号的进口报关资料。小李赶忙将这票报关单找了出来,一经核对,果然是这个问题,两票报关单上的货物数量之和就是这个订单上的数量。看到这个,稽查人员追问小李,你们申报时是否与采购人员确认货物的数量和金额,有相应的确认制度吗?小李告诉海关稽查人员,他们拿到了公司采购提供的报关资料就直接申报了,公司并没有确定具体的数量和金额的相关机制。稽查人员又问小李,那你公司在申报前有专人复核吗?小李想了想,也确实没有专人复核这个机制。

问到这里,稽查人员告诉小李,作为一名关务,需要熟悉了解公司的所有业务流程,如果在任何一个环节不熟悉,由于其他部门的人员不了解海关业务,就很容易出现风险隐患,而且小李公司也并没有复核的相关内控机制,万一出现了问题也不能在第一时间发现,这就更加大了风险。稽查人员建议小李在进出口业务的内控方面增加复核机制,另外也建议小李熟悉一下公司各环节业务流程并给公司其他部门人员普及关务知识。随后稽查人员开始看下一票报关资料。

很快,稽查人员就核对完了报关资料,抽查的所有报关单都没有问题。随后海关稽查人员找来了财务人员,向他询问了一些问题,并查了财务相关的账册。最后,在确认了财务以及公司其他各方面没有问题后,海关稽查人员就回去了。

四、稽查结果

最后小李收到了"稽查结论",上面写着"未发现你单位存在违反海关监管规定情事"。同时海关人员告诉小李,建议公司建立报关业务的复核机制,以防止发生申报错误而对公司造成不利影响。听到这,小李知道这次稽查已经顺利结束了。在这次稽查中他了解到,原来海关稽查并不一定是为了查发问题而来的,如果公司规范守法,也就不必害怕稽查。而且海关稽查人员也会在稽查过程中帮公司"体检",如果公司在哪些方面还存在风险和隐患,海关稽查人员也会指出并提出合理的建议。他决定向公司总经理汇报这次稽查的情况,并建议总经理好好完善公司海关业务的相关制度。他还在这次稽查中发生的小插曲中学到,如果一个关务不熟悉公司里所有的环节,是会存在一定的隐患和风险的,小李决定好好地在公司转一转,熟悉各部门的工作情况,也向各部门普及一下海关业务知识,做一名合格的好关务。

第三节 "体检"发现的隐患

一、某煤炭企业的"体检式"稽查

某煤炭贸易企业(外资企业),注册资本 1 000 万美元,主要进口煤炭,成品销售给国内发电企业。2011 年 5 月,海关稽查人员对该企业实施稽查。

二、稽查准备

小刘是这家公司的关务。2011 年 5 月 4 日,海关稽查人员通知小刘,将于 2011 年 5 月 10 日对公司开展稽查。小刘在公司工作 3 年了,对公司业务很熟悉,之前在其他公司也经历过稽查,对稽查也不陌生。小刘根据以往经验觉得公司没有加工贸易业务,也没有减免税设备,贸易方式基本上都是一般贸易方式进出口,票数也不多,进出口方式简单明了,所以只要申报的归类税号、数量、价格没有问题,那么肯定就没问题了。而且小刘公司的关务部门管理非常严格,对于税号、数量、价格这些敏感方面也是很注意,所以小刘觉得这次稽查肯定没有什么问题了。

三、接受稽查

2011年5月10日,海关稽查人员到了小刘的公司,正式开始稽查。在与小刘初步交流后,稽查人员对小刘公司的内部控制和财务制度等方面进行了详细地询问,并要求小刘将相应的制度及执行情况提供给他们,由于公司这方面还是很规范的,所以小刘很快就准备好了相关的资料,并通过了这部分检查。随后稽查人员让小刘提供了报关清单,并抽查了部分报关单资料。在核对报关单资料申报的真实性方面,稽查人员没有发现小刘公司在税号、数量、价格方面存在申报错误和申报不实的情况。稽查人员把这个情况告诉了小刘,并让小刘将财务人员请来,了解实际支付情况。

在公司财务人员来了以后,稽查人员抽了几份报关单,让财务人员将这几份报关单的所有相关支付外汇方面的财务凭证提供出来。在财务人员将这些凭证拿来后,稽查人员发现:在支付运费方面的外汇时,支付的外汇金额与申报时的运费金额不一致,所查的几票报关单,它的实际支付金额都比申报金额要大。

稽查人员向小刘询问为什么会出现这个情况,小刘也一脸茫然,因为公司最近半年才有FOB的成交方式的进口货物,之前都是CIF,不需要支付运费,财务支付运费的时候不是根据运单资料上的运费金额来支付的吗?怎么会出现支付运费金额比运单金额高的情况呢?小刘只能询问财务人员。财务人员告诉小刘,由于国际运费不仅仅为运费,还包括滞期费等费用,而滞期费在货物报关时尚未知晓是否会发生,且即使发生公司与货运商有过协定,于卸货后一个月才进行结算,所以无法在报关时准确向海关申报。货运商先提供货物本身的运费,随后在最后支付时,再将无法提前确定的滞期费一起支付,所以财务上的支付运费金额比报关单上的申报运费金额要高。小刘了解后，向稽查人员解释了这个情况，小刘觉得，运费就是运费，滞期费并不算是运费，所以也不用写到申报的运费中。（注：相关 FOB、CIF 等介绍，请参看第三章第二节第二讲"知识点链接"。）

但稽查人员告诉小刘，并不是这样的。报关单上的运费，不仅仅为名词意义上的"运费"，而是包含了运输及相关费用，如滞期费等，所以这部分费用是应该计入完税价格的。小刘听了以后，还是觉得不明白，海关稽查人员让小刘再仔细看一下《中华人民共和国进出口关税条例》。

随后，稽查人员又向财务询问了出口运费方面的问题。小刘心又悬起来了，担心出口也与进口一样有问题。不过还好，小刘公司出口业务的成交方式大多都是 FOB 的，少量的几票以 CIF 为成交方式的出口货物的运费也与实际一致。稽查人员说这部分没有问题，小刘总算放下心来。

稽查人员在查完这些后，让小刘将公司近 3 年来所有以 FOB 为成交方式的一般贸易进口报关单清单整理出来，并列一个清单，将报关单上的申报运费与财务的实际支付情况一起写在清单上。随后，海关稽查人员就离开了公司。

由于公司是最近半年才开展了这方面的业务，量也不是很大，小刘很快将海关稽查人员所要的资料准备好了，小刘拿资料给海关稽查人员之前，也查阅了《中华人民共和国进出口关税条例》，所以对于公司运费少申报的情况，小刘知道这是由于对海关业务不熟悉造成的。因为这次稽查发现了问题，小刘很担心，以为最后要移交缉私办理，这对公司的经营肯定会有影响。

四、稽查结果

几天后小刘收到了海关制发的"稽查结论"，小刘公司因为涉嫌漏缴了运费相关费用的税款，需要补交税款。最后，小刘公司补缴了 30 万元的税款，小刘拿着税单，心想：还好有这次稽查，及时发现了公司的这个问题，如果海关没来稽查，帮助公司"体检"，任由这个问题发展下去，到时候可能就不是仅仅补税 30 万元的问题了。

知识点链接

什么是滞期费

滞期费是指在航次租船合同中,当船舶装货或卸货时间超过合同约定的装卸时间时,由承租人向承运人所支付的约定款项;是国际运输合同中的重要约定项目。

第四节 "平衡表"暴露的问题

一、某液晶面板生产企业的"体检式"稽查

某企业是大型液晶面板生产企业,注册资本 5 000 万美元,主营液晶显示器偏光膜的加工贸易业务,也是海关加工贸易联网企业,小王于 3 个月前刚刚来到该公司担任关务。

二、稽查准备

2009 年 10 月 12 日,小王接到海关通知,说海关将于 2009 年 10 月 16 日开始对公司 3 年内的进出口情况开展稽查。小王是有经验的关务,以前在其他公司也经历过海关稽查,知道一点稽查的大概情况,所以就按照自己的经验,将公司的进出口报关资料、财务年度审计报告、减免税设备清单资料准备了起来。

三、接受稽查

2009 年 10 月 16 日,海关稽查正式开始。有了小王预先准备好的资料,当天的稽查工作很顺利地完成了,年度审计报告和减免税设备的检查没有发现问题。随后稽查人员随机抽了 35 票报关单,让小王将报关相关资料一起复印了提供给稽查人员,以便对其核实。最后,稽查人员还给了小

王一张表，并让小王按照表上的内容对整个偏光膜加工贸易涉及的原材料进行数据平衡制作。

稽查人员走后，小王心想，核算平衡不是在手册核销时加贸部门要求做的工作吗？为什么稽查时也要核算平衡？带着种种不解，小王仔细研究了海关关员提供的"加工贸易料件进出平衡表"（以下简称"平衡表"，详见表2-1）。

小王看着"平衡表"，仔细研究了上面的字段及要求，发现表上有很多的数据字段他都不明白其中的含义，故虚心地向稽查人员请教。稽查人员小卢耐心地解释："平衡表"数据字段最常用的有以下几个，含义分别是：

料号：原材料的料号；

申报品名：该原材料的品名，也是报关申报时使用的品名；

单价：该原材料申报进口的单价，一般为加权平均单价；

期初库存：原材料在"平衡表"核算时间范围内对应的期初时间的库存，一般从ERP系统中获得；

本期料件入库：核算时间范围内该原材料的入库总量，一般从ERP系统中获得；

出口成品折算料件：核算时间范围内所有出口成品根据BOM表折算的耗用该原材料的量；

内销成品折算料件：核算时间范围内所有内销成品根据BOM表折算的耗用该原材料的量；

其他料件耗用：核算时间范围内，其他关于该原材料的耗用；

期末库存：原材料在"平衡表"核算时间范围内对应的期末时间的库存，一般可以从ERP系统中获得。

此外，"平衡表"计算还有两部分差异，一部分为加工贸易生产部分的差异，为差异一；另一部分为实际内销数量扣除内销补税后的差异，为差异二。（关于ERP、BOM表的详解及其重要性，详见第三章第一节第二讲内容。）

看着这份"平衡表"模板，小王觉得这张表与之前在加贸那边做的"核销平衡表"很不一样。最关键的一点就是大部分基础数据都是从企业

表2-1 加工贸易料件进出平衡表

A	B	C	D	E	F	G	H	I	J	K	L
料号	申报名	单价	期初库存	本期料件入库	出口成品折算料件	内销成品折算料件	其他料件耗用	期末库存	差异1	内销补税	差异2
					加工贸易料件进出平衡表				1+2-3-4-5-6		4+5-7
A			1	2	3	4	5	6		7	
B											
…											
1. 按料号级数据统计,一律使用ERP数据,盘点数据等
2. 中文品名与报关单一致
3. 期初期末库存应包括料件库存与成品库存折算料件,可能还存在在线品、加入库后因质检等情况退运出、报废品库存等情况,单独分列列明
4. 本期入库为实际验收入库数,不含产线退库
5. 成品折算料件耗用需列明出口成品折算、内销成品折算,成品数据应为ERP成品出库数据,品名包括盘盈盘亏调整、报废、其他部门使用的料件数量,折算时使用的BOM应反映实际耗用情况
6. 其他料件耗用包括所有未体现在成品出货中的料件耗用情况,比如
7. 可根据实际情况调整该表,比如

	料号	申报名	期初料件库存	本期料件入库	期初成品库存折算料件	出口成品折算料件	内销成品折算料件	料件盘盈亏	报废	其他部门使用料件	期末成品库存折算料件

| 8. 原则上,该表数据均为加工贸易料件成品数据,内销补税也应为保税内销数据,但被稽查人同一料号有不同采购方式,则向稽查组说明 |
| 9. 内销补税为已补税的报关单数据 |
| 10. 凡折算数据均应另填下表 |

成品料号	申报品名	成品出库数量	折算料件A	折算料件B	折算料件…

的 ERP 系统中获得，而不是从报关数据中获得。如果 ERP 系统数据与报关数据有差异的话，肯定会导致最后的不平衡。这应该也是海关对进出口报关数据的准确性的一个验证，小王这么觉得。

面对熟悉又陌生的表格，小王开始了复杂的计算工作。海关要求对液晶显示器偏光膜的加工贸易情况进行核算，液晶显示器偏光膜的加工工序是将进口的偏光膜两面贴上保护膜，随后按照客户的需求切割成各种大小型号的偏光膜片。而小王公司保税进口的两种原材料就是偏光膜和保护膜，所以小王要做的就是对公司各种料号的偏光膜和保护膜来进行平衡计算。小王整理了思路，这是一项系统性的工作，时间跨度长，涉及料件多，如果没有科学的统计方法，是很难得到准确的数据的。经过思考，他决定先从 ERP 系统中抓取"平衡表"计算需要的数据。

小王看了下，该表需要 4 部分的数据：首先是 ERP 中的料件期初、期末库存数据；其次是 ERP 系统中，核算时间范围的料件入库数据；然后是核算时间范围的出口、内销成品的 ERP 数据，以及其他涉及该料件耗用的数据；最后是折算需要的 BOM 表数据。

小王想了想，BOM 表关务部门就有，出口成品数量和内销数量报关单上也能统计出来，但其他的基础数据都是 ERP 系统数据，关务是没办法获取的。于是小王向技术部门求助，技术部门负责人对此次稽查也十分重视，特地加派人手配合小王提取数据。技术人员在看了小王提出的数据要求后，告诉小王，公司于 2008 年 12 月更换了新的 ERP 系统，新的 ERP 系统中虽然有老 ERP 系统中导入的数据，但是数据从老系统导入新系统的过程中会由于一些无法解决的问题，例如新老系统字段类型变化等，导致从老系统导入到新系统中的数据不一定全，也有可能会有错误数据和空数据。但从新系统启用后录入的数据，是能够保证准确性的。

更新前的数据，包括期初数据、2008 年 12 月之前的料件入库数据、出口或内销数据、其他耗用情况均在老的 ERP 系统中，因为老系统存在缺陷，所以从老系统中获取数据以及与新系统中的数据拼接方面都有着一定的困难。

但为了获得准确的数据，小王认为应该从老系统中调取老数据，从新系统中调取新数据。为此，小王与技术人员一起想办法解决这些问题。小王先请技术人员将数据导出,在导出时发现导出程序运行了3个小时还是没有将数据导出完毕,最后电脑居然死机了,数据导出失败!小王与技术人员分析原因,认为应该是数据量太过庞大,电脑资源不够的缘故所致,因此,小王请技术人员按月份分别导出数据,导出后再将数据整合。这样,小王才得到了新老 ERP 系统的两部分数据,下面就是将数据拼接整合,小王调整了新老数据的字段结构,按照"平衡表"的要求,总共整合了5张基础数据表,分别为"期初料件库存表""本期料件入库表""期末料件库存表""出口成品表"和"内销成品表"。期初库存数据表截图如图2-1所示,本期料件入库表截图如图2-2所示。

图 2-1 期初库存数据

开始 插入 页面布局 公式 数据 审阅 视图

安全警告 已禁止自动更新链接 选项...

A1 TID

	A	B	C	D	E	F	G	H	I	J	K	L	M	N
1	TID	TSTAT	TPROD	TQTY	TTYPE	TWHS	THTOV	TSEQ	TTDTE	THTIM	TREF	TCLAS	THORD	THCUR
2	TH		11002071378	13905	U	D6		3002	20081124	91034	49915	94	0	JPY
3	TH		11002071378	4635	U	D6		3003	20081124	91113	49915	94	0	JPY
4	TH		11002075122	18540	U	D6		301	20090831	92606	17874	94	0	JPY
5	TH		11002075122	2060	U	D6		302	20090831	92703	17874	94	0	JPY
6	TH		11002075122	6180	U	D6		303	20090831	92734	17874	94	0	JPY
7	TH		11002071022	12480	P	D6		9731	20090831	93856	19158	94	0	JPY
8	TH		11002071022	24960	P	D6		9732	20090831	94207	19158	94	0	JPY
9	TH		11002071584	8240	U	D6		364	20090831	94515	16458	94	0	JPY
10	TH		11002071584	14420	U	D6		365	20090831	94722	16458	94	0	JPY
11	TH		11002071626	8000	U	D6		833	20071227	132056	22819	94	0	JPY
12	TH		11002071378	18540	U	D6		1725	20080109	111000	34863	94	0	USD
13	TH		11002071378	9270	U	D6		1726	20080109	111041	34863	94	0	USD
14	TH		11002071246	9785	U	D6		654	20080109	111533	34863	94	0	USD
15	TH		11002073002	10300	U	D6		782	20080109	152957	26240	94	0	JPY
16	TH		11002073002	10300	U	D6		785	20080109	153112	29008	94	0	JPY
17	TH		11002071626	8000	U	D6		854	20080109	153428	22822	94	0	JPY
18	TH		11002073002	10300	U	D6		823	20080121	132430	26241	94	0	JPY
19	TH		11002073002	10300	U	D6		840	20080125	104311	29009	94	0	JPY
20	TH		11002071626	8000	U	D6		884	20080125	105302	22816	94	0	JPY
21	TH		11002071246	10300	U	D6		676	20080125	110620	15055	94	0	JPY
22	TH		11002071246	10300	U	D6		677	20080125	110657	28051	94	0	JPY
23	TH		11002071378	9270	U	D6		1783	20080128	140226	31150	94	0	JPY
24	TH		11002071378	9270	U	D6		1784	20080128	140302	31152	94	0	JPY
25	TH		11002071378	9270	U	D6		1785	20080128	140332	32035	94	0	JPY
26	TH		11002071378	-9270	U	D6		1787	20080129	94245	32035	94	0	JPY
27	TH		11002071378	9270	U	D6		1788	20080129	94336	32035	94	0	JPY
28	TH		11002073002	10300	U	D6		866	20080202	100420	26242	94	0	JPY
29	TH		11002071626	16000	U	D6		892	20080202	100641	22817	94	0	JPY
30	TH		11002071378	4635	U	D6		1814	20080202	100750	26225	94	0	JPY
31	TH		11002071378	9270	U	D6		1815	20080202	100839	27272	94	0	JPY
32	TH		11002073002	10300	U	D6		874	20080204	125923	30473	94	0	JPY
33	TH		11002073002	10300	U	D6		875	20080204	130008	30474	94	0	JPY
34	TH		11002073002	10300	U	D6		876	20080204	130040	31186	94	0	JPY
35	TH		11002073002	10300	U	D6		877	20080204	130114	32033	94	0	JPY
36	TH		11002073002	10300	U	D6		878	20080204	130143	31187	94	0	JPY
37	TH		11002078043	6300	U	D6		472	20080205	103656	40881	94	0	USD
38	TH		11002078043	9000	U	D6		473	20080205	103736	40881	94	0	USD
39	TH		11002071626	16000	U	D6		900	20080210	111628	31171	94	0	JPY
40	TH		11002071378	9270	U	D6		1862	20080219	105847	32034	94	0	JPY
41	TH		11002071378	4635	U	D6		1863	20080219	105921	31151	94	0	JPY
42	TH		11002071378	4635	U	D6		1864	20080219	105946	31151	94	0	JPY
43	TH		11002078043	10350	U	D6		491	20080220	102816	42916	94	0	USD
44	TH		11002071378	18540	U	D6		1897	20080225	130227	34592	94	0	JPY
45	TH		11002073002	20600	U	D6		930	20080225	130634	34625	94	0	JPY
46	TH		11002073002	10300	U	D6		935	20080225	131621	31188	94	0	JPY
47	TH		11002073002	10300	U	D6		936	20080225	131705	32038	94	0	JPY
48	TH		11002073002	10300	U	D6		937	20080225	131736	34624	94	0	JPY
49	TH		11002071626	16000	U	D6		931	20080227	104210	31172	94	0	JPY
50	TH		11002071626	16000	U	D6		943	20080303	130758	36491	94	0	JPY
51	TH		11002071626	16000	U	D6		944	20080303	130840	37816	94	0	JPY

汇总 A_1_1_稽查期入库记录

图 2-2 本期料件入库表

小王看看“平衡表”上“其他料件耗用”一栏，仔细想了下，认为公司其他料件耗用的部分大概分为以下几类：原材料及成品报废、其他部门领用、测试耗用、样品等。由于内控管理不是很到位，且人员流动比较频繁，所以涉及非正常生产的相关数据录入，仓库人员做得并不是很到位。除了原材料及成品报废资料外，其他数据在 ERP 系统中记录得很不全面，有的数据很大，一看就知道是错误数据；有的数据甚至是空数据。小王想，数据不准确还不如不用，毕竟错误的数据使用在该表上可能会导致不可控的结果。

小王在海关稽查的日子——企业如何配合海关稽查

正当小王准备放弃这几块不准确的数据时，事情有了转机。

仓库主管听到小王计算海关"平衡表"需要其他部门领用、测试耗用、样品这几部分数据时，告诉小王，这部分数据虽然系统中没有录入详细，但是仓库货物进出都有纸质的对应单证，样品出库还有 Excel 台账来进行统计，如果将各纸质单证与 ERP 系统数据进行比对，虽然这部分工作不仅烦琐而且还耗时，但是统计出来的数据还是能保证准确性的。于是小王就委托仓库部门对这部分数据进行统计比对，经过 3 天的辛苦比对和统计，小王终于将其他原因料件耗用部分的详细数据给收集到了。

收集完数据后，小王将数据相应填入"平衡表"，开始进行平衡核算。

"期初库存""期末库存"以及"本期料件入库"这三个字段是能够直接通过基础数据表汇得到总数据的，而"出口成品折算料件""内销成品折算料件"和"其他料件耗用"这三个字段需要经过 BOM 表折算等方式得出。出口成品以及内销成品数据都已经有了，只需要通过 BOM 表折算来计算就行，但是小王在这里又卡住了。

由于企业经营液晶显示器偏光膜片的生产，偏光膜片的生产需要裁切，工艺相对特殊。同一个料号的成品可能会采用不同的刀模、不同的切法，且工艺变更革新较快。这样一个成品可能对应了数十张不同的 BOM 表，具体到每一个成品该用哪张 BOM 表来计算呢？从节约时间的角度来考虑，用最新的 1 张 BOM 表来计算是最方便的，但是这就会导致计算结果有差异。为此，小王向稽查人员询求意见，得到的答复则是为了"平衡表"的精确，每一个阶段使用该阶段生产所用的 BOM 表。小王有每张 BOM 表的启用时间，通过这个，可以知道每个阶段该成品使用的是哪张 BOM 表，这样统计出每个 BOM 表使用阶段产出的成品，再对应来折算该阶段所消耗的原材料件。

小王想了想，这样确实能解决一个成品对应多张 BOM 表的问题，但是还有一个问题要解决：手里的数据是报关数据，与实际生产成品的并不一定是同一天，可能今天用的老 BOM 表生产的成品，第二天改用新 BOM 表了，但是到了第三天这个成品才报关出口，这样按照 BOM 表启用日期来对应出口或内销成品数据肯定是会有一定差异的。虽然这个差异不是很大，也不明显，但是为了"平衡表"的精准，能不能通过某种方式来把产生的成品与其相应的 BOM 表对应起来呢？

小王灵光一现，想到每个批次的货物都会有工单，而工单上会详细记录具体的该批次领用了多少原材料、产出多少成品及不良品。最关键的是，工单上会记录该批次生产所使用的 BOM 表编号，有了这个，小王就能知道对应的 BOM 表，虽然要花点时间来与出口的数据进行比对，但也能进行下一步计算了。

小王马上找到生产方面的负责人，将情况一解释，马上就得到了生产方面的支持。生产方面表示会尽快将小王所要的数据整理出来，但由于期间的工单数据非常多，所以需要 2 天时间整理。2 天后，小王如愿拿到了工单数据，小王看工单数据很详尽，而且工单上的成品产出量与报关出口和内销的数量也保持一致，为了提高工作效率，节约核算表格数据的时间，小王决定以工单上的成品产出量作为 BOM 表折算的基本数据来计算原材料投入情况。

海关提醒

1. 稽查人员对加工贸易料件核算平衡是一种常见手段

稽查时，稽查人员对企业加工贸易料件的进出、耗用核算平衡是一种常见的手段。当稽查人员无法直观地判断企业在一段时间内加工贸易进出口货物的收、发、存是否平衡时，就会通过计算"平衡表"的方式来进行核算。

2. 加工贸易料件核算平衡时须保证相关数据的完整性

"平衡表"根据不同的目的，抓取数据的数据源也有很多种，用得最多的就是报关单数据和企业出入库数据两种。在提供数据时，数据必须既全面又准确，这样才能保证"平衡表"计算的正确性。任何数据缺少或者数据错误都有可能导致表格不平衡的情况发生。

3. 选择准确的 BOM 表进行料件折算

"平衡表" BOM 表折算是比较关键的一个环节。在折算 BOM 表时，如果使用的 BOM 表不准确，会直接导致折算后的料件数不准确。在同一成品有多个 BOM 表的情况下，建议按照 BOM 表的时间来分别进行折算；如果无法确认 BOM 表的具体使用时间，可以调取产线工单信息，工单信息上有对应的 BOM 表，通过这个就可以来确定具体 BOM 表的启用日期。当然，有条件可以全都使用工单来折算原材料，这是最准确的，前提是工单数据必须详尽、全面而且准确。

有了出口成品、内销成品数，又有了对应的 BOM 表，小王开始进行折算。小王建了一张折算表（如图 2-3 所示），根据成品各时期产出量，对应相应的 BOM 表，将成品量折算成原材料耗用量。这个步骤很顺利，小王没有花太多时间就将所有的成品通过 BOM 表折算为原材料。

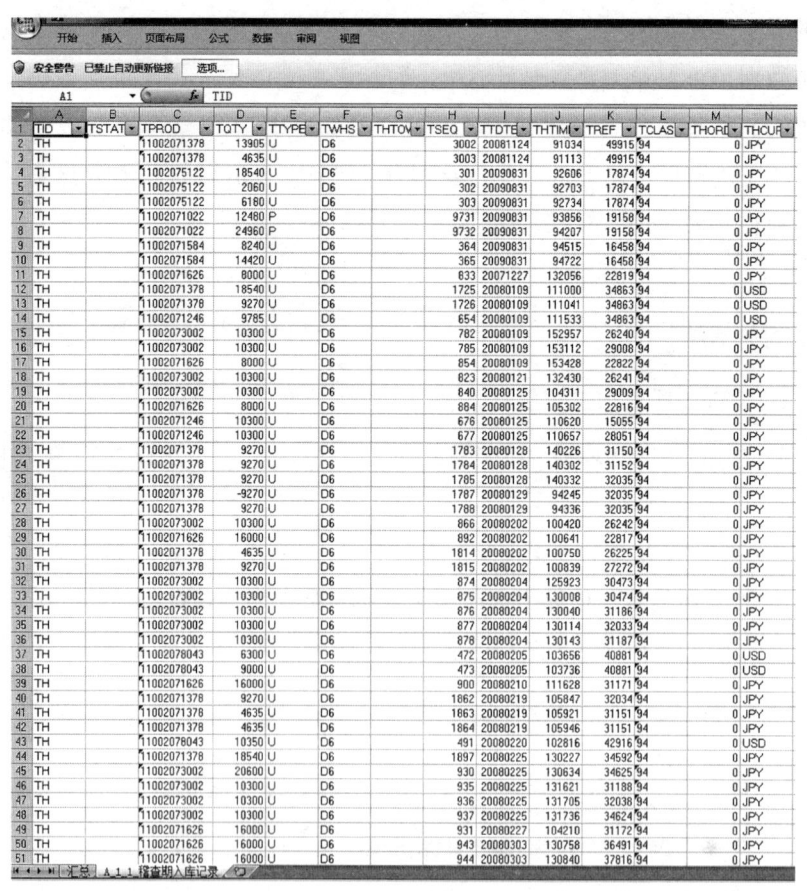

图 2-3　折算表

小王历经辛苦，花费了 1 个月时间总算将"平衡表"的主体计算完毕。小王看了下数据差额，吓了一大跳，"平衡表"核算偏光膜正差异数量3 514 153米，负差异数量1 548 524米；保护膜正差异数量为812 507米，负差异数量为1 805 607米，这个数量涉及的关税额，几乎有1亿元的税额！小王心想，公司的管理还是很规范的，应该不会出现很离谱的数字，但怎么会出现这么大的差异呢？小王觉得肯定是哪里出了问题。

会不会是计算的时候算错了呢？小王花了1天时间重新走了一遍"平衡表"的计算过程，Excel表格套用的公式都是正确的，那么至少计算方面是没有差错。

既然计算公式什么的都没有错，那么数据方面会不会有问题呢？小王让技术部门重新从ERP中导了一遍数据，结果也没有发现两次导出的数据有不一致的地方。

难道是ERP系统录入数据有误吗？小王又抽了些工单数据，发现投料数据与产出数据也是与ERP系统中导出的数据一致。

正当小王一筹莫展的时候，技术人员提供了一个信息，老版本的Excel数据最多是65 536行，超过这个行数，数据就丢失了。小王查了下，调取的工单数据刚好是65 536条，不可能那么巧正好这个数，那只能说明原始工单数据肯定是大于65 536条的，而产线上导出时用的是老版本的Excel，而且当时也没人就没留意，这就导致了这个数据缺失的情况发生。没有其他办法，小王让生产部门按年份分别导出数据再汇总，最后发现工单数据总量居然有12万条之多，难怪"平衡表"产生了那么巨大的差异，等补上这部分数据，差异应该不会再这么巨大吧，小王不禁松了口气。

重新计算的结果偏光膜正差异数量为1 585 523米，负差异数量为1 038 544米；保护膜正差异数量为152 507米，负差异数量为329 906米，算下来差了3 000多万元的税款，比第一次计算的结果要好很多。但本着对公司、对整个稽查工作负责的态度，小王又仔细地寻找了一下是否还存在什么计算时被忽视的地方。果不其然，小王又发现了一个影响数据结果的问题，那就是数量单位。液晶显示器面板、偏光膜进口时的原材料一般都是成卷状的，称为卷材，单位是"米"，而有些情况下进口的原材料是片状的（一般为以前的原材料），称为片材，它们的单位是"平方米"，而这两种形状的原材料是同一种料号的，在从ERP系统中导出时，没有将单位导出,小王由于刚进公司,对产线上也不是很熟悉,所以忽略了这个方面的问题,以为所有的单位都是"米",这部分的数据差异也就导致了"平衡表"失衡的另一个原因。原始数据的缺失或者录入错误,这种问题是无法解决的,毕竟小王不知道正确的数据是多少,但是单位错误还是能通过各种方式来解决。

为了解决这个问题,小王又重新请技术部门导了一遍数据,在导出的时候让技术部门将数量单位这个字段加上,导出后发现,果然有几个料号的原材料的数量单位是"平方米"。有了平方米就能知道料件有多少,因为每一个料号原材料的幅宽是固定的,小王很容易算出具体以"米"为单位的数据。将重新计算出的数据放入平衡表,小王得出了"平衡表"的最终差异:偏光膜正差异数量为 714 472 米,负差异数量为 348 569 米;保护膜正差异数量为 152 507 米,负差异数量为 329 906 米,预估税款为 1 800 万元,这个金额还是很大,不过小王认为这已经是核算出来最准确的一个数字了,在数据和计算方面已经竭尽全力了,小王觉得有必要仔细查一下产生差异的原因。

小王在整个关务部门开了一个讨论会,分析了可能导致"平衡表"有这么大差异的原因。主要有两个方面:

(1) 替代料的可能。在分析数据时,小王发现几组相似料号的原材料正负差异相同,比如有两个原材料,一个正差异 4 532 米,而另一个则是负差异 4 532 米,而且这两种料号的原材料除了宽度不一样以外,其他都是一样的。小王觉得可能是一种料替代了另一种料的使用而导致了这个情况。可能是在某些情况下,一种料号的原材料不够了,但客户又急着要,而该原材料也不能够及时进口,故使用另一个料号的同种类型原材料就成了一个很好的解决燃眉之急的办法,这就会导致一个料号的原材料多了一部分,而另一个料号的原材料少了同样数量的一部分,故在"加工贸易料件进出平衡表"上就会体现出正负差异。

(2) 数据记录缺失的可能。小王公司于 2008 年 12 月更换了新的 ERP 系统,由于新老系统的切换,数据分别在新老两个系统中,而老系统因缺少维护管理,导出的数据很可能有缺失,而这种缺失除非是将老系统中所有的电子数据与纸质单证资料进行比对,否则是无法发现的。

第二章 "体检式"稽查规范了我们的经营

几经讨论确认后,小王向稽查人员提供了这份"平衡表",作为本次计算的最终结果。"平衡表"截图如图2-4所示。

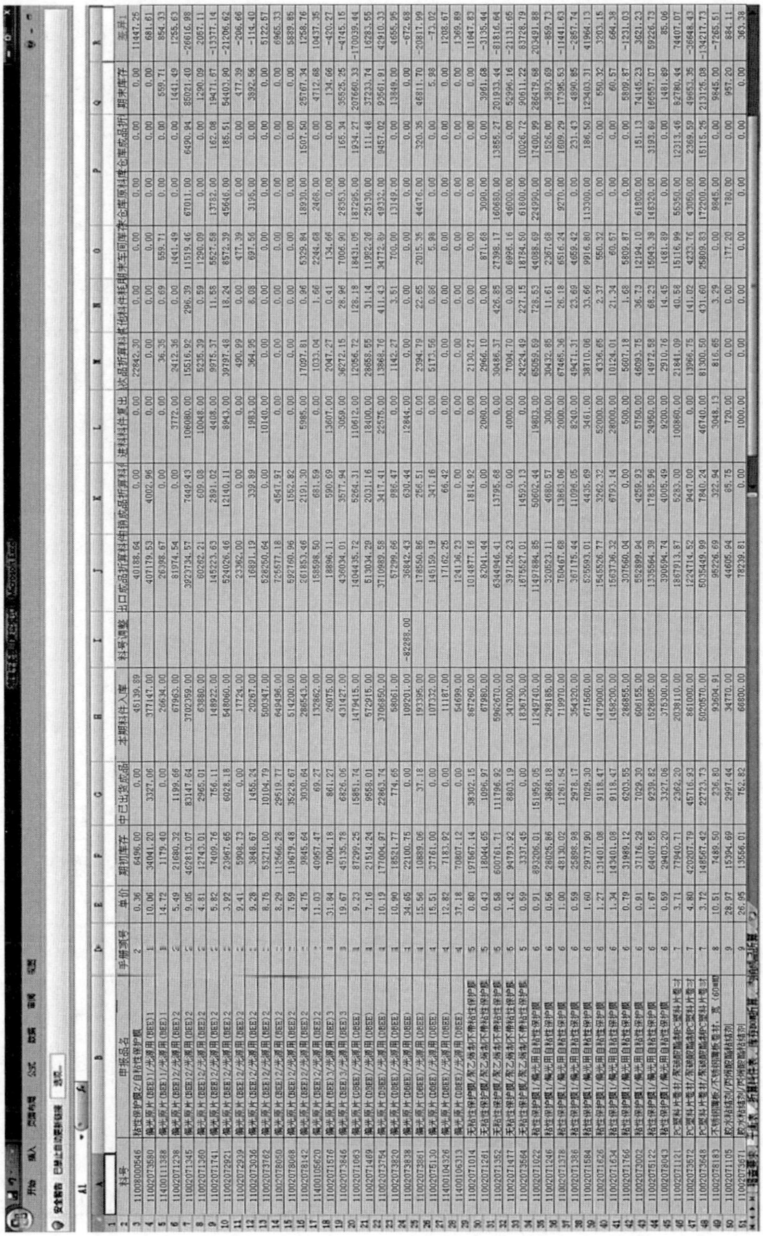

图2-4 "平衡表"

看着"平衡表"上的巨大差异,小王与稽查人员一起探讨了发生的原因,也向稽查人员请教了如何做才能避免这方面的问题。针对产生差异的原因,稽查人员建议小王:

一是关于替代料的情况。在生产过程中,加强生产用料的管控,杜绝未经海关许可替代使用保税料件的情况发生。对于在生产过程中,用一种料替代另一种同类型的料来缓解缺少件的这种情况,其实是企业对原材料使用管控的不到位造成的,如果发现某一料号的原材料已经不够多了,而接下来的客户计划生产又需要大量此料号的原材料,那么计划部门应该早下订单将仓库中的该原材料补足,或经海关批准使用同规格保税料件。

二是关于数据记录缺失情况。这种情况是不可避免的,一般都是在系统更换或系统中病毒的时候才会发生。系统更换时如果出现数据丢失的情况,只能加强数据导出导入的有效性和完整性;系统中病毒就要做好系统的防毒安全措施,加强系统使用的安全管理,及时做好数据备份,这样就能尽量避免这种类型的问题发生。

四、稽查结果

本次稽查涉及了小王公司进出口业务的各个方面,除了"平衡表"中反映出的个别料件有一些差异,其他各方面都没有发现问题。而"平衡表"虽然小王很努力地计算了很久,也很仔细地分析了料件差异的原因,但稽查人员根据稽查发现的问题,确定本次稽查的结论还是移交缉私部门处理。

看着手中的"稽查结论",小王心中百感交集。忙了那么久,还是被移交缉私部门,多少有点失望,因为公司要承担较大的代价,但这也是由于公司在管理方面存在问题导致的。通过这次稽查发现了公司存在的巨大隐患,同时也学会了如何计算"平衡表",这应该也是一种收获吧!如果海关这次没有来进行稽查,这部分差异会越积越大,将来再被发现,就会给公司造成更大的损失。

在往后的日子里,小王决定努力做好本职工作,逐步弥补这些漏洞,剔除隐患,通力合作,为公司营造一个合理合法的加工贸易经营环境贡献自己的绵薄之力。

第三章 "重点式"稽查纠正了我们的问题

对企业而言,国际贸易及海关法律法规的复杂性决定了进出口管理是一项专业细致的工作,主观故意、专业不足或工作失误均可能引发税款缴纳或贸易管控方面的风险。因此,除"体检式"稽查之外,海关还会针对某些常见的风险点对企业的进出口业务进行稽核。价格、归类方面因其直接关系税款征收和贸易管制,一直是传统的海关监管重点,加工贸易及减免税业务的重要性也愈见凸显。同时,随着国际知识产权贸易的迅速发展,特许权费应税问题也越来越多见。本章将通过多个稽查案例介绍"重点式"稽查,以帮助企业更好地理解和遵守海关规定,避免出现不必要的错误及失误。

第一节 加工贸易稽查

第一讲 企业未能建立有效的管理标准及内部沟通不畅的情形

一、某电子公司加工贸易内销稽查

某电子公司,投资总额 1 650 万美元,注册资本 1 000 万美元。主要生产电子存储部件及设备、小型多媒体设备,其主要原材料均从境外以进料加工方式进口,而生产的成品约有 40% 内销,其进口原材品种较为单一,主要为集成电路(内存颗粒)、线路板两种。其中,集成电路具有型号繁多、价格多变的特征。

该公司加工贸易日常管理及核销由财务部的关务课负责，其日常的几项业务包含：内销申请、外发加工申请、手册备案、单耗申报及手册核销。由于该公司产品生产耗用简单（单个产品均只耗用单个原料），因此，虽然加工贸易进出口金额均较大，但加工贸易管理仅由关务小刘一人负责。小刘平时主要工作是依据公司操作规程，接受来自销售部门预期内销数据，并依据单耗表将内销成品折算成料件，然后向海关申请内销；同时负责手册备案、变更及核销作业。

2012年2月8日，该公司收到海关"稽查通知书"，上面对稽查范围的表述为"你单位2010年1月1至2012年2月1日期间的以'进料料件内销'方式进口货物活动的真实性和合法性"。

二、接受稽查

稽查正式开始后，稽查人员针对企业加工贸易管理实际，做了以下工作：

1. 企业内销申报流程的确认

（1）补税数量情况流程跟踪。稽查人员发现对于应补税数量的确认，企业主要依据销售部门的销售计划（每月定期提供）安排内销补税申报，即每月由销售部门负责提供内销货物计划清单，由小刘依据产品单耗表（EXEL表）折算其中的保税料件，进行汇总后得到应申请补税数量。具体流程如图3-1所示。

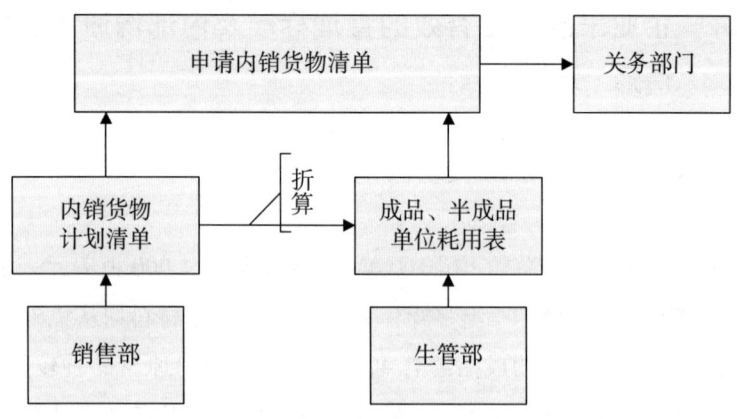

图3-1 应申请补税数量的确认流程

(2) 补税价格情况流程跟踪。稽查人员发现小刘平时工作中并未就如何确定内销货物单价定下标准。一般情况下,小刘在完成单耗表展料取得拟申请内销补税数量的同时,也取得了拟申请内销补税料件的料号,取得料号和数量后,小刘就随意找了几张该料号所对应品名的货物报关单,并依此报关单所申报的单价完成内销货物的价格申报。具体流程如图3-2所示。

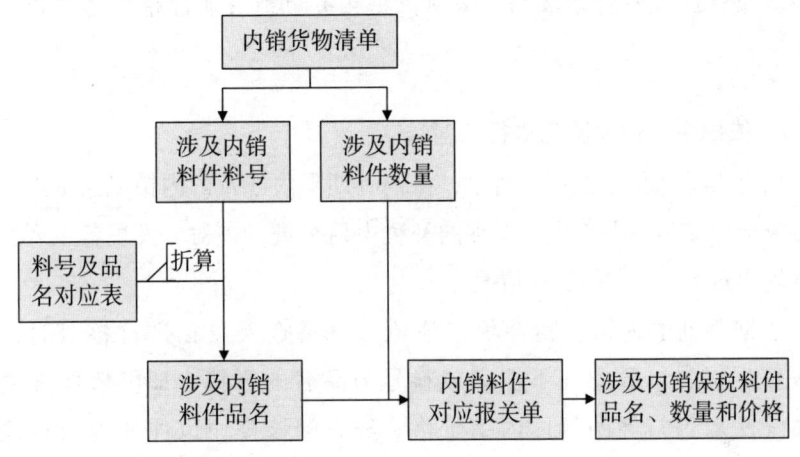

图3-2 内销货物的价格申报

海关提醒

1. 加工贸易货物内销税款计征标准

加工贸易项下货物内销,税款计征以内销货物涉及的保税项下料件为标准。即内销补税补的是所内销成品中保税料件的"税款",因此,核定内销涉及的料件数量及价格必然为加工贸易管理中最重要的环节,而以此完成内销相关税款的核算必然是海关稽查的重点关注对象。

2. 有效获取加工贸易应税料件数量及价格的方式

依据加工贸易内销成品资料无法直接获得应税料件的数量及价格数据,必须依据生产实际及标准流程进行计算或确认。加工贸易货物内销申请及随后的内销进口申报,关务人员首要确定的是涉及内销补税料件的品名、数量及价格。但一般来说,关务人员能直接从销售部门得到的只是内销成品的数量及价格,而非其涉及保税料件的数量及价格,故关务人员须依据内销成品的实际情况及企业实际情况,完成成品到料件的换算。

3. 加工贸易货物归并申报对确认补税价格的影响

内销货物补税价格的确认并非是对料件进口报关单上所示价格的直接确认。由于加工贸易货物存在归并申报的情况,故进出口报关单上一项品名可能涉及多个不同料号的料件,关务人员一般无法直接从报关单所示信息中直接获得料件价格数据,必须依据相关规则及实际情况进行换算及确认。

2. 依据企业作业流程进行核对

稽查人员依据企业销售清单,将稽查期限内涉及的内销成品依据单耗表折算成原材料,并与企业留存的补税申请单进行核对,发现各主要料件数量均出现8%左右的少补情况。

依据小刘的内销货物补税申请流程,稽查人员在进行核对时,发现仅依据报关单数据并不能完成料号与品名的联接,即仅依据报关单根本无法取得料件的具体内销价格。经查阅该公司以往的内销料件补税资料,发现其所附报关单虽然品名与内销货物品名一致,但料号却存在较大差异。

3. 依据疑难点进行数据复核并查出错误原因

稽查人员在小刘的配合下,对每月补税数据进行了复核及对比,发现企业2011年11、12月补税数据与前几月份相比明显降低,但经调阅财务销售数据发现,企业2011年年底内销成品数量不降反升,与内销补税数据存在明显反差。

小刘看后,连忙主动找出当时的工作记录,经过仔细核对发现,当时销售部门在11月份没有依常规按月度向其提交内销清单,而是分别在月初及月末提交了两份内销清单要求进行补税操作,随后(三天后)销售部门又将12月份的内销清单(图3-3所示的"11月内销计划清单之三",实为12月份准备内销的货物清单)发给小刘。然而,小刘以为11月底的内销清单为12月的内销清单,并以为后面的清单是重复发的,导致其遗漏了12月的内销补税。

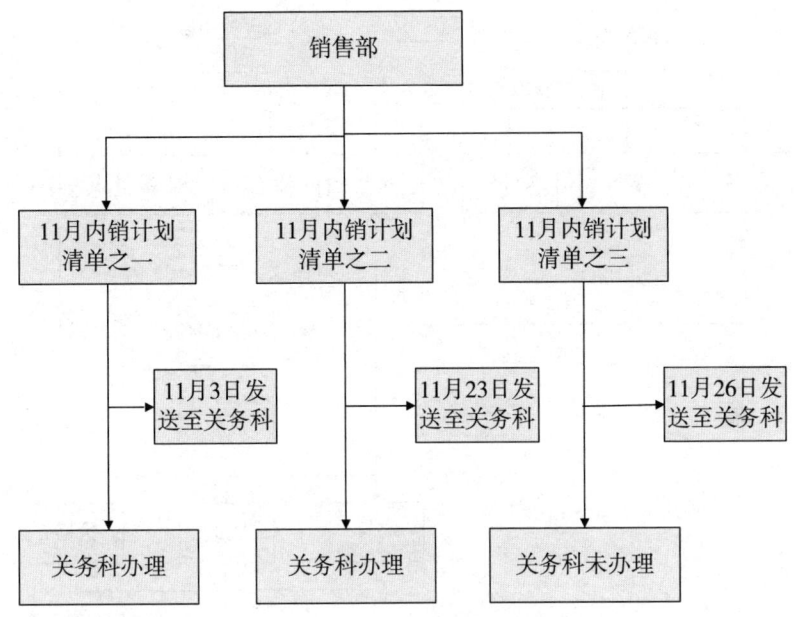

图3-3 工作纪录

对于价格问题,小刘向海关稽查人员解释:在工作流程中确认价格的机制太随意了,但她也保证绝对没有故意少缴税的,因为她找的报关单均是就近找的,且在同一份报关单上有多项申报时,她选的都是最高价格。

稽查人员了解该情况后,在小刘的配合下,首先寻找内销货物料号与进口报关单对接的方法。稽查人员发现,企业的报关单虽未完全记载所进口货物的料号,但在随附发票中记载了所有进出口货物的料号,只可惜随附发票缺少电子数据及系统支持(因为相关发票均由供应商制发),而依据纸质发票完成统计将是低效且高差错率的。后来稽查人员发现所有进口发票中均列有编码较为规则的订单号码,经小刘与采购部门确认,发现上述订单号码为企业要求供应商必须注明的要素,而企业内部订单系统存在完整的订单内容(包含料件、价格、供应商等数据),也有订单完成情况(何时发运、何时收到、订单是否完成等),同时订单系统中均注有供应商的发票号码。因此,逻辑上企业依据订单数据可以反映实际进口货物的品名、数量及价格,且订单是与进口发票是一一对应的。货物料号与报关单对接示意图如图3-4所示。

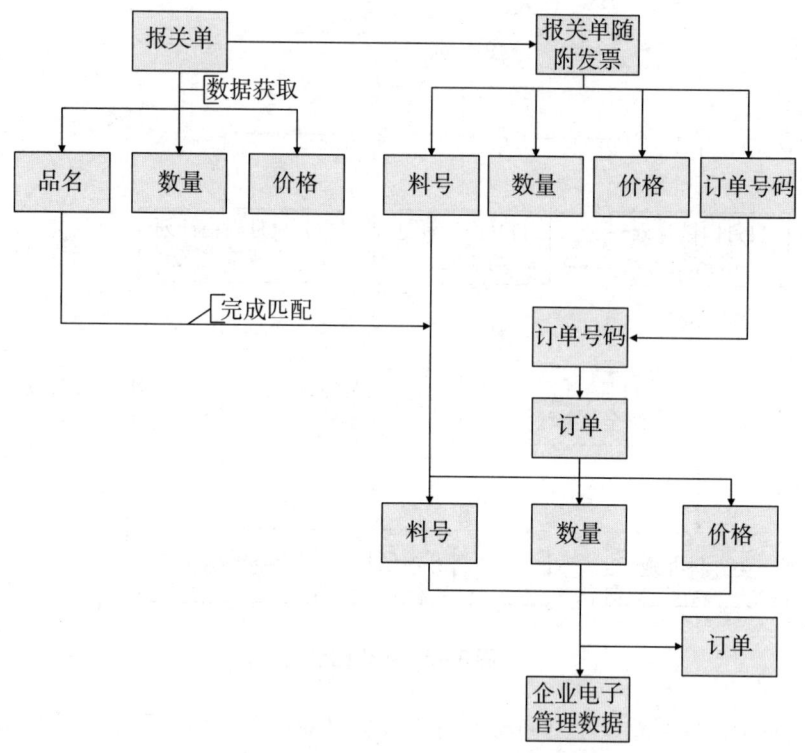

图 3-4 货物料号与报关单对接示意图

同时,小刘在进口手续办完后对报关单相关内容建立了清单备查,要素包含报关单号、发票号、提单号、税单号等,这意味着能够实现报关单号码与发票号码的链接,即依据企业本身系统及关务内部管理数据可完成数据链接。数据链接如图3-5所示。

最后,经过排查,发现依据小刘的方法进行筛选的内销货物价格中,线路板的价格与上述严格筛选的方法误差在5%之内(呈现有多有少的情况),但集成电路IC(内存颗粒)内销价格误差较大,大部分价格误差率较高(大部分在10%至50%之间,最大的达到600%),且内销总体价格偏低,约总体偏低13%左右。小刘看到这些数据后慌张地说:"怎么会这样?我真是就近随便选的,没想少报点省税啊!"

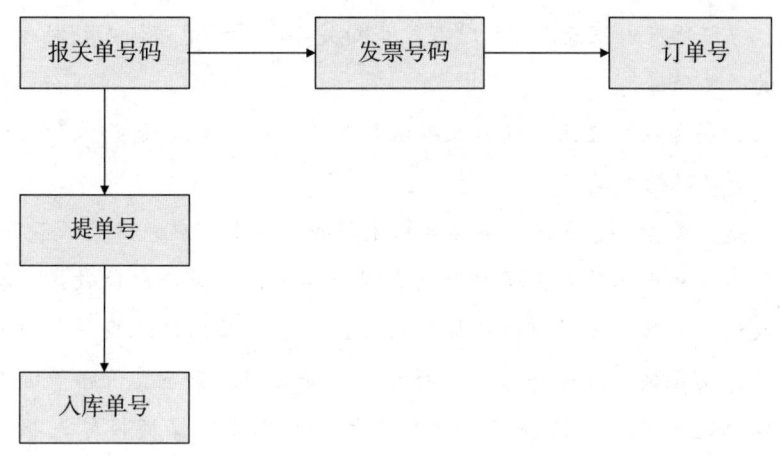

图 3-5 数据链接

"你们是不是内销的都是价格较贵的集成电路啊?"稽查人员提醒道,"从数据上看,你们内销涉及的内存颗粒好像都是价格较高的。"

"我看看。"小刘赶紧看了一遍相关数据,这时才想起来曾听公司销售部的人提过,由于习惯不同,对于存储类设备(U盘),国内大家较喜欢使用大容量的,而国外市场却以小容量为主。想到这,小刘连忙联系了销售部门进行了确认。"是的,由于消费习惯再加上我们国内最大的客户主营高档存储设备,导致我们公司内销的内存颗粒容量大的偏多,价格相对也较高,不过这一年多内存颗粒价格一直走低,当时的高价现在也成了低价了。"小刘急切地解释道。

海关提醒

1. 关注内销成品与保税料件的符合度

企业在加工贸易内销管理中应注意内销成品与保税料件的符合度,防止出现申请及申报不符事项,具体建议做好以下几方面工作:

(1)建立标准化内销成品通知制度,保证料件内销情况出现时相关关务人员能有效获知。

如前所述,内销申请及申报为企业主动行为,由于海关并不直接对加工贸易货物监控,故无法提前预告,也无法提醒。因此建立标准化的作业规范，保证所有内销行为能及时有效告知关务人员，是保证内销补税有效实现的首要保障。

（2）关务人员应保证换算及确认行为的全面、有效及准确，防止错、漏、丢等情况的出现。

首先，关务人员在内销成品数据完整的基础上，应保证数据不丢失，防止出现各种因工作疏失而导致的失误；其次，应保证内销数据的有效传递及使用，防止出现前述的缺漏情况；最后，必须保证换算行为的准确开展，由于换算过程一旦涉及料件，受到品名、数量、价格等方面影响，均会造成最后内销补税税款的差异，因此必须保证换算过程的准确度。

（3）建立准确的换算流程，防止主观因素对换算过程的影响，并强化复核体系。

由于各个企业生产情况及保税管理的不同，内销保税料件的计算无法实现标准化（不能想象一家服装厂与一家电脑厂使用同一种方法计算成品中料件的耗用），但原则上基本流程应包含（当然不排除其他的计算方法及流程）：成品——耗用计算——料件——进口记录查询——报关进口数据确认。

同时，应严格限制人为因素对换算的干扰，如随便选择报关单、凭印象确定价格等情况。

2. 料件换算需选择合适的方式

料件换算及确认应充分考虑各种因素的影响，防止出现因外界因素影响而产生的错误。

如案例中所述事实，在内存颗粒价格未发生严重变动的情况下，企业料件换算方法并不会对内销货物价格产生实质性影响（因为选择时间点不同的料件价格相同），但如料件价格发生短期巨变，不符实际的选择方式可能对补税金额产生严重影响。

另外，我们也应注意这种影响不是仅导致税款少缴，如上述案例中内存颗粒价格上涨，企业可能就会因此多缴不必要的税款。

"等等，刚才你们销售经理是否说这一年多内存颗粒价格持续走低啊?"稽查人员听完后,向他们销售经理问道。

"是的,这一年多来内存价格下降得很厉害,基本上有的下降了快150%了,有时几天就下跌超过30%,半导体行业的情况就这样,我们的库存期最快也要一个月,所以我们今年损失很大!"刘经理回答道。

"那你们实际内销货物依据生产实际应是半个月至一个月之前所进口的,这会产生很大价差的。怪不得你们之前按申请内销时间来找附近的进口发票会导致每种料号内销价格水平均低于平均价格呢!"稽查人员接着说道。(申请内销时间如图3-6所示)

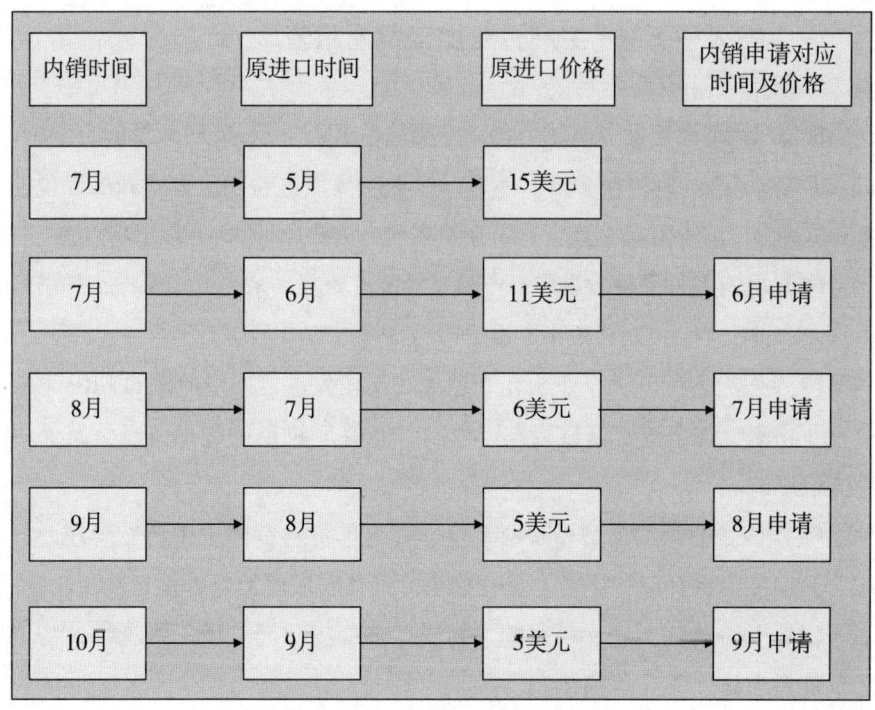

图3-6　申请内销时间

三、稽查结果

最终,经稽查组确认,因小刘漏算一个月内销货物,导致企业少申报约58万美元内销料件,涉嫌少缴税款约61万元人民币;因内销补税未严格规定核对料号,导致价格少申报20余万美元,涉嫌少缴税款约22万元人民币;因内销补税时未按生产实际情况确定保税料件价格,导致内销补税时少申报价格89万美元,涉嫌少缴税款约93万元。最终,依据规定,上述事项被移交至缉私部门处理。

第二讲 关务管理仅依靠数据却不了解实际的情形

一、某大型 EMS 生产企业加工贸易稽查

B 公司为某大型外资电子公司,主要从事 EMS(Electronics Manufacturing Service,电子合约制造服务商)生产。企业主要以进料加工方式开展保税业务,年进出口总值超 10 亿美元,该企业在加工贸易管理中存在以下特点:

(1) 具有料件品种数量多、产品型号配置繁复、采购方式多样,进出口总量大、批次多,单次金额小,进出口数据庞大等电子加工业的一般特征;

(2) 作为大型电子企业,其管理模式比较先进,采用严格的 ERP 系统对企业物流、资金流、信息流进行控制,能够反映企业进出口经营及保税物流情况;

(3) 该企业为加工贸易联网企业,进出口货物料件采用料号管理,且与海关加工贸易管理相接轨,企业核销方式体现联网监管特性;

(4) 关务部门与仓库、采购、物流等多部门共同隶属于物流部,物流部负责人为林仁义(美国籍)。

另外,该公司其关务部门共有员工 18 人,其中 3 人专门负责加工贸易手册管理,负责人为王伟。其进出口部门负责进出口业务或手册管理完全依靠企业 ERP 管理系统(SAP)中的 MRP 功能及联网监管辅助平台,相关进出口及保税料件数据较大,企业料件料号超过五万条,年度料号级进出口数据达百万条以上。

2010 年 8 月 12 日,海关向 B 公司送达了"稽查通知书",决定对其

2009年8月1日至2010年8月1日期间进料加工项下货物进出口活动的真实性和合法性进行稽查。

知识点链接

1. 了解企业 ERP

ERP 管理系统：即为 Enterprise Resource Planning 简称，全称为"企业资源计划系统"，是指建立在信息技术基础上，以系统化的管理思想，为企业决策层及员工提供决策运行手段的管理平台，是制造企业的综合的集成经营系统。

ERP 业务流程如图 3-7 所示。

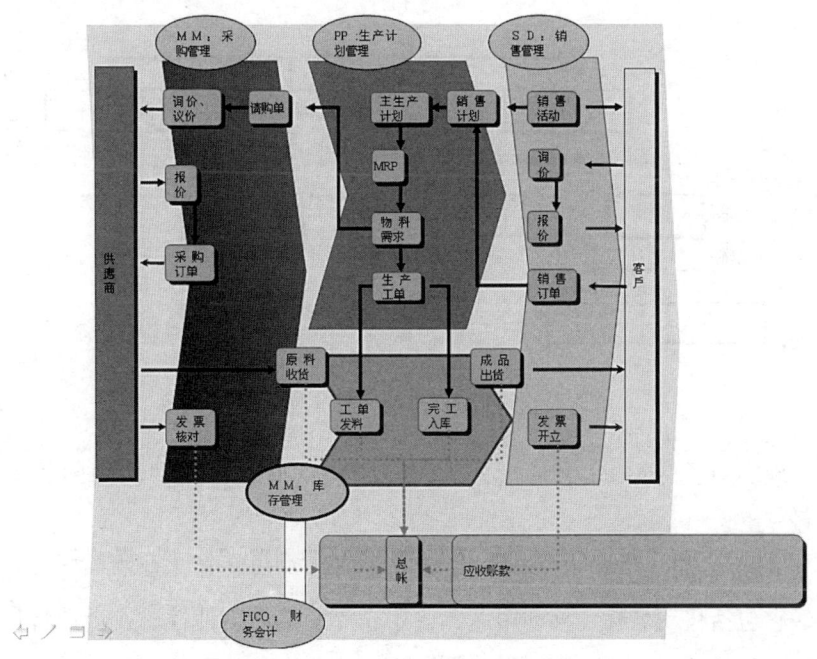

图 3-7　ERP 业务流程

ERP 与料件管理相关数据包括料件主数据、物料清单、移动类型等。

料件主数据主要包括物料的组织层次、物料类型、物料维护方式等内容。通过物料主数据的了解可以完成对系统中所有涉及料件性质的判断，这是最基本的，但也是我们在加工贸易管理中最重要的功能，简单地说就是通过料件主数据我们在系统中看到一个料件的料号及相关标识就可以初步完成料件品名、规格、贸易性质、生产状态、存在状态、储存情况的判断。

物料清单（Bill of Material，简称 BOM 表），是指产品所需要的零部件的清单及组成结构，即是生产一件产品所需的子零件及其产品中零件数量的完全组合。简而言之即产品的构成结构表，以手机为例，如图 3-8 所示。

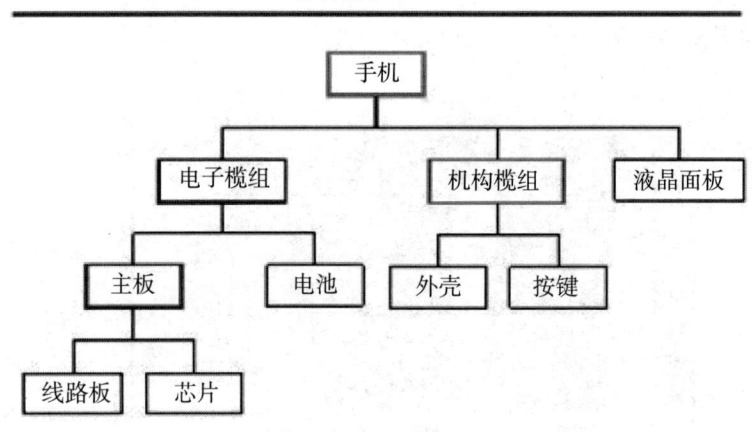

图 3-8 物料清单

现实中了解 BOM 表的形式，将是我们掌握保税料件耗用的关键及捷径。

移动类型，是指 ERP 系统中物料在各个系统及库位中移动的原因和分类，它包括移动名称、移动用途、适用仓库、移动会计性质或会计科目等内容，包括"入、销、领、转、调"五大类。

2. 了解 MRP

MRP 是指基于企业经营目标制定生产计划，围绕物料转化组织制造资源，实现按需要按时进行生产。主要环节涉及：经营规划、销售计划、主生产计划、物料清单与物料需求计划、能力需求计划、车间作业管理、物料管理、产品成本管理、财务管理等。

二、稽查准备

稽查人员在送达"稽查通知书"时，建议王伟依照管理流程，对稽查期间内的加工贸易管理情况进行总体复核。而收到"稽查通知书"后，公司内部也要求王伟牵头对公司加工贸易业务的运行情况进行复核，并要求王伟将日常的加工贸易管理方法向公司总经理进行一次汇报。

王伟根据公司制度及实际工作流程，依照以下两个方面汇总了相关操作流程：

（1）关务部门资料的来源。进出口资料均来源于本部门报关单信息登记；货物申报所需单据均依据采购部门及货运代理部门的通知；内销申请数据来源于销售部门的通知；外发申请数据来源于生管部门的通知，而各部门的数据均取自于企业 ERP（SAP）系统数据。

（2）主要业务流程。进出口部门主要依据采购、仓库、销售等几个部门的指令开展进出口货物的出货及清关安排；依据销售部门销售计划（每月定期提供）安排内销补税申报；依据生管部门提供的标准 BOM 表及进出口部门自有的清关数据完成核销作业。

由于企业加工贸易料件相关数据较大，王伟想进行自查，但发现根本无从下手。

海关提醒

加工贸易企业中 ERP 系统的重要性

大型加工贸易企业一般具有数据量大、贸易方式复杂、生产过程繁复这三个特点。因此，作为企业关务试图了解整个企业的运行情况绝对是个不可能的任务。而通过了解企业 ERP 系统运行方式，进而了解企业物料流转及运行情况将是便捷且有效的方法。

企业关务人员应重视 ERP 系统对加工贸易料件管理方式的影响，它使我们能以一种简单的方式了解物料的流转及运行实际，进而完成对相关海关申报、审批业务及物流情况的判断及复核。同时我们也必须了解到充分运用 ERP 功能其最高价值不是了解企业工单、领料在 ERP 中如何进行，而是以此来判断该企业如何领料、生产，借此确认相关物流数据，进而完成手册的核销工作。

企业应重视加工贸易中非生产性耗用的管理及控制，这对于大型加工贸易企业尤为重要。目前加工保税管理中，一般将关注重点置于保税加工贸易的净耗、残次品及边角料的确定方面，但由于企业生产工艺特点决定了净耗数据繁复，而企业内部管理特点决定了其对残次品及边角料管理不足（特别是残次品与边角料混同情况较多），导致关务获取数据效率较低，因此对建立在其内部 ERP 系统之上的领用类移动数据及库位管控项进行确认及申报将是快速、方便及有效的。

三、接受稽查

通过对企业基础经营信息的了解，特别是针对企业内部生产、物流、财务管理特性进行确认及分析，海关稽查人员首先完成了对企业的初步判断：

该企业属于标准型 ERP 系统管理企业，ERP 系统完整，使用彻底（使用 SAP 系统），企业本身对 ERP 依靠性很强，整个生产过程完全被 ERP 渗透，领、转、调等移动方式成为企业生产物流的基准；

该企业在实施加工贸易核销时采用的数据均基于 ERP 数据（经加工）及进出口数据，且均由企业关务部门自行下载、收集、整理；该企业整个生产均不实行外包，从电容、电阻、IC 生产开始包含笔记本电脑生产的整个工艺流程，产线涵盖 SMT 贴片、组装、测试等内容，导致工单类型多样，生产阶段复杂，数据庞大。

基于上述判断，稽查组将稽查步骤确定为两步：

一是库位及移动方式数据收集分析、确认保税物流基本情况及核算结果。经向该企业技术支持部门调取 SAP 结构数据调整相关物流数据，稽查组发现该企业对保税料件领用实施工单为主的收发料管理模式（主要生产领用均实施生产工单领用，及特殊工单领用），经了解该企业一般工单均由系统依据订单及当前生产物料清单（BOM 表）产生，而特殊工单产生内容较多且多个部门可制发特殊工单，具体包括以下几类：

（1）研发领用，即由该企业研发部门因研发需求进行的领用；

（2）维修领用，上述维修领用包括两重领用代码，一种是产线维修领用，另一种是重工维修领用（从成品库位退还产线维修进行的料件领用）；

（3）QC 领用（质检领用），经了解其包括破坏性测试领用及检测性领用；

（4）样品领用，均由销售部门实施，经了解主要包括免费送样及快递出境；

（5）杂收发，经确认为部门领用及其他类领用及退库。

依据上述工作，稽查组确认了除一般工单领料外的保税料件存在领用及消耗情况，结合该企业内销补税方式，稽查组还发现以下情况：

（1）该企业在稽查期间内通过部门领用方式将保税项下价值人民币 195 万元的成品电脑（仅依保税料件价值计算）及内存等料件转为本公司人员使用，并部分转为了本厂固定资产；

（2）维修领用应属非正常生产耗用，上述保税料件应被计入应税损耗；

（3）该企业在稽查期间以样品领用方式将价值约人民币 32 万元的保税料件及其制成品领出后以样品形式免费交由其客户或快递出境，但均未计入销售；

（4）其研发及 QC 部门领用保税物料数量较大，虽然系统中显示有形式退回，但实际均已报废。经分析发现该企业研发及质检部门均声称在领料后一定时间内，均将料件返回产线或仓库，因此在系统中作退回处理。但在继续追踪后发现相关料件返回后一定时间内均存在基本相等量的产线报废或原材料报废情事，且相关料件均被计入材损及产损，最终该企业确认了相关退回均是形式退回（实物不进行相应移动）。

稽查组依据上述稽查结果，完成对上述四项领用数据的汇总，发现该企业稽查期间内共计价值 630 余万元的保税料件属于上述四项非生产耗用性领用，属应漏缴税款情事。

二是以料、工、费组成分析及核算为手段，审核企业工单领用合理性及有效性，确定保税料件管控风险。经过数据收集及分析，稽查组发现该企业成本类科目数据均直接来源于 ERP 数据，较为直观地反映了企业生产实际情况。但稽查组在分析其财务科目明细，发现该企业其他费用科目（生产费用中）中发生额金额较大，在本年度 5 个月内有 1 800 余万元人民币的相关费用直接与 ERP 相关领用数据有关。

经进一步确认，稽查组发现上述涉及料件数据均来源于工单领用数据，经结合料、工、费的结构及形成分析并约谈企业相关主管人员，最终认定该项费用为该公司对于已出厂（销售）产品外包返修而领用的料件，且通过针对 ERP 数据的追踪确认相关料件均为通过工单领用出厂的（其工单形式与企业一般生产工单无区别，但在编号规则上可以区分）。

四、稽查结果

经过上述稽查作业，最后认定 B 公司在加工贸易管理中存在大量料件耗用未列入管理范围，并导致未能及时补缴相关税款，依据相关法律法规规定，上述事项被移交至缉私部门处理。

第三讲　企业管理体制不能随生产变化而变更的情形

一、某电子设备生产公司加工贸易稽查

某外资电子公司，注册资金 7 130 万美元，年进出口总额高达 5 亿美元以上，贸易方式以进料加工为主，一般贸易为辅，属大型加工贸易管理企业，且该公司系海关加工贸易联网监管企业。2011 年 3 月，该公司收到海关"稽查通知书"，通知对其 2009 年 6 月 1 日至 2011 年 1 月 1 日期间的进料加工贸易方式项下的进出口活动的真实性和合法性开展稽查。（依照此稽查范围的描述，此次稽查应包含但不限于对保税料件内销情况的核查，但为保证有针对性，此处只叙述对料件内销补税情况的稽查。）

该公司主要生产机械类电子设备，主要产品涵盖四个项目（即四个不

同产品），涉及保税进出口业务的料件较多（共有53个大项，涉及4 000多个品名，32 000余个料号）。

该公司管理实行项目制，即每个项目生产相对独立，但进出口、仓库、财务等非生产部门均实行统一管理。其中进出口部门与仓库、采购等部门同属供应链部门，其主管为具有8年企业关务经验的孙旦，其关务管理主要体现进出口申报及包含加工贸易内销申请在内的各项审批项目及备案、核销业务，其中设有专门的日常管控人员两名，主要负责保税料件内销数据的统计、申请、申报及其他日常加工贸易日常审批事项。

同时，公司全面实施ERP管理，但ERP使用方面为了保证与全球所有工厂一致，原材料无法设置保税库位。由于企业严格执行依订单生产，所有生产及运行均依照订单执行，因此在关务管理中依据订单的内外销即可判断成品的性质，并可依此完成关务判断。

二、接受稽查

稽查开始后，稽查人员向孙旦了解企业与保税料件内销有关的生产及关务管理情况（注：海关对联网企业加工贸易内销管理的规定详见本书核查篇第二章第三节相关内容），孙旦解释生产运行他不太了解，公司内销作业其基本运行是生管部门每月提供所有已内销成品涉及料件（非保税料件）清单，关务部门依据前期制作的保税料件清单（一份标注有所有保税料件料号的Excel表）与料件清单进行比对，对于经比对确认是保税项下的料件，由关务人员依据ERP系统的固有功能，依据先入先出原则找到原始报关价格，以此确定每月内销补税品名、数量及价格。（流程如图3-9所示）

了解相关情况后，稽查人员针对企业管理实际，首先了解企业关务是如何获得内销成品所涉及保税料件清单的。

前文已经讲过，加工贸易管理复杂性决定了企业关务人员很难直接拿到内销保税料件的清单，而只能依靠从成品展料来完成。因此听说企业关务直接能拿到料件清单，海关稽查组马组长感到有点惊讶，连忙问道："你们内销保税料件清单从哪儿来的？"

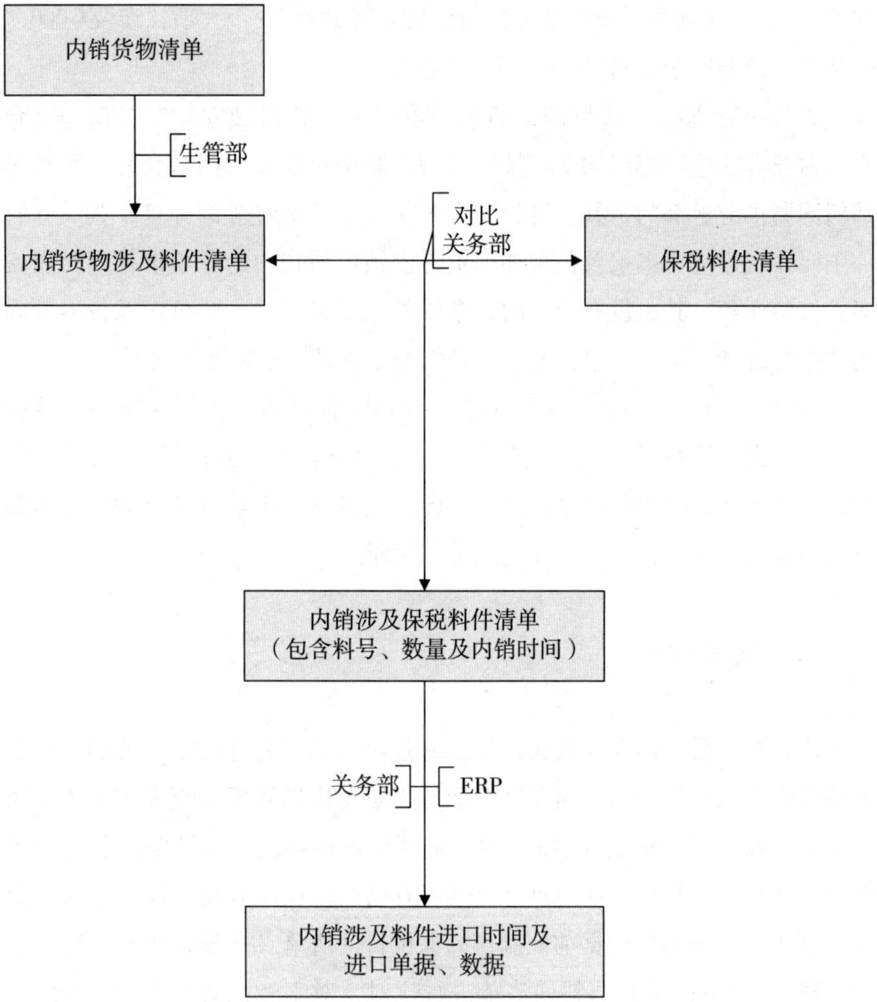

图3-9 内销作业基本流程

"不是内销保税料件清单,只是包含所有内销料件的货物清单,关务部门完成筛选后才能确定最后其中有多少保税料件的。"孙旦连忙解释道。

"哦,你们不实行工单领用,料件管理只依靠Backflash进行?"马组长立马联想起前次ERP管理培训中讲到的依靠Backflash(倒冲法)完成料件核算的管理模式。

"是的,我们依靠Backflush数据确定货物的保税料件耗用,但由于我们是实行'小推车加原料站式'管理方式的企业,无法确定实际耗用与理论耗用的差距,所以为了保证内销补税不出差错,我们直接将内销订单项下所有发出料件减去生产完成后的剩余料件就得到内销成品耗用料件,并以此制作料件清单的。"

知识点链接

1. 了解 Backflush（倒冲法）

Backflush（倒冲法）是 ERP 系统根据生产成品时所有收料（收到原材料）数量确认原材料使用数量的一种方法,倒冲是 ERP 系统对成品收料并对原材料减料的确认过程。在 ERP 中,每个产成品和在制品都设置了多层 BOM 表（物料清单）,系统在产成品收料时将自动增加产成品库中成品数量和金额,并根据 BOM 表减少在制品库即生产车间的原材料的数量和金额。原材料倒冲一般只在产成品库和在制品库之间进行。

2. 了解"小推车加原料站式"管理

"小推车加原料站式"管理是相对于工单领用管理而言的,即其不针对料件领用进行管控,而是在生产线设置原料部点并设定"最低数量",每天固定时间确认站点各种原材料数量,当数量低于"最低数量",原材料仓库就使用"小推车"向该原料站点补充原材料。

实行"小推车加原料站式"管理,较易确定成品生产的全部耗用,但无法确定货物净耗。"小推车加原料站式"管理也就是发料至线边仓,线边仓是按一定数量及时间进行补仓,无传统概念中的工单,对于保税料件与成品、半成品的关系只能依靠数量及基本耗用之间核算。但同时,此种方法由于不区分领料的方式及途径,极易了解实际料件消耗数量。

稽查人员接下来确定企业如何在内销成品耗料清单中完成保税料件的筛选,并完成料件匹配。

该公司内控文件显示,其生产部门在任何一张内销订单完成后的七天内应将该订单涉及的成品耗料清单发至财务部门,经财务部门确认后由关务部门负责从中筛选出保税料件,完成内销补税清单。其中关务部门主要依据保税料件料号清单进行比对,对于内销补税清单料号属保税料号的料件直接认定为应补税项目。

小王在海关稽查的日子——企业如何配合海关稽查

最后，关务部门依靠关务数据、企业进出库记录完成料件进口数据的查找。

完成对企业内销管理模式的了解后，稽查组详细了解企业 ERP 及生产状况，发现企业 ERP 具有以下特点：

首先，实行 SAP 系统管理，由于是全球统一管理模式，所以无法针对现有海关模式进行调整，也无法依据成品销售方向完成料件定位；

其次，对保税料件本身区分管控程度很低，ERP 只按料号进行管控，无法区分或标识料件的贸易方式。

上述特点导致企业保税料件数据无法依靠系统完成收集及分辨。

企业对于内销补税数据完全依据关务部门依前两个步骤完成，未设置复核机制，也没有其他部门进行监控。

针对上述情况，稽查组依据企业内销补税流程对稽查期间内的数据进行复核式运算。稽查人员在运算一开始就碰到了问题。

"我算出来的数量怎么还是与你们算出来的数量不一致啊？"马组长疑惑地问道，"我看了几遍了，你就是使用你们提供的内销成品耗料清单及保税料件料号清单进行核算的，但为何我算出来的总比你多一点呢？这两者都一样，难道是运算方法不一样？"

"应该不会吧，我们的运算公式是由 IT 部门专门设计的，这个方法应该是没问题的。"孙旦非常肯定地回答道。

"我看了几遍了，应该不是我的计算问题。我也分析了一下，我计算比你多的那些集中于你们公司以 PA 及 DD 开头的料号上，你也去查查。"马组长说道。

小刘打开电脑，将相关数据依常规方法再次进行运算，所得结果与马组长的结果相对比后发现确实少了 6% 左右的金额，且确实大量集中于以 PA 及 DD 开头的料号中，两人互换了两张清表后计算仍是出现此问题。

"看来是计算方法中有问题。"马组长肯定地说道，但是两人来来回回查看了好几遍仍没发现问题所在。

马组长决定从两份清单开始查找原因：首先，他打开内销成品耗料清单及保税料件料号清单（均以 Excel 表格存在），内销成品耗料清单并无异

第三章
"重点式"稽查纠正了我们的问题

常,但在查看保税料件料号清单时,他发现以 PA 及 DD 开头的料号均处于保税料件耗用清单最后面,且均为 30 000 行以后的数据。

"会不会是耗用清单中后面的 PA 及 DD 开头的料件没有进入计算,是不是你们公司设了限制啊?"马组长连忙向孙旦问道。

"我去问问公司的 IT,听我前任同事说换算公式及表格都是 IT 帮忙做的。"孙旦带着疑惑回答道,并打电话给 IT 小王。

"你等等,我看一下公式,这个公式是我做的,我存着呢。"小王回答道,"好了,是有限制啊,你前任小方当时电脑比较差,我在做公式时设了个只对比前 30 000 行的限定,反正你们的料件也就只有 18 000 多条。"

"现在我们的保税料号有 32 000 多个了啊!"孙旦不由地惊叫起来。

原来,当时保税料件仅有 18 000 多个料号,因此 IT 为了提高运算速度,设置了只对比前 30 000 行的条件。由于这个限制在当时远远超过实际数量,因此在整个运行过程中没有出现任何问题。但是,三年后的今天企业保税料号增加至 32 000 多种,导致每次比对均有 2 000 多项料号的数据无法参与核算,直接导致内销补税数据的短缺。

在完成企业内销补税流程的确认及复核后,稽查人员开始对企业内销补税数据的构成进行合理性分析,发现对于价格、归类等方面均未发现异常,但企业 2010 年度内销补税数据中显示,补税仅集中于高价格料件中,报关数据中大量以进料加工方式进口的单价低于 2 美元的电容、电阻、螺钉、垫片等均无补税记录。

"你们保税进口的低价值电容、电阻等货物,均用于出口吗?"稽查人员疑惑地向孙旦提出了此问题。

"我不太懂这个的,我们关务部门根本不管这个的,我们只管进和出,具体怎么用我们都不了解,公司也没准备让我们了解,我们这个部门地位低,只做执行。"孙旦无奈地回答道,"不过,我可以去叫生产部门的人过来,他们的主管也是此次稽查准备小组的成员。"

"不会啊,这些都是公司的共通料,内外销都会用到的,不可能都用于外销的,想做也做不到啊。"生产主管刘力肯定地回答了这个问题。

"什么是共通料啊?"马组长赶紧追问道。

"所谓共通料,是指电容、电阻、螺钉、垫圈等通用料件,这儿的通用是指我们公司各个项目的生产都要用到的,没有特殊规格限定的料件。"刘力回答道。

"完了,我怎么没想到啊,2010年年初,公司通知要求我们将公司原来都以一般贸易方式进口的共通料都改为保税进口的,改完后没记得将料号加到保税料件料号清单中去。"孙旦着急地回答道。

原来,对于共通料,采购部门设有专人负责(不归具体内销项目采购人员),但由于共通料一直是一般贸易进口的,相关人员不了解保税政策,也不了解公司内部的运作运程,导致贸易方式改变后,没有将相关料号加入保税料件料号清单中去。而由于这些共通料并非新设料号,ERP料号管理人员未增设料号,也未通知孙旦所在部门,导致出现了上述问题。

在确认共通料存在未税先销情况后,海关稽查人员及孙旦都试图计算应补税的共通料,但在计算过程中,又碰到了以下问题:

(1) 前述核算内销料件方法无法适用于共通料。由于共通料在产品各项目均会涉及,即每个料件站点上的共通料可能同时有几个订单的生产使用,导致无法依据发出料确定内销产品使用量。

(2) 使用BOM表核算保税料件耗用面临巨大工作量。共通料具有数量巨大、使用频繁的特点,这决定了对于共通料的运算即相当于对稽查期间内所有内销保税料件依据展料方式进行一次重新核算。

(3) 生产及非生产损耗共通料,无法进行内、外销区分。由于缺少投入产出记录,无法确定相关共通料损耗产生于内销还是外销。

海关提醒

1. 完成保税料件内销统计的多种方法

依据内销成品数据及耗用数据换算保税料件数量并非是企业完成内销补税数据统计的唯一方法,以投入数确定耗用数比换算法更加全面且安全,但这仅限于没有边角料及不计工艺损耗的情况,否则企业将承担不必要的损失。

2. 加工贸易管理相关部门人员需积极沟通

加工贸易管理人员必须实时关注企业生产、贸易情况，并据实修正加工贸易管控方式和流程，防止出现制度性失误。此案例中，正是由于关务部门及采购部门人员互不了解对方的业务流程，未关注因贸易方式变更可能带来的影响，而产生大量保税料件擅自转让的行为。

3. 类似"共通料"的料件不宜实行加工贸易管理

生产过程不可控型的生产料件（如"共通料"）不宜实行粗放型保税管理。由于较难完整记录相关料件的实际流向及耗用，当同时发生内、外销时，保税业务管理人员对内销数量的实际判断将出现困难，这不但将加大企业加工贸易管理的成本，同时也将大大增加违法风险。

在此次稽查结束后，该企业感到将通用料以进料加工方式进口后管理成本及风险过高，决定将该贸易方式改回为一般贸易。

三、稽查结果

经稽查认定，该企业上述行为涉嫌违法（擅自转让），移交海关缉私部门处理。

第二节　价格稽查

第一讲　价格申报会出现哪些问题

一、某小型电子公司货物价格申报真实性稽查

某小型电子 A 公司，2006 年成立，注册资本 200 万美元，主要从事电子加工服务（EMS）业，产品领域涉及半导体产品、医疗电子、网络通讯、汽车电子等。A 公司进出口业务的贸易方式以一般贸易为主，主要货物均从其日本母公司进口。管理体系上，该公司设置供应

链部门负责仓库、物流、进出口等业务,其中进出口业务现任操作人员为王力,他主要负责公司所有进出口业务涉及的单据处理及与报关货代公司联络。

2011年10月17日,A公司收到了"稽查通知书",通知对A公司"2010年10月1日至2011年10月1日期间一般贸易方式进口货物申报价格的真实性及合法性开展稽查"。

作为2010年新加入A公司的年轻员工,王力在加入公司前仅在一家大型电子公司关务部门工作过2年(当时仅负责与报关公司的单据交接)。

知识点链接

1. 了解"价格申报"

价格申报是指进出口货物的收发货人或其代理人,按照有关法律、行政法规和部门规章的规定要求,在规定的时间、地点,采用报关单电子数据和纸质报关单形式,向海关报告实际进出口货物的价格情况,并接受海关审核的行为。

2. 了解"稽查范围"中的海关专业名词

海关"稽查通知书"具有一定的格式及规范要求,它能有效、准确地告知我们此次海关稽查的大部分要素,比如上述"稽查通知书"说此次稽查将于10月21日开始(除径行稽查外,实施稽查需要提前至少三天告知企业,本案例中企业于10月17日收到的"稽查通知书"),它主要针对一般贸易货物的申报价格开展,涉及的进出口货物的时间段为2010年10月1日至2011年10月1日。

其中,稽查内容一栏由于稽查类别的不同、要求不同、针对点不同可能出现多种形式及类型,其中可能会出现一些专业性较强的海关专用名词,理解这些专用名词,企业不仅应熟悉其概念,还应了解其意义及外延。比如案例中"稽查范围"中涉及"一般贸易"及"申报"两个专业名词,如何正确理解这些名词是作好稽查准备的第一步,也是最重要的一步。

在了解这些专业名词的基本概念后,还必须通过对其涉及的各种内涵及影响进行分析，以便确定工作重点，防止出现差错，以此案例为例：

（1）一般贸易作为最常见的贸易方式，最大的特点是其价格申报将直接影响税款征收。一般贸易中的"一般"是相对于其他特殊贸易而言，它的"一般"也体现在它在海关监管中不适用特殊的政策。一般贸易的性质也决定了它必然是海关稽查的最主要的对象及目标。

（2）海关"稽查通知书"中针对稽查业务范围所注明的"申报价格"不仅指报关单中单价及总价栏目，因数量等因素也直接影响最终计税价格，因此海关稽查范围包含但不仅限于单价、总价、数量此三项内容。一般来说，对海关"稽查通知书"中所列业务范围的描述不能只作简单的字面理解，这种描述仅是注明海关稽查的关注的对象，在实践中对于可能影响并涉及的资料及业务，海关稽查均有可能涉及。

（3）申报是进出口收货人或其代理人的基本义务，海关并不会直接对进出口货物价格进行确认，即仅能实施被动性的接受申报并审核行为，因此，进出口收发货人在进出口货物时必须进行相应的价格申报，并应对申报内容的真实性、准确性承担法律责任。

二、稽查准备

收到"稽查通知书"后，稽查人员建议 A 公司对稽查期限内一般贸易项下的货物数据及资料进行准备及自查，A 公司负责人询问王力相关报关进出口单证及资料的保存情况。王力汇报：由于公司管理没有要求进出口部门保存资料，且进出口部门就其一个人，因此，对于相关报关单证及随附单证进出口部门均未保存，需要付汇的报关单他就移交给财务部门，没有部门需要的单证进口后他就直接扔掉了。所以，他也不知道公司稽查期间内的总体进出口情况，海关需要的相关资料中，目前只有最近财务部门不需要的报关单及其他单证。

"这样会不会有问题？"公司负责人开始有点紧张。"我查过法条了，依规定我们要保存资料的，但公司没规定，我当时也不太懂，所以没有保存。但是我刚刚与财务、仓库、采购部门开过会了，大部分进出口报关单及发票由于要付汇,财务部门均入账了,少数不需要付汇的的采购那边有。实在不行,我可以让咱们的报关公司到海关去复印,我们报关单数量不多,这三天我全力去找,应该没问题。"王力胸有成竹地回答道。

第三天下午3点半,王力终于把稽查期限内涉及的82份报关单证及相关的发票、箱单找齐了。没有太多进出口管理经验的王力不知如何"自查",就决定先将这些报关单数据进行一次整理。整理中他发现:报关单及随附单证涉及的内容较多,无法一一统计。于是,王力就选择其中较为重要的数据且与海关关系密切的数据进行了统计。王力依照经验,选择了以下几个栏位作为统计项目:报关单号、报关时间、税号、商品名称、数量、单价、总价、税款。

完成统计后,他将清单内容发给公司负责人,并抄送了财务及采购部门。当天晚上,采购部门及财务部门均就清单内容提出了他们的疑惑:

首先,采购部门提出以下意见:

商品品名均只写有大的品名,如"集成电路""印刷线路板""电容"等,公司内部均是按料号进行管理,无法对相关料件及成品进行汇总统计;

同一期间内,依据报关单品名进行统计的数量与采购部门在此品名项下所统计的国外采购数量有明显差距。

其次,财务部门提出以下意见:

报关单所列品名的单价与财务记录中的相同品名货物单价不同,无法匹配;

此期间内财务对外付款数量小于报关单所列金额,少量报关单财务部门没有记录,未产生实际收付汇。

王力没想到一份小清单显示的数据就有这样多的问题,但感觉平时自己也没故意做什么违法违规的事,且工作中相关部门对进出口情况也未有过投诉,怎么一个清单汇总就产生这么多的问题呢?想到这里,王力心中隐隐感到有些不安。

> **海关提醒**
>
> **同品名合并申报的注意点**
>
> 进行同一品名合并申报，应与报关随附资料一致，并保留相关资料待查，防止出现误操作。

三、接受稽查

正式稽查开始后，稽查人员首先核对了企业的一般贸易项下所有进出口记录，然后针对相关进出口记录对企业实际进出口货物的收、存、交、付各个环节进行了核查，特别调取了企业相关仓库记录与进出口记录进行数量核对，查看了财务及采购记录与进出口记录进行了价格核对。两天后，稽查人员就以下情况向王力进行了询问：

（1）经与出入库数据核对，发现企业所进口的料号为"4200076"的货物在稽查期间内报关总数量为24 000个，但仓库显示入库总数为26 000 PCS（个）；而料号为"4200085"的货物在稽查期间内报关数量为45 000个，但仓库显示入库总数为43 000PCS。

（2）经与出入库数据核对，发现企业所进口的料号为"9000433"的货物，稽查期间内入库总数为2 000PCS，但报关进口数为4 000个。

（3）核对货物单价时，发现该企业所进口的料号为"5550001"的集成电路，单价均为0.8美元，每次进口数量均在5 000颗以上，但2011年8月一次申报时，上述集成电路的单价虽仍为0.8美元，但仅申报进口20颗。

（4）核对货物单价时，发现该企业所进口的料号为"555023"的集成电路，单价一般为50美元，但2011年6月的一次申报将单价申报为5.7美元。同时发现企业所进口的料号为"230008"的轴承，单价一般均为5.7美元，但在2011年6月发生一次申报为50美元。

（5）经与报关单数据核对，发现企业所进口的料号为"3210098"（供应商料号为ZS5570－3）的货物价格有明显异常，其中第一票进口时申报数量为10个，单价5美元，总价为50美元，但其两个月后开始定期进口时，申报的单价均为30美元。

听到这些问题后，王力连忙拿出相关单据重新复核，发现正如稽查人员所述，企业的相关单证及数据显示存在上述问题，王力连忙解释这肯定是误解了。公司里一直要求严格报关，不会去做违法的事。但由于经验不足，王力一下子也不知该如何解释了。于是稽查人员就向其说明：了解与货物价格相关的资料，最好的复核数据及资料来源包括：货物订单（PO）、货物进出口发票、箱单、货物发货预告、仓库收货清单、财务付款凭证、对账记录等。通过了解相关单证是否一致，确定是否存在问题。

王力了解相关方法后，就配合稽查人员一起将涉及上述货物的相关订单、发票、箱单、仓库收货单进行了调取及分析，在拿到相关单据后，稽查人员发现相关单证形式上有以下特点：

（1）同一国外供应商的发票及装箱单形式有很大差异：大部分是全英文的复制件，未标注品名，仅有料号；少数为中文的打印件，不仅有品名，还标注有料号。

（2）大多数国外供应商将发票及装箱单两单合一制作，单据显示内容较多，较为复杂。

（3）企业内部所下订单均为大订单（一张订单可能包括多批发运的货物，包含多份发票），发票上未能体现订单号。

王力对上述情况进行了解释：

（1）企业国外供应商一般以电子邮件方式将发票及装箱单扫描件发至货代公司及企业采购部门，采购部门会将邮件转至王力，王力会将相关发票及装箱单转发至报关公司（有时也会打印后提供给报关公司）。对于部分发票及装箱单因扫描件不清楚或有缺角等情况，王力会依照标准格式，依据原始发票重新制作打印相关发票及装箱单（有时由报关公司人员重新制作）。

（2）国外供应商所发发票及装箱单一般只显示料号，未标注品名，料号均为数字及少数英文表示，对比及抄录时较易产生失误。

（3）公司内部未要求进出口部门核对订单及进口内容，采购部门订单管理也仅限于与仓库收货核对。

据此，稽查人员在关务配合下调取了王力所保存的国外供应商原始发票及装箱单、企业内部相关订单及仓库入库单据，进行了认真核对及分析，终于解决了前述疑问。通过上述内容，您能猜到企业内部发生了什么吗？

海关提醒

企业对进出口货物相关资料审核的重点

（1）审核供应商发票、装箱单及企业订单内容及数据，可以提前发现供应商发票、箱单等单据制发出现的差错；

（2）定期核对报关单货物数量及仓库入库数量，对防止进出口管理中方法性问题有很高的价值；

（3）应避免重制发票、装箱单行为，这不但可能引发严重法律责任，也可能导致原始信息失实，迫不得已必须重制时应严格、谨慎并保存好相关原始单证；

（4）应认真核对发货通知、订单及货物随附清单内容，防止出现单据遗漏等情况；

（5）重视计量单位的确定，建立与采购人员及工程人员的沟通渠道，防止出现因计量单位引发的失误。

海关稽查人员针对前期发现的问题一一进行了核对，发现了上述问题的产生原因。具体如下：

关于问题（1）：由于国外供应商发票品名栏均仅显示料号，2011年5月23日所进口的一批货物中，应有"4200076"货物2 000个，"4200085"货物2 000个，但企业所委托报关公司报关员在申报制单时，看错行将"4200076"错看为"4200085"，导致此票货物中2 000个"4200076"未申报，而将"4200085"申报为4 000个，从而造成申报数量与入库数量不一致。

通过调阅原始发票及相关单证，发现料号为"4200076"的货物单价为53美元，而料号为"4200085"的货物单价应为20美元，上述错误直接导致该票货物总价少申报了66 000美元。

关于问题（2）：料号为"900043"的货物，发票所示内容为"900043-1"

为2 000个,"900043-2"为2 000个,并分别计算单价。因此,王力在申报时决定按4 000个"900043"进行申报。而"900043-1"为"900043"料号中上盖部件,"900043-2"为"900043"料号中下盖部件,即"900043-1"与"900043-2"组成一套完成的"900043"。而企业内部ERP系统中均只对"900043"进行管理。因此,王力在申报"900043"时按"个"计算,而企业内部按"套"计算,两者数量单位不同导致了上述差异。

关于问题(3):2011年8月申报进口的20颗集成电路,实际数量应为20 000颗,实际单价应为0.8美元,因国外供应商所制作发票中将20 000颗标注为"20,000",王力在重制发票时错将上述数量录为"20"颗,且王力在重制发票时未注意原发票总价,直接依据单价及数量确定货物总价"16美元",导致出现上述错误,并使得货物总价少报1 000倍,将实际总价为16 000美元的货物错误申报为16美元。

原发票显示:

数量	单价	总价
20,000	0.8USD	16 000USD

重制发票显示:

数量	单价	总价
20	0.8USD	16USD

关于问题(4):经查阅相关进口数据,2011年6月单价异常的相关进口记录来源于同一份报关单。稽查组调阅了此份报关单及其随附单证,发现其随附发票显示"555023"的集成电路单价应为50美元,而料号为"230008"的轴承单价应为5.7美元,两个料号货物在发票中处相邻两个栏位:

料号	数量	单价	总价
555023	500	50USD	25 000USD
230008	100	5.7USD	570USD

但报关单所对应栏目显示:

商品名称	数量	单价	总价
集成电路	500	5.7USD	2 850USD
轴承	100	50USD	5 000USD

经比对,明显应属申报时录入错误所造成的,原因应为报关公司录入

人员在依据发票数据进行录入时错行所造成的失误,而上述错误导致该票一般贸易进口报关单少申报货物总价17 720美元。

关于问题(5):稽查人员调阅了"3210098"料号项下单价为5美元的货物进口报关单及随附发票,发现相应报关单该料号申报单价为5美元,而随附发票未标注单价,但注有总价为"0.1美元"。

稽查人员就此询问了王力,王力看过发票连忙解释:"此票货物是供应商免费赠送的。"

原来,王力当时收到发票后发现总价仅为0.1为美元,明显不符合常理,就向采购询问,采购答复此票货物为供应商免费赠送的样品,还未议价,采购也不知单价多少,并对王力说:"你先随便报个5美元吧,我再发个邮件向供应商确认一下价格。"王力即按5美元的单价向海关进行了申报,申报完成后第三天供应商发来了单价为30美元的发票。

海关提醒

五种有效的报关错误自查方法

针对问题(1)的自查方法:通过对报关单所列品名与发票料号之间逻辑关系对应,可发现存在一种货物多报、一种货物少报情况。针对问题(2)的自查方法:了解发票所示内容,确定企业内部管理方式,完成比对,针对差异进行分析、确定。针对问题(3)的自查方法:调取货物订单,确定货物总价;同时了解发票来源,分析可能存在的人为失误。针对问题(4)的自查方法:调取货物发票,进行比对复核。针对问题(5)的自查方法:通过调取相同料号或品名的货物的价格申报、采购记录、订单记录等资料,确定价格变化幅度,提高自控效能。

知识点链接

1.《中华人民共和国海关法》对申报行为的规定

《中华人民共和国海关法》第二十四条规定:进口货物的收货人、出口货物的发货人应当向海关如实申报,交验进出口许可证件和有关单证。国家限制进出口的货物,没有进出口许可证件的,不予放行,具体处理办法由国务院规定。

进口货物的收货人应当自运输工具申报进境之日起十四日内,出口货物的发货人除海关特准的外应当在货物运抵海关监管区后、装货的二十四小时以前,向海关申报。

进口货物的收货人超过前款规定期限向海关申报的,由海关征收滞报金。

2. 货物进出口申报有问题的是否要承担责任

如实申报是指进出口货物的收发货人或受委托的报关企业在向海关申请办理货物通关手续时,按规定格式真实、准确地填报与进出口货物相关的各项内容。这也意味着进出口货物的收发货人应当对申报内容的真实性、准确性、完整性和规范性承担相应的法律责任。

(1) 申报是货物收发货人的义务及责任。依据《中华人民共和国海关法》第二十四条的规定,进口货物申报义务的承担者应为货物收货人、出口货物申报义务的承担者应为发货人。

(2) 未申报或申报不实,会被海关施以行政处罚。作为最主要的责任,当货物收、发货人应申报而未申报或申报内容与实际内容不符,即会因此承担相关的法律责任,这种责任包括承担相应的行政处罚。

(3) 申报内容只要与实际不符,即可构成申报不实,这并不以"故意报错"等其他内容为前提。《中华人民共和国海关行政处罚实施条例》第十六条规定:进出口货物的数量、价格及其他应当申报的项目未申报或申报不实的,应予以处罚,对予此种处罚并未设置其他条件及要求。因此,作为海关人员只要发现企业进出口申报与实际货物状况不一致,即应移交海关缉私部门处理,由其决定如何处置。

(4) 主、客观符合走私行为及犯罪条件的申报不符行为,可能会被认定为走私行为,构成犯罪的,会依法追究刑事责任。

3. 违反"如实申报"将会受到什么处罚

《中华人民共和国海关行政处罚实施条例》第十五条规定:进出口货物的品名、税则号列、数量、规格、价格、贸易方式、原产地、启运地、运抵地、最终目的地或者其他应当申报的项目未申报或者申报不实的,分别依照下列规定予以处罚,有违法所得的,没收违法所得:

（1）影响海关统计准确性的，予以警告或者处1 000元以上1万元以下罚款；

（2）影响海关监管秩序的，予以警告或者处1 000元以上3万元以下罚款；

（3）影响国家许可证件管理的，处货物价值5%以上30%以下罚款；

（4）影响国家税款征收的，处漏缴税款30%以上2倍以下罚款；

（5）影响国家外汇、出口退税管理的，处申报价格10%以上50%以下罚款。

第十六条规定：进出口货物收发货人未按照规定向报关企业提供所委托报关事项的真实情况，致使发生本实施条例第十五条规定情形的，对委托人依照本实施条例第十五条的规定予以处罚。

第十七条规定：报关企业、报关人员对委托人所提供情况的真实性未进行合理审查，或者因工作疏忽致使发生本实施条例第十五条规定情形的，可以对报关企业处货物价值10%以下罚款，暂停其6个月以内从事报关业务或者执业；情节严重的，撤销其报关注册登记、取消其报关从业资格。

4. 接受委托办理报关手续的报关企业应审查哪些内容

（1）证明进出口货物实际情况的有关资料，包括进出口货物的品名、规格、用途、产地、贸易方式等；

（2）有关进出口货物的合同、发票、运输单据、装箱单等商业单据；

（3）进出口所需要的许可证件及随附单证；

（4）海关要求的加工贸易手册（纸质或电子数据）以及其他进出口单证。

此外，报关企业还应当向其委托人了解买卖双方是否具有关联关系，对货物的处置、使用是否有特殊的限制条件等情况，以便向海关如实申报。

通过上面的介绍，相信您已经了解王力公司面对的问题可能导致的后果了……

小王在海关稽查的日子——企业如何配合海关稽查

四、稽查结果

稽查人员通过调阅相关单证，基本确定了前述问题的实际情况，并依此下发了"稽查征求意见书"，王力所在公司要求对海关认定的事实"无异议"之后，海关基于上述事实做出"稽查结论"，认定该公司存在的上述问题（1）、（3）、（4）、（5）已涉嫌违法，移交海关缉私部门处理。

第二讲 完税价格与成交价格

一、某中型电子公司货物价格申报完整性稽查

某中型电子公司，2008年成立，注册资本4 000万美元，主要从事医疗设备及部件生产，进出口业务以一般贸易进口为主，主要原材料70%进口。

该公司进口货物比较单一，仅涉及三大类，八个品种，但来源却较为复杂，供应商涉及日本、英国、美国、德国、瑞士等多个国家，货物成交方式及支付方式形式多样，业务流程较为复杂。

在管理结构上，该公司设置物流部负责仓库管理及货物进出口业务，物流部下设进口部，专门负责公司原料及其他货物的进口申报、运输等事务，陈宏志是进口部的经理。作为一名资深的进出口关务，陈宏志具有八年报关公司制单及管理经验，另有两年的企业进出口业务管理经验。

2011年5月17日，公司收到海关"稽查通知书"，决定将对该公司"2009年5月16日至2011年5月16日期间一般贸易方式进口货物申报价格的真实性及合法性开展稽查"。

二、稽查准备

接到通知后，公司依规程将海关稽查时间及范围向母公司进行了汇

报，同时指定陈宏志为海关稽查联络人，并指定采购主管、财务主管、物流主管及相关业务承担者组成海关稽查准备小组完成稽查准备及自查。陈宏志抓取海关稽查时间段内一般贸易进出口货物的进出口数据，也调取了公司内部的采购订单数据、仓库入库数据和财务付款等数据。

由于公司在进出口前后均实施严格的复核制，因此在数据比对及随后的自查中，陈宏志均未发现存在的各种操作失误型错误。

同时，为了更好地配合海关稽查有效开展工作，陈宏志准备好了其公司一般贸易进出口货物的进出口作业标准，公司采购及物流系统使用手册、财务审计报告，外汇收支报告等一系列资料。

三、接受稽查

由于公司实行了严格的复核制度，稽查人员通过数据比对及资料复核，未发现企业存在数量及价格错、漏现象。但稽查人员在调取企业财务付款凭证及外汇支付数据时，发现有几个方面存在疑问：

（1）在调取企业财务报告及付汇记录时发现，企业均会定期向国外货代公司支付较高金额的运费及保费，因此稽查人员在对企业运费及保费的申报情况进行抽查发现：公司财务每季度定期向 X 国际货运公司支付 2 万至 4 万美元的运费及保费，但调阅其发票发现其代理从母公司采购的主机电路板成交方式均申报为 CIF。

（2）在核对财务运费支付清单时，发现除普遍运费、保费外，企业还曾支付过包括 BAFF（燃油附加费）、YASS（日元贬值附加费）、THC（港口操作费）等费用。

（3）部分从美国进口货物的成交方式虽然为 FOB，但通过比对，发现其所申报的运费低于其实际支付的运费，所申报保费与实际保费相当。

作为稽查联络人的陈宏志得知上述情况后，立即以邮件通知了采购、财务、物流等部门的主管。采购主管及财务主管知道后，觉得海关不是只管货物价格的吗，怎么连运费和燃油附加费也要管啊？陈宏志连忙向各个部门解释，进出口货物向海关申报的应是完税价格，运费、保费及其他与货物有关联的费用均有可能影响完税价格的，并将相关法律法规抄送给了

小王在海关稽查的日子——企业如何配合海关稽查

各个有疑议的人员。随后，公司组织采购、财务、进口相关部门操作人员配合稽查人员对上述情况进行了核查，发现上述问题出现的原因如下：

其与母公司相关采购、定价、配送均在其采购系统内完成（该内部系统未就成交方式进行设置），财务结算也完全依据系统完成。由于海关报关、财务做账均需要发票及相关单证，公司要求母公司提供商业发票，但由于其采购系统无发票打印功能，只能由母公司相关人员手动打印发票。2011年前，其母公司要求双方以CIF价进行结算，母公司相关人员制作发票时使用统一模板，每次直接从系统中引用数据制作发票。但2011年之后，其母公司决定将成交方式从CIF修改为FOB，但该发票制作人员依旧使用原模板制作发票，且此项成交方式的改变，公司内部仅通知了财务及采购部门，物流部门未能知道相关政策变更，导致上述错误的发生。

该公司所属集团内部使用同一国际货运代理公司，相关采购定价均由母公司统一确定，该公司财务依据母公司总合同要求及物流部门对账清单进行统一付款，问题（2）中涉及的BAFF等相关费用均源自母公司国际运输总合同约定，陈宏志所在部门未能掌握。

由于该公司国际端运费采用月结制度，在货物申报时未能实时掌握相关货物的实际运费及保费，报关时以货物成交价格的千分之三申报运费。但由于该公司从美国进口的是设备外壳和底座等重量大、价值较低的货物，且由于为了赶交货经常进行紧急空运，导致运费金额经常超过货物价值的千分之三，从而导致上述问题（3）所示情况的出现。

稽查人员在核对企业财务数据时发现，该公司一项进口量较大的商品"传感控制器"价格发生大幅变动，其从2010年10月13日起单价突然从4 600欧元降低至3 000欧元。海关稽查人员经调阅采购、仓库及生产等相关记录，均显示上述"控制器"在降价前后均来源于同一供应商（德国NESG公司），且为同一型号。同时，稽查人员发现在企业2010年度的审计报关中将德国NESG公司列为关联企业。随后，稽查人员就上述事实询问了该企业采购主管李俐英，李俐英对此情况做了如下解释：

德国NESG公司一直以来是该公司的最重要的供应商，为其提供产品核心零件"传感控制器"。2010年年中，其母公司为提升竞争力，完成了对德国NESG公司的收购，完成收购后母公司要求其与德国NESG公司重新签订相关购货合同,并决定通过降低"传感控制器"的采购成本进而提升公司产品的竞争力。

随后李俐英提供了相关购货合同及邮件给稽查人员,经确认李俐英所述均属实。

前述情况中,企业向海关申报的进出口价格均与货物发票所述价格一致,企业也是依此价格进行实际支付,那么,这还是"问题"吗?

知识点链接

1. 了解"成交方式"

国际贸易中最主要的成交方式有 FOB、CFR、CIF、EXW 等。具体含义分别如下:

FOB:全称为"Free on Board",也称"离岸价",是指国际贸易中卖方在指定的装运港把货物送过船舷后交付,买方应承担货过船舷后货物的全部风险,即货物风险于货物越过船舷时转移至买方。

CFR:全称为"Cost and Freight(named port of shipment)",也称"成本加运费",是指国际贸易中卖方必须在合同规定的装运期内,在装运港将货物交至运往指定目的港的船上,负担货物越过船舷为止的一切费用和货物灭失或损坏的风险,由卖方负责租船或订舱,支付抵达目的港的正常运费。

CIF:全称为"Cost,Insurance and Freight",也称"到岸价",是指卖方除负有与"成本加运费"术语相同的义务外,卖方还须办理货物在运输途中应由买方承担的货物灭失或损坏的海运保险并支付保险费。

EXW:全称为"EX Works(…named place)",也称"工厂交货",它指卖方仅负有在其工厂(包括生产地、仓库等)把货物交付给买方的责任,而货物自卖方的所在地运至目的地的全部费用和风险均由买方承担。

2. "完税价格"是如何产生的

完税价格由海关以该货物的成交价格为基础审查确定,并应当包括货物运抵中华人民共和国境内输入地点起卸前的运输及其相关费用、保险费。

成交价格是指进口货物的买方为购买该货物向卖方支付的，并按规定调整后的实付、应付价格，包括直接支付的价款和间接支付的价款。

运输及相关费用是指该货物运输到我国境内输入地点起卸前的全部运输成本和相关费用。

保险费是指进口货物运输到进口港或者进口地的运输过程中，为防止货物受损或丢失而保险的费用。

进口货物的完税价格可看作是：成交价格＋运费及相关费用＋保险费，当然上述价格及费用均需要符合《海关审定进出口货物完税价格办法》规定的"成交价格"条件。

"成交价格"的四个条件是：

（1）对买方处置或者使用该货物不予限制，但法律、行政法规规定实施的限制、对货物转售地域的限制和对货物价格无实质性影响的限制除外。

如果买方对进口货物的处置权或者使用权受到某些限制，那么对进口货物估价就不适用成交价格的方法。例如合同双方规定进口货物只能用于展示或免费赠送，或进口货物只能销售给关联关系方。

（2）该货物的成交价格没有因搭售或者其他因素的影响而无法确定。

如果销售价格受到某些条件或因素的影响，海关无法确定这类进口货物的成交价格是否与其实际价值相符，估价时就不适用成交价格方法。比如销售方规定以 A 价格销售给买方 B 商品必须以买方每年向销售方采购 C 产品 2 000 吨为条件。

（3）卖方不得从买方直接或者间接获得因该货物进口后转售、处置或者使用而产生的任何收益，或者虽有收益但能够依规定进行调整。例如买方除了支付货价之外，还返还一部分进口货物进口后的转售、使用利润。

（4）买卖双方没有特殊关系，或者虽有特殊关系但未对成交价格产生影响。

如果成交价格受到买卖双方之间特殊关系的影响，此时双方的实际成交价将不被海关审查确定为完税价格。这里所谓的"特殊关系"也有明确认定。按照《WTO 估价协定》的规定，主要包括以下八种情况：

第一种，买卖双方为同一家族成员。

第二种，买卖双方互为商业上的高级职员或董事。即买方是卖方公司的董事或总经理而同时卖方又是买方公司的董事或总经理，也就是说双方是相互承担高级职员或董事而不是单方面的。

第三种，一方直接或间接地受另一方控制。一般而言"控制"即要一方能从法律上或经营管理上支配或指导另一方，并非指实际上的完全支配。

第四种，买卖双方都直接或间接地受第三方控制。

第五种，买卖双方共同直接或间接地控制第三方。

第六种，一方直接或间接地拥有、控制或持有对方5%或以上公开发行的有表决权的股票或股份。

第七种，一方是另一方的雇员、高级职员或董事。即交易双方之间除了是买卖关系以外还是一种雇佣关系。

第八种，买卖双方是同一合伙的成员。合伙是企业的一种组织形式，它是指两个或两个以上的人（包括自然人或法人）共同经营共负盈亏对外承担无限连带责任的组织。

海关提醒

1. 计算和确定运费时应关注的问题

首先，运费不仅包括从出口国到我国之间的运输费，而且应当包括该货物在出口国境内从交货地点至出口港的运输费用。

其次，不管运输费是否由买方支付，海关都应当将相当于货物运输成本的金额计入该货物的完税价格。

2. 完税价格申报中的常见失误

海关对于完税价格的审查及调整有着严格的流程和标准，然而在实际工作中进出口企业对于价格的申报一般采取直接申报发票金额且事后并不复核，部分企业存在申报价格不符条件或存在调整因素等问题。实践中，由于海关稽查具备有能力涉及企业采购、财务等多项数据的优势，因此确定"完税价格"是否完整及有效成为稽查的工作重点，一般来说有以下四种常见问题：

（1）少报、漏报运费、保费。具体表现为包括成交方式申报错误、运费、保费计算错误及填报不完整。

（2）成交价格不完整。最常见的即仅将实付金额计入申报价格，而未考虑应付价格，即在发票中未直接体现的折让款、冲抵款、其他非金钱支付未能予以考虑。

（3）完税价格应调整未调整。这其中包括符合条件的中介费用、包装类费用、特许权使用费等知识型费用等。

（4）交易价格不符合成交价格条件。如买卖双方存在的特殊关系对成交价格产生了实质性影响，应当遵循客观、公平、统一的原则予以调整。前述例子中"传感控制器"的价格随着交易方转变为稽查对象的特殊关系企业，而进行大幅的下调以降低经营成本，显然不符合独立公平的市场交易原则，应予调整。

3. 企业内部建立实质性复核体系的重要性

企业进出口前后的实质性复核，能大大减少人力失误造成的申报错误。王力公司形式多样的错误与陈宏志公司人为失误零存在的鲜明对比，说明进出口货物价格复核制的建立，能大大减少因工作失误带来的损失及影响。

四、稽查结果

对于前述运费错报、漏报、少报行为的线索，稽查人员移交海关缉私部门处理。对于特殊关系影响成交价格的行为，稽查人员经过价格质疑磋商后，运用相同、类似货物成交价格估价方法进行了估价调整。

第三讲 如何处理漏报与伪报进出口货物价格

一、某机械设备组装企业漏报与伪报类稽查

B公司为一家外资机械设备组装企业，主要从事小型金属冲压设备的

组装生产，其设备中部分部件均自境外采购，所有产品均用于内销，货物进口种类较为单一，进口批次较少但每次进口数量较多，货物进口均按一般贸易方式运作。B公司未成立专门的进出口部门，货物相关的进出口业务由仓库主管兼管。

2011年3月16日，海关向B公司送达了"稽查通知书"，决定对B公司2009年3月1日至2011年3月1日期间一般贸易方式进口货物运费及保险费申报的真实性及合法性开展稽查。

二、接受稽查

收到"稽查通知书"后，公司总经理马力华将仓库主管兼关务张明斌叫到办公室，紧张地问道："会有问题吗？"

"没问题吧，单子都看过了，当时都改过了，海关查不出来的。"张明斌略带紧张地回答道。其实在听到海关要来稽查后，他连夜将稽查时限内的所有报关资料都看了一遍，感到没有留下什么漏洞才稍稍安心一点。

稽查开始后，海关稽查人员要求调阅相关报关资料、采购资料及财务资料，确定了以下内容：

B公司一般贸易进口货物申报的成交方均为"CIF"，而报关随附的发票上也均标有"CIF"字样。

但调阅财务资料时，稽查人员发现B公司定期向一家国际货运公司的国内分公司支付运费及保费，同时公司每月定期将拟支付给其境外母公司的运、保费计入应付账户。

面对上述情况，稽查人员怀疑B公司可能存在少报、伪报运保费的可能。稽查人员进一步对财务凭证及账簿进行检查，发现该公司财务凭证中所保存的进口货物发票上货物成交方式以"EXW"为主，少量为"FOB"。其中如果是B公司母公司所发运货物，其公司均在成交方式后标注有运费及保费的具体金额，经过与报关发票核对，稽查人员发现两份发票除成交方式及运、保费外，其他内容均无任何区别。

对此，稽查人员仔细询问了张明斌，面对证据，张明斌最终讲了实情。

原来，由于公司所进口的货物均为体积较大、重量较重的机械配件，且由于交货时间要求紧,经常被迫使用空运,导致运费高涨,进而导致进口关税及增值税高涨。因此,为了减少开支,公司总经理马力华问张明斌有无办法少交点税,张明斌就将情况告诉其所委托的报关公司主管刘海明,刘海明听后说:"办法当然是有的,我可以帮你们办,但你们要付手续费!"

张明斌将刘海明的意思向总经理马力华汇报后,马力华就让张明斌与刘海明就此事进行一轮"谈判",最后确定了"合作方案",即由刘海明与张明斌负责将所有进口货物发票上的成交方式涂改成"CIF",并将运、保费金额直接删除,以期通过不报运、保费的方式达到少交关税及增值税的目的。

具体操作中,由张明斌负责将原始发票、提单等资料发给刘海明,由刘海明负责将各种单据中涉及运、保费申报的项目使用涂改液涂掉,并将成交方式标注为"CIF",然后通过复印的方式制成假单据,以达到少交关税及增值税的目的。

三、稽查结果

最终,该线索被移交至海关缉私部门处理。由于该公司相关人员为了偷逃税款、逃避海关监管,以伪报及瞒报的手法实施走私行为,最终经法院认定已构成走私普通货物罪,该公司及相关责任人员均受到了刑事处罚。

知识点链接

1. 了解"低报、伪报价格走私"

低报、伪报价格走私是指违反海关法及其他有关法律、行政法规,逃避海关监管,偷逃应纳税款、逃避国家有关进出境的禁止性或者限制性管理,经过设立海关的地点,以藏匿、伪装、瞒报、伪报或者其他方式逃避海关监管,运输、携带、邮寄国家禁止或者限制进出境的货物、物品或者依法应当缴纳税款的货物、物品进出境的行为。

2. 从价计征关税如何计算

从价计征关税的计算公式为：应纳税额＝完税价格×关税税率，即完税价格申报不全可能将直接影响应纳税款并导致相关法律后果。

第三节 归类稽查

第一讲 海关为何稽查进出口货物品名申报情况

一、某外资电气传送公司税则号列申报类稽查

某外资电气传送公司（A 公司），注册资本 420 万美元，经营生产变频器、电源供应设备等销售及售后服务。企业主要以一般贸易方式进口变频器、电源等组件，组装生产后全部内销。其进口产品较简单，但进口金额较大，2007 年至 2010 年期间，该公司共进口稳压电源（税号 8504401990，税率为 0%）15 000 余台，涉及金额 2 000 多万美元。由于其最主要进口货物稳压电源均采购自其欧洲母公司，相关采购及进口业务由物流部门承担，实际进口操作均委托专业报关公司完成。2010 年 10 月 8 日，该公司收到海关"稽查通知书"，通知对 2007 年 11 月 1 日至 2010 年 10 月 1 日期间，该公司 8504401990 税号项下货物进出口活动的真实性和合法性开展稽查。

知识点链接

1. 了解"申报"

申报是指进出口货物的收发货人、受委托的报关企业，依照《中华人民共和国海关法》以及有关法律、行政法规和规章的要求，在规定的期限、地点，采用电子数据报关单和纸质报关单形式，向海关报告实际进出口货物的情况，并接受海关审核的行为。

申报采用电子数据报关单申报形式和纸质报关单申报形式。电子数据

报关单和纸质报关单均具有法律效力。

电子数据报关单申报形式是指进出口货物的收发货人、受委托的报关企业通过计算机系统按照《中华人民共和国海关进出口货物报关单填制规范》的要求向海关传送报关单电子数据并备齐随附单证的申报方式。

纸质报关单申报形式是指进出口货物的收发货人、受委托的报关企业，按照海关的规定填制纸质报关单，备齐随附单证，向海关当面递交的申报方式。

2. 了解"税号"

税号是"税则号列"的简称，即指《中华人民共和国进出口税则》中的税则号列。如，企业申报的8504401990税号，所对应的商品名称及备注内容为"其他稳压电源"，最惠国进口关税税率为0%，增值税率为17%，计量单位为"个"。

二、接受稽查

稽查开始后，海关稽查人员调取了A公司相关进口数据、采购数据及相关入库数据，均未发现异常，特别是在抽查企业原始进口记录及单据时，发现对于进口的稳压电源，A公司内部相关系统及单据均直接使用料号进行管理而没有任何品名描述。检查其货物时，稽查人员发现其进口货物本身及随附单证也没有任何品名描述（仅在单据上使用料号进行区分），且未随附任何技术文件，但在外包装上贴有"stabilized voltage supply"（稳压电源）字样的标签。

虽然，A公司所提供数据及资料均未见异常，但由于缺少品名确认的依据，稽查人员即要求其提供货物技术资料及品名说明。然而，面对海关这个平常且简单的要求，物流主管竟然没向任何人询问，就直接回答说其母公司从未给过任何技术资料。面对此种情况，稽查人员决定依法对其上述进口货物最终用户C公司开展延伸稽查，发现C公司采购上述"稳压电源"后，在固定资产中以"变频器"登记，且向海关解释在其购买合同及发票中，A公司均要求使用电气设备作为品名，但C公司采购该设备主要使用其变频功能。

随后,稽查人员查询了相关电气知识资料,并着重针对商品"变频器"及"稳压电源"的信息进行了资料收集。

变频器(frequency converter):是利用电力半导体器件的通断作用将工频电源变换为另一频率的电能控制装置。变频器的工作原理是:把工频电源(50Hz或60Hz)变换成各种频率的交流电源,以实现电机变速运行的设备。其中控制电路完成对主电路的控制,整流电路将交流电变换成直流电,直流中间电路对整流电路的输出进行平滑滤波,逆变电路将直流电再逆变成交流电。

稳压电源(stabilized voltage supply):是能为负载提供稳定交流电源或直流电源的电子装置。包括交流稳压电源和直流稳压电源两大类。交流稳压电源应用于计算机及其周边装置、医疗电子仪器、通讯广播设备、工业电子设备、自动生产线等现代高科技产品的稳压和保护。

简单来说,变频器的功能可以概括为"将交流电变为直流电,再将直流电逆变为交流电",而稳压电源的功能可以概括为"将交流电变为直流电或将交流电变为交流电"。也就是说,变频器的功能在变流的同时,还包括了逆变的功能,而稳压电源的功能仅限于变流而已。

在此基础上,稽查人员进一步对企业相关生产情况进行了核查,通过实地查看,确认其进口货物的实际功能,并向企业生产技术人员询问该货物在产品中所起的实际作用。最终确认进口货物"稳压电源"只能用于变频器上,且功能不仅仅是"稳压",还带有"逆变"功能,符合变频器功能描述,应属于变频器。

同时,稽查人员发现变频器应归入税号8504409990(8504409990税号所对应的商品名称及备注内容为"其他未列名静止式变流器",最惠国进口关税税率为10%,增值税率为17%,计量单位为"个"),税率为10%,而稳压电源应归入税号8504401990,税率为0%。基于A公司为专业变频器及稳压电源生产厂商,使用错误品名可能性极小,存在逃避海关监管的嫌疑,且两个品名存在较大税差,据此认定企业明显存在品名伪报嫌疑。

三、稽查结果

此线索被移交至海关缉私部门处理。经缉私部门认定，A 公司为少缴税款，物流部门主管与其委托的报关公司相关人员合谋将高税率商品伪报成低税率的商品，同时为了防止海关通关、查验等一线监管力量发现此违法行为，在其母公司的配合下，在进口货物及其单证上均以料号替代品名，并在外包装上故意贴上"稳压电源"这一品名，以期逃避海关监管。

最终，该公司上述行为被认定为走私普遍货物罪，同时其主要责任人物流主管被判处 10 年有期徒刑。

知识点链接

1. 了解"伪报品名"

伪报品名，一般是指当事人进出口货物时，为了达到逃避海关监管及偷逃税款或禁、限管制的目的，通过篡改、伪造等手段故意在申报商品名称时不使用货物真实品名，而申报与货物实际不相符名称的行为。

商品名称作为货物的最主要标示，是完成税则号列认定的最主要依据，正确确定货物的商品名称是进出口申报行为最基本的要求。

2. 了解"走私普通货物罪"

走私普通货物罪，是指违反海关法规，逃避海关监管，非法运输、携带、邮寄国家禁止进出口的武器、弹药、核材料、假币、珍贵动物及其制品、珍稀植物及其制品、淫秽物品、毒品以及国家禁止出口的文物、金银和其他贵重金属以外的货物、物品进出境，偷逃应缴纳关税额 5 万元以上的行为。

依据《中华人民共和国刑法》第 153 条、第 157 条规定，个人犯走私普通货物、物品罪，偷逃应缴税额在 5 万元以上不满 15 万元的，处 3 年以下有期徒刑或者拘役，并处偷逃应缴税额 1 倍以上 5 倍以下罚金；偷逃应缴税额在 15 万元以上不满 50 万元的，处 3 年以上 10 年以下有期徒刑，并处偷逃应缴税额 1 倍以上 5 倍以下罚金；情节特别严重的，处 10 年以上有期徒刑或者无期徒刑,并处偷逃应缴税额 1 倍以上 5 倍以下罚金或者没收财产。偷逃应缴税额在 50 万元以上的,处 10 年以上有期徒刑或者无期徒刑,并处偷逃应缴税额 1 倍以上 5 倍以下罚金或者没收财产;情节特别严重的,处无期徒刑,并处没收财产。单位犯走私普通货物、物品罪,对单位判处罚金,并对其直接负责的主管人员和其他直接责任人员,处 3 年以下有期徒刑或者拘役;情节严重的,处 3 年以上 10 年以下有期徒刑;情节特别严重的,处 10 年以上有期徒刑。

第二讲 进出口货物"规格型号"申报情况是否属海关稽查范围

一、某小型贸易公司税则号列申报类稽查

B 公司为一家内资小型贸易公司,主要从事代理进口、三方贸易、专业进口货物销售等业务,其业务主要集中于不锈钢材料的进口及销售,但并不进行实质性生产。该公司并未设置专门的进出口部门,相关货物的进出口业务由各业务人员自行承担。

2012 年 4 月 14 日,B 公司收到海关"稽查通知书",通知对 B 公司"2011 年 4 月 1 日至 2012 年 4 月 1 日期间,72191100 及 72192100 税号项下货物的进出口行为的真实性和合法性开展稽查"。

知识点链接

税号 72191100 与 72192100 的区别

72191100 税号所对应的商品名称及备注为"厚度 > 10 毫米热轧不锈钢卷板(除热轧外未经进一步加工,宽度≥600 毫米)",最惠国进口关税税率为 4%,计量单位为"千克"。

72192100 税号所对应的商品名称及备注为"厚度 > 10 毫米热轧不锈钢平板(除热轧外未经进一步加工,宽度≥600 毫米)",最惠国进口关税税率为 10%,计量单位为"千克"。

二、接受稽查

稽查正式开始后，稽查人员了解到该公司不锈钢材料相关业务均由业务经理王刚及其助理刘芳负责，其中王刚主要负责业务承接及谈判，与进出口相关的事宜均由刘芳处理。同时，稽查人员了解到由于相关货物进口后均直接销售给其他公司，因此B公司仅保存了部分商业票据及财务票据，缺少与实货相关的记录。

稽查人员依照此情况决定将稽查分为两步进行：首先是对企业相关进出口及其他商业票据进行查阅及核对；其次是依据实际情况对货物的实际使用企业进行延伸稽查。

稽查人员按工作安排，对稽查期限内企业所有的相关单据及资料进行了核对，在核对过程中发现以下事实：

（1）所有进出口单据及发票中对商品品名的描述均为"不锈钢板"，而对规格型号的描述均为"除热轧外未经进一步加工的不锈钢卷材、10mm＜厚度＜20mm"，即其对规格型号的描述与税则目录中的描述完全一致；

（2）所有进出口发票及相关商业票据中，缺少对规格型号的具体描述，一般仅有所进不锈钢板的批号标识，但相关标识并非依编码规则确定，因此依据相关单据无法确定货物的规格型号；

（3）依据财务汇款及内销合同资料发现，其不锈钢板主要客户仅有两家，分别是DW公司及CJ公司，其中又以DW公司业务较为集中，其采购的不锈钢板占B公司所有进口量的80%以上；

（4）依据商业票据及企业收付款资料显示，B公司所进口的各种不锈钢板材不同型号之间价格有较大的差异，并不是同一种型号的货物。

随后稽查人员又赶赴DW公司核对相关资料及信息，经DW公司采购部经理刘浩明介绍，该公司向B公司采购的相关不锈钢板材均为其客户指定的国外供应商生产的特殊规格的不锈钢板材，由于DW公司不了解进出口业务流程，且不锈钢板材进口需要许可证件，因此DW公司将进口业务交给B公司负责，即由B公司将货物完成进口申报后，再以内贸形式将货物销售给 DW 公司。

随后 DW 公司提供了所有 B 公司的收货记录，但在核对中稽查人员发现 DW 公司所显示的收货数比 B 公司显示的销售数少了 2011 年 10 月及 2012 年 2 月的两票货物。

"难道这两票是销售给别的公司的？"稽查人员对此表示非常疑惑。

"噢，这个我知道，那两票因为要货急，国外来不及进行热轧卷板的加工，所以直接进来的是平板，进来后发到其他加工厂去了，在我这儿显示的从其他厂送过来的，记录我去找找，你等等。"刘浩明说完，不一会儿就找来了相关入库记录，记录显示从某加工厂送来了数量与进口记录显示基本一致的两票不锈钢卷板。

"这个加工，你们要付加工费吗？还有我看发票及箱单上都没有注明货物的具体情况，只有不锈钢板的一个批号，你们如何管理啊？"稽查人员问道。

"当然要付加工费的，你看这两票货的价格明显比以前进口的单价低嘛，我们不仅要付加工费，还要付送去加工的运输费呢，这都有订单，可以找给你们看。"刘浩明肯定地回答道，"说到管理，我们就是靠这个批号的啊，货物的所有信息都在这个批号上了，国外供应商在出厂前，会提供一个有固定批号的货物说明，在说明上标注了相关不锈钢板材的技术指标、状态及数量、包装等数据。"

"这个货物说明，B 公司有吗？"稽查人员问道。

"应该有的，供货商也会给他们发一份的，但好像他们说过他们要了也没用，当时王刚说过他们就负责报关进口，也不验货，这个用不着。"刘浩明如实回答道。

稽查人员立即调取了所有的说明，经过批号的比对，发现 B 公司在稽查期间所申报货物存在以下问题：

（1）2011 年 10 月 15 日及 2012 年 2 月 1 日所申报进口两票货物，应为不锈钢平板，其中厚度 10mm 以上的 22 190kg，税号应为 72192100，税率应为 10%，厚度在 4.75～10mm 的 26 902kg，税号应为 72192200，税率应为 10%；

（2）其中稽查期间所进口的其他不锈钢板虽均达到卷板的指标，但其中有35 222kg的货物厚度在4.75~10mm之间，税号应归入72191200。

发现了上述情况后，稽查人员依规定通知缉私局办案人员，对此情况进行调查。最后经调查发现，B公司每次进口时均取得货物说明，了解到了货物的具体指标及价格，但由于货物进口需要提前办理进口许可证，DW公司又能够提前两个月向B公司提供订单信息，B公司为了保证货物进口顺利均提前一个多月办好了相关进口许可证件。

但由于国外供应商生产排期问题及国内最终用户修改订单的因素，会发生供应商修正供货内容的情况，上述直接发运平板即因为国外供应商来不及完成加工，改为运入国内加工的；而上述厚度改变的情况则是因为DW公司客户修改产品数据而紧急变更的货物。

"我都在货物发运前通知B公司的，而且为了不搞错我还要他们确认的呀，而且改了单B公司还向我们多收钱了，我们都付了啊。"刘浩明听到消息后，连忙解释道。

那么为什么出现这些情况呢？原来，B公司业务经理王刚在第一次接到DW公司变更货物信息后，就与刘芳商量如何应对，刘芳说报关资料倒没什么，上面也没有任何货物的数据，但规格型号当时是按《中华人民共和国进出口税则》书上抄的，可能要修改了，修改后税号要修改，可能会涉及多交税，而且许可证有问题了，许可证我们都是按72191100办的，换了税号原来许可证就要作废了。

然后王刚与刘芳两人对这件事进行一次讨论，确定了以下几点：

首先，重办许可证不光麻烦，还可能来不及办理，导致货物滞港；

其次，货物指标变动后，都是导致要多交税（或是税率不变），没有少交税的情况，可以以此为理由向DW公司多收点钱，增加点利润；

再次，反正所有报关资料上都不会体现货物的具体指标，海关可能看不出来，看出来了就再改问题也不大；

最后，两人决定不作任何修正，按原有许可证件的内容进行申报。

三、稽查结果

缉私部门及时介入此案后，最终经调查确认，B公司业务经理王刚与刘芳合谋通过伪报不锈钢板的规格型号,逃避海关监管,偷逃进口许可证管理,偷逃税款约人民币45万元,已涉嫌走私犯罪。

知识点链接

了解"许可证件管理"

《中华人民共和国海关法》对进出口货物的收发货人提交许可证件作出了明确规定:

(1) 进口货物的收货人、出口货物的发货人应当向海关如实申报,交验进出口许可证件和有关单证。国家限制进出口的货物,没有进出口许可证件的,不予放行,具体处理办法由国务院规定。

(2) 国家对进出境货物、物品有禁止性或者限制性规定的,海关依据法律、行政法规、国务院的规定或者国务院有关部门依据法律、行政法规的授权作出的规定实施监管。具体监管办法由海关总署制定。

(3) 国家对进出境货物、物品有限制性规定,应当提供许可证件而不能提供的,以及法律、行政法规规定不得担保的其他情形,海关不得办理担保放行。

海关提醒

货物的规格型号对确定税号非常重要

从此案例中可知,即使货物品名申报正确,仅篡改货物的规格型号也可能涉嫌伪报而构成走私,特别是商品规格型号会直接影响货物税号认定,间接会影响进出口货物税款征收及禁、限管理。因此,企业在申报中应重视对货物规格型号数据的收集及申报。从本案例中,至少可以明确以下两点:

(1) 货物随附资料应尽量体现货物的规格型号数据,减轻关务人员的压力及风险。如前所述,规格型号的确定是税号、税率及禁限条件确定的基础,如果申报不准可能引发相关法律风险。但有时规格型号类数据涉及较为专业的知识,依据关务人员主观要素进行判断将是低效且不准确的,因此,关务人员在报关时获得并向海关提供有效的资料,不但能有效提高

小王在海关稽查的日子——企业如何配合海关稽查

申报准确度,也是减轻进出口关务人员法律风险的务实做法。

(2)勿以税号描述直接进行申报,防止因习惯而出现判断性错误。直接以税则中有关货物规格型号的描述作为申报时的描述看似快捷便利,但由于货物本身存在差异且可能发生变化,当申报者产生依赖性时会失去对货物规格型号本身的关注,进而引发规格型号申报风险。

第三讲 进出口货物"料号"是否会影响到归类

一、某液晶显示器公司税则号列申报类稽查

A公司是成立于2001年的外商独资企业,主要生产小尺寸液晶显示屏,其制程包括液晶显示器的整个生产流程。在生产及管理中存在以下特点:

(1)由于其母公司在国外设有类似工厂,且经常在全球各工厂内调配原材料及半成品,导致该企业进出口货物涉及形式多样,不仅涉及各种类型的原材料及成品,另有各种类型的半成品及零部件;

(2)A公司进出口部门隶属于财务部,而仓库及采购部门均为与财务部平级的独立部门。

2011年3月2日,海关向A企业送达"稽查通知书",决定对其XXXXX税号项下货物2009年3月1日至2011年3月1日期间进出口活动的真实性和合法性开展稽查。

二、稽查准备

接到"稽查通知书"后,A公司指派进出口部门主管王伟东负责整个稽查事项的联系及协调工作。王伟东首先将公司稽查期间内相关税号项下的货物进行了汇总及整理,发现此期间公司该税号项下货物进出口涉及八千余票报关单记录,涉及公司内部料号42种。

同时为了方便稽查人员了解情况,王伟东整理了稽查期间进出口部门

进出口申报的流程及标准，同时还将相关货物的采购记录及内容进行了整理，基本情况如下：

（1）进出口部门完全依据货物发票所记载的内容进行申报，发票中记载有料号、数量、单价、总价、币值、成交方式、原产地等内容，同时记载有订单号码、装箱单号码等信息；

（2）由于发票中仅显示料号，无商品名称及规格型号内容，因此，进出口部门要求采购部门制作料号及品名、规格型号对应清单，此清单包括企业内部所有涉及进出口业务的料件的料号，同时严格规定增加新料号时采购部门必须提前完成清单增列并得到工程部门确认，否则进出口部门不予办理进出口事项；

（3）进出口部门依据料号清单所列品名及规格型号确定货物税则号列，存在疑问的，由进出口部门提交相关专业机构进行预归类；

（4）对于所有的进出口货物，进出口部门均会与采购订单内容进行核对。

经过三天的自查，王伟东发现由于管理措施到位，除发现少量系统误录入错误外，在申报及货物出、入库过程中均未发现差错。

海关提醒

1. **将货物的申报要素规则化、程序化的重要性**

建立严格的管理流程，将申报要素规则化、程序化不但能有效提高工作效率，减少工作失误，而且能有效提升海关对企业申报信任度及评级。

2. **应注重企业内部作业流程的整理**

在正式稽查前除作好数据、资料准备外，能够完成作业流程的整理及收集将有效提高稽查作业的工作效率，进而减轻稽查作业对企业的影响度。

三、接受稽查

正式开始稽查后，由于王伟东准备充分，稽查人员仅花了半天时间就完成了对该企业进出口业务流程的了解及核对,同时在数据核对时,稽查人员也发现此次稽查所涉及的货物均为 A 公司从母公司或是关联公司所进口的货物,而其母公司及所有关联公司与 A 公司均使用同一个采购系统,各公司间均能即时确定相关货物的采购信息及内容,所有进出口发票均产生于同一个系统(均由同一个采购系统打印所得),而 A 公司仓库收货及检验也均是依据此系统产生的数据进行。

由于进出口数据与企业内部管控数据的深度对接,进出口人员能及时发现货物进出口时存在的各种问题,稽查人员在数据核对中发现在稽查期间曾出现过进口货物短缺、原材料品种发错等五六次异常情况,但 A 企业进出口部门均早已知悉并及时通知海关进行了相关处置。

然而,稽查人员在查阅相关进出口发票时,还是提出了一个疑点:在抽查相关单据时,发现 2011 年 8 月 23 日企业申报进口稽查所涉及税号货物项下编号为 ZSDD2011BG00189 号发票中对此货物料号的描述为"CVF11G0210-B1",但其他发票所涉货物料号均仅有前十位而无诸如"-B1"的后缀。后经调阅料号编码规则发现:

(1) 此税号涉及货物料号均应为英文及数字的混编料号,并未注有存在使用后缀的方式及内容。

(2) 根据料号规则规定,A 公司对于规格型号、品质完全相同的货物,只要来源于不同厂家,即设置不同的料号,但针对同一供应商就算是来源于不同时期、不同生产工艺、不同批次,甚至规格型号略有变化的料件,只要生产用途及品质相同,仍使用同一料号。由可见,A 公司主要是根据品名、用途及供应商来区分料号。

就此问题,稽查人员向王伟东询问。王伟东连忙解释,当时关务人员在申报时也发现了这个问题,但公司采购及工程部门答复:"这是为了在生产时区分不同制程而设置的标识,只是同一货物在不同制程而已,公司内部不作区别对待,这个后缀主要是防止混淆而设置的。所以进出口部门也没有深究。"

"什么是制程不同?制程不同货物一样吗?"稽查人员问道。

"我们进出口部门见不到实货,但应该是一样的吧,制程什么的是他们生产上的术语,太多了我也搞不清楚。但应该是指生产过程中不同吧,但料号一样应是一样的货物吧。"王伟东并不肯定地解释道,"不过,我可以问问工程部的人员,他们应该懂的。"

"你看,看数据所有有后缀料号的货物好像都没入原料库和半成品库,而是直接进入线边仓了。"正在看入库数据的另一位稽查人员听到后,查看了相关料号的入库记录发现了这个特点。"根据你们的系统,好像这颗料在线边仓还有库存啊,我们可以去看看。"他又补充道。

随后,稽查人员与王伟东一起去线边仓查看相关货物,发现带有此后缀料号的货物与没有后缀的料号相比,表现为缺少部分原器件(主要是缺少线路板),并且部分零件尚未完成安装。经过查阅工程文件,发现所有料件的后缀是料件生产完成度的说明,所谓制程是指原料在加工过程中所处的不同程序及工位,即所有具有后缀的料号相对于无后缀的料号应属未完工品。

看到所谓的"不同制程"是这个含义,就算是作为经验丰富关务王伟东也吓出了一身冷汗,心中默念着:少点零件不要紧,千万别缺少基本功能,连税号也不一样啊!王伟东没等稽查人员提出,立即将所有带有后缀的料号筛选出来,发现稽查期间共有60批料件带有后缀,再经过一项一项地确认,其中共有16批次后缀以N、Y开头的料件缺了原品名特征(仅具备金属外框及导线,缺少所有的核心部件)。不过,值得庆幸的是,虽然缺了核心部件,但是并未影响到税号归属。王伟东大大地松了一口气。

海关提醒

1. 充分了解料号特征是确定进出口货物的首要条件

料号是链接货物品名及规格型号、用途、原产地(生产地)、价格等多种要素的关键点,准确了解料号信息及其所代表的含义,即可准确完成货物的税号的确定,保证货物申报的准确性。

2. 料号编制规则是掌握归类重点和了解货物特征的重要基础

通过对料件规则的了解,可以确定企业区分货物的标准,并以此判断是否与海关归类标准一致,进而完成对企业申报归类准确性的认定。

上述货物搞清楚后,海关人员在抽查相关货物时,又发现仓库内同一料号的一料件存在两种不同的形状及颜色，但货物及外包装上所显示的料号均是一样的。看到这种状况王伟东一边着急地说："不会吧，不会出这么大差错吧？"一边忙联系仓库及生管人员来确认，最后经生管人员确认，相关料号没有编错，两样料件为同一供应商供给，只是由于批次的不同，因此外观存在不同，但功能、规格、用途，甚至用料都是一致的。因此，虽然外观不一样，但此料件依照公司的料号编码规则可以确定为同一料号，从海关归类角度，此两种料件的品名及税号应无不同。

四、稽查结果

最后，海关做出了未发现违反海关监管规定情事的结论。

 海关提醒

不应以主观印象或仅凭货物外观进行武断的归类

归类是一项专业性较强的业务，在归类时我们不应以货物的外观及主观印象进行武断地判断。这句话有两层含意：首先是不应认为不同外观的货物归类肯定不同；同样的，也不应认为同样外观的货物归类肯定相同。当然，依据主观印象及先入为主的观念完成对货物归类的判断更是不可取的。

第四讲　品名、规格型号、料号之外的用途等因素在货物归类中是否重要

一、某中型贸易公司税则号列申报类稽查

EDH贸易公司为一家中型进出口贸易及国际货运代理公司，其主要承接国际货代理业务，同时也设立了国际贸易部代理海关特殊监管区相关货物的进出口及仓储。其贸易部门仅成立二年，主要业务集中于电子类产

品的代理进口业务，其中60%产品为液晶显示器类产品，且集中于85285910及85285110两个税号的产品。

2012年5月6日，海关向EDH公司送达了"稽查通知书"，决定对该公司"2011年5月1日至2012年5月1日期间85285910及85285110税号项下货物进出口活动的真实性和合法性开展稽查"。

二、接受稽查

稽查正式开始后，稽查人员调阅了EDH公司的相关进出口资料，发现其所进出口的液晶显示器全部申报为上述两个税号，且以85285110税号为多，约占全部进口数量的80%。主要型号为七种，申报品名均为液晶显示器，申报税号为85285110，申报的规格型号分别为17寸至22寸，带有D-SUB接口。另外20%申报为85285910税号，申报品名分别为液晶电视机或液晶监视器，申报的规格型号分别为32寸至50寸不等。

稽查人员在调阅相关数据时发现，其2011年8月进口过一批12台液晶显示器，单价均为520美元，但仅为19寸，价格明显偏高，经调阅相关随附资料及显示器说明，发现该显示器主要用于医疗设备中显示检查图像的高分辨率显示器，带有HDMI接口，应归入85285910税号。

随后，稽查人员对企业进出口人员就以下问题进行了询问：

（1）相关显示器进出口时如何归类？

（2）归类时是否了解显示器的具体用途？

"我是严格按归类要求进行归类的啊，一般来说22寸以下的肯定是电脑用的，32寸以上的肯定是液晶电视用的啊！"企业贸易部负责进出口报关事务的小王肯定地回答道。

"我们肯定是去问过客户相关用途的，我们查过这两个税号主要差别就是显示器的用途，小王他虽然不太了解专业知识，但他说的也没错。对于22寸以下的显示器我们客户都明确是用于连接电脑使用的，而32寸以上的客户过来的品名大多直接就是液晶电视，只有一批10台46寸的标注是显示器，但不可能是计算机用这么大的显示器，所以我们就直接归到

85285910 税号了。"贸易部经理张超补充道。

"对了，记得去年有一批 19 寸的显示器，当时说是用在医疗设备中的，我们一开始没能确定，后来客户确定也是连有计算机的，我们就归到 85285110 税号项下了。"张超又补充道。

"你看这批 19 寸的显示器的发票后附有的规格说明书上标注其带有 HDMI 接口，而且还注有专门用于医疗摄像头所拍摄视频及声音的实时播放，这已不符合 85285110 税号的描述，应归入 85285910 税号。"稽查人员中具有大量归类经验的小刘解释道。

"可这个有计算机连着的，而且我们确认过这是可以用于计算机的。"张超还是坚持己见。

"这个税号要求是专用于计算机，而非可用于计算机，因此我们需要了解的是它的功能用途而非它的实际用途。其实很多税号都是这样的，我们不能依据我们的常规理解完成判断的。"小王耐心地回答道。

"那我们的归类方法完全错了，希望海关能帮我们把把关啊，这可怎么办呀？"张超紧张地回答道。

最后，稽查人员在张超及小王的帮助下，调阅了所有相关货物的发票资料及说明书，经过核对还发现存在以下问题：

（1）除上述 12 台 19 寸医疗用显示器外，另有三批共 81 台 19 及 22 寸液晶显示器带有 HDMI 接口，应归入 85285910 税号；

（2）张超所述一批 10 台的 46 寸液晶监视器仅带有 D-SUB 接口，不具备独立的视频、声频接收能力，且依据说明书显示其主要用于安全计算机信息显示，据此应归入 85285910 税号。

知识点链接

税号 85285110 与 85285910 的区别

85285110，所对应的货品名称为专用于或主要用于税目 84.71 的自动数据处理系统的液晶监视器，最惠国税率为 0%。

85285910，所对应的货品名称为其他监视器，其中 8528591001 为专用于车载导航仪的液晶监视器，8528591090 为其他彩色的监视器，税率均为30%。

D-1-0000-2009-0277归类决定，该决定是针对品牌为HANNspree，型号是LM05-19c2-300H，具有D-SUB、DVI-D、HDMI1.2及音频接口的液晶显示器做出的。它确定了上述显示器具有普通通显示器常有的D-SUB、DVI-D及音频接口，用以连接计算机。和HDMI1.2（High Definition Multimedia，高清晰多媒体）接口，用以连接DVD PLAYER、机顶盒等数字设备，以获得更高质量的影音享受。根据归类总规则三（三）及《税则注释》关于品目85.28的相关解释该商品应按其他彩色视频监视器归入税则号列8528.5910。

三、稽查结果

由于上述两项归类申报与实际不符，已涉嫌违法，且上述应申报为85285910税号的显示器错报为85285110税号，已涉嫌漏缴税款，依规定此线索被移交至缉私部门处理。

"这个处罚也算值了，要不再过个两年，我们还不知错成什么样呢！你说，不了解归类原则，怎能想到这个46寸的倒是只能用于计算机啊，看来归类这样的活不能凭经验啊！"张超事后感叹道。

海关提醒

1. 正确完成归类应充分了解与货物"用途"相关的各项特征及指标

一般来说货物的商业单据中不会也无法体现其用途，因此我们在申报归类时要结合货物特征及各项技术指标，找出其"用途"才能有效完成判断，如上述案例中通过显示器的"连接接口"及"功能接口"就能完成显示器用途的判断。

2. 了解用途应充分关注货物的"功能用途"及"最终用途"

万不可仅关注其可实现的"用途"，这样才能保证归类的准确有效。一般来说，应对货物的通用用途及特殊用途进行全面了解，确定是否具有可变性，并依据归类原则完成认定。上述案例中所有显示器（包括品名为

小王在海关稽查的日子——企业如何配合海关稽查

液晶电视机）均可用于计算机，但由于税则说明要求"专用于计算机的"，因此带有特殊功能的显示器被排除。

3. 关注海关各类归类决定或裁定有助于提高归类水平

除丰富归类知识及提高归类技能外，还因实时关注海关的各类归类决定或裁定，了解各种归类信息及标准。由于进出口货物涉及数量、品种极其庞大，税则等相关规则无法穷尽所有可能，因此实时了解归类方向及原则，对于企业完成归类将有巨大帮助。

第四节 减免税设备稽查

第一讲 减免税设备申报类稽查

一、某通讯科技公司减免税设备稽查

某通讯科技公司（外资企业），注册资本300万美元，经营无线电基站、滤波器等通讯器材金属零件及机械类金属零件的制造业务，其主要业务均为国内贸易。2008年12月，该公司向海关申请办理"进出口货物征免税证明"2份，并于2009年2月18日凭上述征免税证明向海关申报进口精密车床7台。

2011年1月5日，海关向该公司送达了"稽查通知书"，决定对该公司"2008年2月1日至2011年1月1日期间特定减免税设备的进口情况的真实性和合法性开展稽查"。

知识点链接

1. 减免税设备进口时具有哪些特征

（1）特定条件下减免进口关税。减免税设备，一般属于特定减免税货物。特定减免税是我国关税优惠政策的重要组成部分，是国家无偿向符合条件的进口货物使用企业提供的关税优惠，其目的是优先发展特定地区经

济,鼓励外商在我国的直接投资,保证国有大中型企业和科学、教育、文化、卫生事业的发展。因而,这种关税优惠具有鲜明的特定性,只能在国家行政法规规定的特定条件下使用。

(2)进口申报应当提交进口许可证件。特定减免税货物实际进口货物,按照国家有关进出境管理的法律法规,凡属于进口需要交验许可证件的货物,收货人或其代理人都应当在进口申报时向海关提交进口许可证件(法律、行政法规另有规定的除外)。

2. 特定减免税货物与保税货物的不同点

(1)性质不同。特定减免税是实际进口货物针对"三个特定",在符合条件的情况下给予的税收优惠措施;保税是针对进境又复运出境的特点简化了海关税、证手续的一种制度。

(2)前期准备不同。特定减免税货物:申领减免税证明;保税货物:向海关备案,由海关核发加工贸易登记手册。

(3)监管不同。特定减免税货物:监管期满自动解除监管;保税货物:根据去向不同分别办理相应的手续。

二、接受稽查

开始稽查后,海关稽查人员发现该公司由于产品及原料均完全属于国内贸易,不仅未设置相关进出口岗位,且无人了解相关进出口业务。该公司进出口业务仅限于前述鼓励项目项下的特定减免税设备的进口,而设备进口相关业务均由公司总经理王力达及财务经理许言仁主导,但具体操作均为采购主管林方负责。

在此次稽查中林方被总经理指定为与海关稽查的联系人,林方称由于公司没有相关进出口部门,相关设备进口前的资料准备及设备谈判均是由财务经理许言仁负责的,而相关进出口资料在设备进口后均交至财务部保存。

经过查阅该公司相关减免税资料,稽查人员发现其所进口的减免税设备是以鼓励项目的形式进口的,在申办"进出口货物征免税证明"时向海关提供的设备资料及说明中均注明公司所进口设备加工指标能达到"加工工件直径大于1米,圆度小于0.5微米、圆柱度小于0.2微米、表面粗糙

小王在海关稽查的日子——企业如何配合海关稽查

度 Ra 小于 0.1 微米"。

但稽查人员发现上述设备实际最大加工工件直径为 600 毫米、圆度只能达到 2 微米、圆柱度只能达到 11 微米、表面粗糙度只能达到 Ra0.25 微米，这四个技术指标均不能达到鼓励项目进口此类设备免税指标。

三、稽查结果

由于特定减免税货物主要技术指标与申报不符且涉嫌违法，最后此案被移交至海关缉私部门。经缉私部门侦查，最终确定，该公司总经理王力达与财务经理许言仁了解到公司所进口的设备不符合特定减免税设备的相关技术指标要求的情况下，为了达到"免税"的目的，伪造了相关设备技术资料及说明，骗取了"进出口货物征免税证明"，构成了走私犯罪，最终该公司被处罚了人民币 200 余万元，其总经理王力达与财务经理许言仁均被判处有期徒刑。

第二讲 减免税设备使用及流向类稽查

一、某电子公司减免税设备稽查

B 电子公司（外资企业），注册资本 360 万美元，营业执照包含的主要生产经营范围包括：精密冲压模具设计与制造；混合集成电路、电力电子器件制造；电子零部件、接插件、零部件等产品的生产及销售。B 公司于 2005 年正式成立，于 2006 年 6 月 23 日至 2010 年 6 月 22 日期间通过外商投资鼓励项目产业条目（X2117：新型电子元器件的制造）向海关备案了鼓励项目，并以此申请了相关"进出口货物征免税证明"，以鼓励项目的贸易方式免税进口了 18 台减免税设备。

2011 年 5 月 7 日，海关向 B 公司送达了"稽查通知书"，决定对其"2006 年 6 月 1 日至 2011 年 5 月 1 日期间进口的特定减免税设备的使用情况的真实性和合法性开展稽查"。

> **知识点链接**

1. 特定减免税货物进口后接受海关监管的期限

进口货物享受特定减免税的条件之一就是在规定的期限，使用于规定的地区、企业和用途，并接受海关的监管。特定减免税进口货物的海关监管期限按照货物的种类各有不同：一般来说，船舶、飞机的监管期限是8年；机动车辆是6年；其他货物是5年，均自货物进口放行之日起计算。

2. 特定减免税货物的海关稽查时效

"在减免税进口货物的海关监管期限内及其后的3年内，海关可以对与进出口货物直接有关的企业、单位的会计账簿、会计凭证、报关单证以及其他有关资料和有关进出口货物实施稽查"。也就是说，一般的特定减免税设备的稽查时效为进口放行之后的8年内。

二、接受稽查

正始开始稽查后，海关稽查组人员首先查阅了B公司在稽查期限内所有减免税设备的进口申请及申报资料，均未发现存在违法事项。但在对设备进行实地检查时，发现其于2006年6月23日至2010年6月22日，以外商投资鼓励项目产业条目（X2117：新型电子元器件的制造）所进口的18台减免税设备中，仅有13台设备在厂内，另有5台贴片类机器已不在厂内。

经询问企业设备管理人员及查询财务记录，稽查人员发现上述5台减免税设备在2008年8月份进口后一直在工厂闲置，在2009年2月份B公司将上述设备销售给了上海一家内资企业。

同时，稽查人员在对相关设备检查中发现目前B公司生产的产品仅为AC端子插片、铜管、欧规固定座等端子接插件产品，从未生产过相关集成电路类产品。但其在申请相关减免税设备进口时均以生产混合集成电路产品向海关申报项目备案的，涉嫌生产实际成品与备案不一致。

经了解，B公司原来准备同时进行接插件及集成电路产品的生产，但由于面临金融危机，集成电路相关产品未能投入生产，B公司就决定对其中的专用设备进行销售，而对于其中的通用设备转至相关接插件的生产中了。

知识点链接

1. 减免税设备是否可以移作他用

在海关监管年限内,减免税申请人需要将减免税货物移作他用的,应当事先向主管海关提出申请。经海关批准,减免税申请人可以按照海关批准的使用地区、用途、企业将减免税货物移作他用。

上述移作他用仅限于以下情形:

(1)将减免税货物交给减免税申请人以外的其他单位使用;

(2)未按照原定用途、地区使用减免税货物;

(3)未按照特定地区、特定企业或者特定用途使用减免税货物的其他情形。

另外,除海关总署另有规定外,将减免税货物移作他用的,减免税申请人还应当按照移作他用的时间补缴相应税款;移作他用时间不能确定的,应当提交相应的税款担保,税款担保不得低于剩余监管年限应补缴税款总额。

2. 减免税设备是否可以转让

在海关监管年限内,减免税申请人将进口减免税货物转让给不享受进口税收优惠政策或者进口同一货物不享受同等减免税优惠待遇的其他单位的,应当事先向减免税申请人主管海关申请办理减免税货物补缴税款和解除监管手续。

海关提醒

擅自转让减免税设备或将减免税设备移作他用的后果

依据《中华人民共和国海关行政处罚实施条例》的相关规定,此种擅自转让减免税设备或将减免税设备移作他用的,均要处货物价值5%以上30%以下罚款,有违法所得的,还要没收违法所得。

三、稽查结果

最后,此线索被移交至缉私部门处理。

第三讲　减免税设备处置类稽查

一、某机械公司减免税设备稽查

C机械公司（外商独资企业），注册资本500万美元，经营生产机械装配类业务，自2007年1月份开始进口减免税设备48台（条），进口价格约300万美元，上述设备均用于C公司的日常生产。但由于C公司生产需要大量周转资金，故于2009年1月份将该批进口减免税设备抵押给某外资银行股份有限公司上海分行。

2011年9月17日，海关向C公司送达了"稽查通知书"，决定对其"2007年1月1日至2011年9月1日期间进口的特定减免税设备的使用情况的真实性和合法性开展稽查"。

知识点链接

1. 减免税货物是否可以办理贷款抵押

在海关监管年限内，减免税申请人要求以减免税货物向金融机构办理贷款抵押的，应当向主管海关提出书面申请。经审核符合有关规定的，主管海关可以批准其办理贷款抵押手续。但减免税申请人不得以减免税货物向金融机构以外的公民、法人或者其他组织办理贷款抵押。

2. 减免税货物办理贷款抵押有什么特别要求

减免税申请人以减免税货物向境内金融机构办理贷款抵押的，应当向海关提供下列形式的担保：

（1）与货物应缴税款等值的保证金；

（2）境内金融机构提供的相当于货物应缴税款的保函；

（3）减免税申请人、境内金融机构共同向海关提交"进口减免税货物贷款抵押承诺保证书"，书面承诺当减免税申请人抵押贷款无法清偿需要以抵押物抵偿时，抵押人或者抵押权人先补缴海关税款，或者从抵押物的折（变）价款中优先偿付海关税款。

减免税申请人以减免税货物向境外金融机构办理贷款抵押的，应当向海关提交前述第（1）项或者第（2）项规定形式的担保。

二、接受稽查

正式开始稽查后，稽查人员发现 C 公司能依据海关批准的使用地区、用途、企业使用相关减免税设备，不存在擅自移作他用或转让的情况。

但是，稽查人员却发现 C 公司存在大量的抵押贷款，而该企业主要生产设备均为减免税设备，经调阅资料，发现该公司 2007 年 1 月以来所进口的减免税设备均已抵押给某外资银行股份有限公司上海分行，且均未得到主管海关批准。

海关提醒

1. 减免税货物如何才能算合法抵押

主管海关对于企业抵押减免税货物的，经审核同意的，应当出具"中华人民共和国海关准予进口减免税货物贷款抵押通知"，即企业只有获得"中华人民共和国海关准予进口减免税货物贷款抵押通知"才能算取得抵押许可。

2. 擅自抵押减免税货物会受到什么处罚

依据《中华人民共和国海关行政处罚实施条例》的相关规定，未经海关许可，擅自将海关监管货物抵押的，处货物价值 5% 以上 30% 以下罚款，有违法所得的，没收违法所得。

三、稽查处理

最后，此线索被移交至缉私部门处理。

第五节 特许权使用费稽查

第一讲 哪些特许权使用费是海关的征税对象

一、某企业手机芯片设计许可费稽查

A公司是一家中型的内资电子企业，主要产品为各种制式及款式的手机，其产品全部在国内销售。其主要原材料80%左右均为国内采购，但部分制式手机的主要芯片均从境外以一般贸易进口。

由于该公司进出口业务单一（仅有手机芯片进口业务，其他所有原材料均在国内采购，成品也均在国内销售），其进口芯片主要采购自境外B公司，货物仅涉及两种型号的芯片，操作过程如下：

（1）在芯片进口前B公司依据年度购销合同及A公司订单，制作相关芯片发票并向A公司提供。

（2）A公司依据B公司所提供的发票进行进口申报及付款。

（3）除此之外，A公司还与B公司约定了相关设计许可费收取标准：

即B公司对每种芯片提供一至五款参考设计，并依据相关设计内容的不同约定不同的设计使用许可费（每种参考设计许可费不同），A公司依据相关需要，最终确定使用何种设计，并依据不同的设计向B公司支付许可费。

而A公司会定期统计相关应支付的许可费并以一般贸易方式将需要支付的许可费向海关申报。

2011年9月8日，A公司接到海关"稽查通知书"，稽查范围为"2010年8月1日至2011年8月1日期间一般贸易方式进口货物特许权使用费申报的合法性和真实性"。

知识点链接

了解"特许权使用费"

（1）特许权使用费指进口货物的买方为取得知识产权权利人及权利人有效授权人关于专利权、商标权、专有技术、著作权、分销权或者销售权的许可或者转让而支付的费用，其具体包括以下内容：

① 专利权使用费；

② 商标权使用费；

③ 著作权使用费；

④ 专有技术使用费；

⑤ 分销或转售权费；

⑥ 其他类似费用。

（2）一般来说，特许权使用费是指为获得使用以下权利而支付的费用：

① 与制造被估货物有关的专利、设计、图样、工序和诀窍等；

② 与被估货物的销售有关的商标、注册设计等；

③ 与被估货物的使用有关的著作权、版权等。

上述支付的对象可以归纳为权利、信息和服务三类。这些有的已为法律所确认、规范和保护（如专利、著作权、注册商标等），有的尚未被法律所确认（如信息、服务、诀窍等，诀窍也就是所谓的"专有技术"）。

二、接受稽查

正式开始稽查后，海关稽查人员首先调阅了 A 公司和 B 公司与进口芯片设计许可费相关的合同及资料，发现该设计使用费应属于与制造该芯片有关的设计（包括制造及使用诀窍两项内容，且包含了相关专利），符合特许权使用费的定义。

同时，稽查人员也发现，B 公司在相关芯片的销售合同中明确注明：A 公司依据"设计使用许可费的补充协议"的相关规定支付许可费，是 B 公司向 A 公司销售相关手机芯片的必要条件，否则 B 公司有权停止向 A 公司销售相关芯片；同时 A 公司不得生产及销售与 B 公司芯片相关的任何产品。这个约定完全满足特许权使用费应当计入进口货物的完税价格的条件。

之后，稽查人员通过对相关财务凭证及生产记录的查阅，确定 A 公司在申报相关许可费用时，并无产生任何遗漏及不符合法律法规的情事。

知识点链接

1. 什么样的特许权使用费应计入货物的完税价格

应计入进口货物的完税价格特许权使用费应同时符合以下条件：

（1）与进口货物有关；

（2）费用的支付作为卖方出口销售该货物到中华人民共和国关境内的条件。

2. 如何确定特许权使用费是否与进口货物有关

符合下列条件之一的特许权使用费，应当视为与进口货物有关：

（1）特许权使用费是用于支付专利权或者专有技术使用权，且进口货物属于下列情形之一的：

① 含有专利或者专有技术的；

② 用专利方法或者专有技术生产的；

③ 为实施专利或者专有技术而专门设计或者制造的。

（2）特许权使用费是用于支付商标权，且进口货物属于下列情形之一的：

① 附有商标的；

② 进口后附上商标直接可以销售的；

③ 进口时已含有商标权，经过轻度加工后附上商标即可以销售的。

（3）特许权使用费是用于支付著作权，且进口货物属于下列情形之一的：

① 含有软件、文字、乐曲、图片、图像或者其他类似内容的进口货物，包括磁带、磁盘、光盘或者其他类似介质的形式；

② 含有其他享有著作权内容的进口货物。

（4）特许权使用费是用于支付分销权、销售权或者其他类似权利，且进口货物属于下列情形之一的：

① 进口后可以直接销售的；

② 经过轻度加工即可以销售的。

三、稽查结果

最终，海关做出了未发现违反海关监管规定情事的结论。

第二讲　如何确定特许权使用费是否应计入货物的完税价格

一、某企业技术入门费稽查

B公司是一家中型的内资电子装备生厂企业，主要产品为测试仪器，其产品70%左右在国内销售。其主要原材料90%左右为国内采购，但其最主要测试仪器的主控芯片均直接采购自其境外母公司，而实际发货方为美国一家专业芯片制造公司，即B公司所采购芯片均由其母公司（C公司）向供应商采购。

C公司在采购芯片时与该芯片制造公司约定，C公司为其所采购芯片应在五年内支付不高于1 000万美元的技术入门费（不以其所采购芯片数量计算，年支付比例与芯片所涉及成品的销售额相关），而对于其所采购芯片价格以30美元/片为单价，并约定五年内每年单价至少下降8%。

C公司将相关芯片销售给各分、子公司时，所确定的价格仅为其向该芯片制造公司采购发票中所列价格（未将入门费计算在内）。另外，除支付相关芯片发票价格外，C公司还以协议形式要求B公司按照其协议约定对于上述芯片按照成品销售金额的一定比例（基本费用为销售金额的5%，每个年度调整一次）向其支付权益金，C公司收到相关费用后再依其与芯片制造公司的相关协议向其支付入门费。

另外，B公司采取直接付汇方式在每个季度支付上述权益金，并将上述费用分摊到使用该芯片的机器销售成本中。但是，对于这部分权益金的支付 B 公司未向海关申报，理由是相关权益费与进口货物无关且不是其销售该货物到境内的条件。

2012 年 4 月 8 日，该企业接到海关"稽查通知书"，稽查范围为"2009 年 5 月 1 日至 2012 年 5 月 2 日期间一般贸易方式进出口货物申报价格的合法性和真实性"。

知识点链接

什么样的支付条件可作为卖方出口销售该货物到我国关境内的条件

买方不支付特许权使用费则不能购得进口货物，或者买方不支付特许权使用费则该货物不能以合同议定的条件成交的，应当视为特许权使用费的支付构成进口货物向中华人民共和国境内销售的条件。

二、接受稽查

正式开始稽查后，海关稽查人员调阅了 B 公司与其母公司关于芯片采购的相关协议，确定其所进口的相关芯片含有大量专利及专有技术且附有该芯片制造公司的商标，而该芯片制造公司相关入门费收取协议中也明确注明了上述相关内容，故海关认定上述芯片的相关权益费（入门费）与该芯片有关，且相关权益费及入门费收取均可以作为卖方出口销售该货物到境内的条件，故依据《中华人民共和国海关完税价格审定办法》的有关规定，认定 B 公司通过其母公司向该芯片制造公司支付权益费（入门费）属于应计入进口货物（芯片）完税价格的特许权使用费。

但 B 公司了解了《中华人民共和国海关完税价格审定办法》等海关法规对特许权使用费纳入进口货物完税价格有关规定后，向稽查人员提出了两点疑问：

（1）特许权使用费的支付是以进口货物的销售为必要条件，但相关协议中并没有直接说明相关权益费（入门费）是进口货物（芯片）向中华人民共和国境内销售的条件；

（2）该公司特许权使用费以"非贸方式"对外支付，已向税务部门缴纳过营业税和预提所得税。如果现在海关认定其应纳入进口货物完税价格计征进口环节税，则存在重复征税问题。

那么，这该如何理解呢？

B公司相关特许权使用费虽然是依据销售成品数量计提且未与芯片制造公司直接签订协议，但其支付的特许权使用费与进口货物（芯片）直接有关且实际是向芯片制造公司支付，而B公司如不支付特许权使用费则无法从芯片制造公司购买相关芯片。所以，该企业支付的特许权使用费构成进口货物向中华人民共和国境内销售的条件，应纳入进口货物完税价格。

国内所得税的缴纳不能构成进口环节税免除的条件。由于进口货物进口环节税和企业所得税分属不同的税种，且纳税义务人不同（进口环节税纳税义务人是进口货物所有人；企业所得税纳税义务人为知识产权提供人，国内进口方只是代缴），纳税依据及结果均存在不同，因此，从法律及事实上来讲均不存在重复征税问题。

三、稽查结果

最终，B公司主动提出将相关特许权使用费向海关申报，并全额申请补税。最终，海关依据《中华人民共和国进出口关税条例》第五十一条及相关法律法规的规定对上述漏征税款进行了处理。

第四章 "验证式"稽查提升了我们的资质

验证稽查在海关稽查中属于一种特殊的稽查，是针对企业从 A 类管理升级到 AA 类管理所开展的。与一般稽查不同的是，验证稽查不是由海关启动的，而是企业主动申请的，而且验证稽查的内容也更加详细，除了进出口守法情况以外，还有企业内控制度、财务状况、贸易安全等方面都是验证稽查所涉及的内容。本章通过对案例的详细阐述，完整、真实地再现了验证稽查的全过程。

第一节 通过"验证式"稽查的意义

小王在某电子公司从事关务工作 3 年了，该公司于 1998 年成立，注册资本 3 000 万美元，主要从事电子加工服务业，产品领域涉及工业产品、医疗电子、网络通讯、航空航天、汽车电子等。考虑到企业进出口总体环节很良好，为了通关更加便捷，享受到 AA 类企业的优惠政策，公司领导想要将企业从原本的 A 类等级升到 AA 类，于是让小王负责办理此事。到底 AA 类企业有什么政策上的优惠？如何才能申请 AA 类企业？小王查阅了资料，对企业的 AA 类管理有了大概了解。

知识点链接

1. AA 类企业可享受的政策优惠

AA 类企业在海关享有很多政策优惠，适用 AA 类管理的进出口货物收发货人在海关实施 A 类管理措施基础上，还提供以下便利：

（1）进出口货物报关单电子数据经海关接受申报后，在确定商品归类、海关估价和提供有效报关单证、缴清税费或者办结其他海关手续前，企业可以凭"进（出）口货物担保验放清单"先行办理担保验放手续，国家对进出境货物有限制性规定的情形除外；

（2）通关现场适用较低的查验率；

（3）对从事加工贸易的企业，不实行银行保证金台账制度。从事限制类商品加工贸易业务的企业按照国家加工贸易政策执行；

（4）海关指派专人负责协调解决企业办理海关事务的疑难问题。

2. 申请 AA 类企业的条件

根据《中华人民共和国海关企业分类管理办法》的规定，进出口货物收发货人只要满足"符合 A 类管理条件，并已适用 A 类管理 1 年以上"的条件；而报关企业，应当同时符合下列两个条件才可申报：符合 A 类管理条件，已适用 A 类管理 1 年以上；上一年度代理申报的进出口报关单及进出境备案清单总量在 2 万票（中西部 5 000 票）以上。

3. "验证式"稽查的启动

验证式稽查需要企业主动向海关提出 AA 类企业的申请，海关受理后才会启动。在申请 AA 类企业时需要填写"企业经营管理状况评估报告"，"企业经营管理状况评估报告"上涉及的指标与海关验证稽查时验证的指标是一致的，所以企业在填写"企业经营管理状况评估报告"时必须慎重仔细，对涉及的内控制度、财务状况、进出口守法、贸易安全四大类共三十五项指标如实填写。

第二节　为什么没有通过验证

一、小王第一次经历"验证式"稽查

小王的公司属于进出口收发货人，并已经适用 A 类管理 1 年以上，符合申请标准。于是小王认真填写了"企业经营管理状况评估报告"并向海关提交了相关材料申请升为 AA 类企业管理。

2011 年 2 月 3 日，小王接到海关稽查部门的"稽查通知书"，将于 2011 年 2 月 7 日对公司开展验证稽查，稽查范围为"你单位 2010 年 2 月 8 日至 2011 年 2 月 7 日期间进出口活动的真实性和合法性、内控制度、财务状况及贸易安全相关情况"。小王看着"稽查通知书"心想：进出口活动的真实性和合法性以前在稽查的时候碰到过，这几年在公司的严格管理下，进出口活动很规范，公司财务状况也良好，有信心都能过关。但是内控制度、贸易安全情况在之前的稽查中没有碰到过，应该准备些什么资料呢？

考虑了一下，小王汇报总经理后，由总经理召集采购、关务、财务、仓库、生产、人事、技术等各部门主管开了一个内部协调会，告知各部门此次稽查的情况，并确定了各部门的联系人，应对稽查中可能发生的情况。随后，小王在正式开展稽查前，根据"稽查通知书"要求，准备了一些资料。一是两份清单：一份是稽查时间范围内的进出口报关单清单，一份是尚在海关监管期内的减免税设备清单；二是向财务要了最近年度的审计报告和上月度的财务报表；三是大概了解了公司的内控管理制度和贸易安全情况。

稽查开始后，小王将准备的材料提供给前来稽查的关员，稽查人员就公司财务状况、进出口守法情况、内控制度与贸易安全方面开展评估测试。

二、接受稽查（财务状况与进出口守法指标）

（一）财务状况指标验证

首先进行的是财务状况方面的验证测试，海关稽查人员让小王将之前准备的年度审计报告等财务方面的资料提供给他们。在小王将财务方面的资料提供给海关之后，稽查人员又让小王请来了公司的财务负责人，想要对公司的财务状况进行验证。财务负责人到了以后，海关稽查人员告诉他和小王，财务方面的稽查很关键，如果存在任何不符合验证标准的情况，就无法通过验证。小王听到后很担心，就怕出现意外情况，偷偷看了下财务负责人，财务负责人倒是没什么压力，很自如地应对稽查人员提出的问题。

稽查人员问："你公司最近三年盈利情况怎么样？"

"我公司自度过了2008年的金融危机后，经营情况有很大改观，经过2009年的发展，2010年开始大量盈利了，目前情况良好。"

随后，财务将最近3年的年度审计报告上关于公司盈利的情况指给了稽查人员看，稽查人员审核后，确认没问题就继续询问下面的问题了。

稽查人员问："你公司有没有征税进口业务？稽查期限内最高单笔缴税金额是多少？"

"我公司有一般贸易进口，所以有征税进口的业务，业务也很正常。至于单笔缴税金额，最高大概有一百来万吧，具体金额需要去系统中查一下。"

随后，财务负责人跑去电脑前将稽查期限内的缴税清单给拉了出来，上面显示单笔最高缴税金额为156万元。财务负责人将这票缴税的税单找给了稽查人员，稽查人员在看了税单后，又查了该公司上月度的"资产负债表"，发现上月末的固定资产净值为7 932万元，高于稽查期限内的单笔缴税金额，符合财务方面的验证测试标准。于是稽查人员告诉小王，财务方面指标符合要求，通过验证，可以进行下一环节——进出口守法指标的验证了。

（二）进出口守法指标验证

看到这么轻松就过了财务状况这一关，小王心情也很是愉快，心想下面的进出口守法指标是关务方面负责的，他对此很熟悉，应该没有什么问题。

海关提醒

"验证式"稽查关于财务状况的指标

关于财务状况的指标有两点：一是盈亏记录：未出现最近三年连续亏

第四章 "验证式"稽查提升了我们的资质

损的记录,也就是说最近三年内只要有一年及以上有盈利即符合指标。二是缴税能力:企业上月末固定资产净值不低于稽查年限内向海关单笔纳税的最高额。这两点是一票否决制的指标,企业任何一点指标没有符合条件就无法通过验证稽查。

进出口守法情况的指标也是与财务状况指标一样属于一票否决制,所以对于这部分的验证稽查也是十分关键的。由于财务状况指标相对较少,所以稽查人员在验证完财务状况后就直接开展进出口守法情况的验证。这部分是小王负责,小王就开始回答稽查人员询问的问题,具体如下:

稽查人员问:"你们公司是什么时候成立的?占地面积多少平方米?厂房自建还是承租?有多少员工?部门组成怎样?"

"我们公司是 2001 年成立的,占地面积 20 000 平方米,自建厂房,目前员工有 3 000 人,公司由财务、人事、物流、生产、技术等各部门组成。"

小王回答完后,将公司的组织架构图和营业执照给了稽查人员以证明自己所说的情况,同时还将公司厂房平面图拿了出来。

稽查人员又问:"你公司是什么时候在海关注册登记备案的?公司信息变更后是否按规定到海关来办理变更手续?"

"我公司是 2001 年 11 月 23 日在海关注册备案的,到目前为止公司信息也有过变更,但我公司一直是按规定及时到海关办理变更手续的。"

为了证实自己所说的话,小王将公司的海关注册备案登记表拿了出来,让稽查人员与营业执照相比对,稽查人员将两份资料作了详细比对后没有发现问题,就继续询问下一个问题了。

"你公司的报关专用章在哪里,是如何管理的?是否有过变更?"

"我公司报关专用章由我公司专人负责管理,所有的使用都是按照公司的印章管理规定来的,每次使用都会有登记。使用到现在,没有变更过。"

随后稽查人员让小王将公司的印章管理规定及报关专用章的使用记录

拿了出来，同时也让小王将报关专用章拿了出来，用以核对是否有与实际申报使用不一致的情况出现。

稽查人员接着问："你们公司的经营货物有哪些，主要是通过什么贸易方式进出口的？"

"我公司经营电子产品，种类较多。进出口贸易方式方面，我公司加工贸易和一般贸易都有涉及。"

"你公司有尚在海关监管期内的减免税设备吗？存放及使用情况如何？"

"我公司有还在监管期内的减免税设备，目前均存放在公司厂房内，按规定正常生产中。"

"你公司减免税设备有无生产未申报项目备案产品？"

"没有，我公司进口的减免税设备严格按照申报项目备案的情况进行生产，并无生产其他产品。"

看到海关稽查人员对自己关务方面很重视，小王就主动向稽查人员详细介绍了公司的经营产品及整个物流、产线的运作情况，而稽查人员也针对小王所讲的情况继续追问了几个问题。

"你公司在稽查期限内是否有涉嫌走私或违规的行为？"

"没有。"

"你公司在稽查期限内是否有海关追征税款的情况？"

"没有。"

"你公司是否有违反海关法律法规的其他行为（如违反海关知识产权保护、废物转移管理方面的规定）？"

"没有。"

在听到这些后，稽查人员让小王将稽查期限内的进出口清单准备了一下，并抽取了其中的39票进出口报关单，让小王准备包括合同、订单、报关单、发票、箱单、提单、出入库单等所有进出口涉及的相关资料。由于需要准备的东西很多，稽查人员就给了小王一点时间准备。

小王将材料准备好后，稽查人员针对相关资料进行了详细的检查。稽查人员一票一票地翻阅着资料，突然，稽查人员指着上个月的一票报关单问小王："为什么这票报关单上的进口货物为5件，而你公司开具的入库单上写的是 8 件呢?"

小王心中一紧,赶忙接过了稽查人员手中的报关资料和入库单,仔细一看,果然该票报关单上对应的货物入库数量为 8 件,小王向海关稽查人员解释:"可能是写错了吧!毕竟公司在这方面还是比较严谨的,仓库也有相应的制度规范,我们去系统中查一下吧!"随后小王带着稽查人员到了仓库,让仓库人员调取相应的系统入库记录,一查便发现,入库货物还是 8 件,这下小王也不知道是什么原因了。看到这,起先还一头雾水的仓库负责人才知道事情的来龙去脉,告诉小王:"这票货物不是入库入错了,而是确实是这么多。我们仓库发现了这个数量与发票不一致的问题,就让采购部门联系国外供应商了解情况,最后的答复是供应商多发了 5 件,而且供应商也不要这多发的货物了,所以就直接入到公司仓库了。"随后,仓库人员拿了一张单子给小王,说这是这票货物入库与发票不一致的确认单,上面有仓库人员和采购人员的签字。小王看到这儿就懵了,出现这个问题,他们关务部门居然不知道,这不仅仅反映了公司各部门之间联系沟通有问题,而且还直接导致了这票货物向海关申报不实的情况发生,这下通过验证稽查就悬了。

海关提醒

"验证式"稽查关于进出口守法的指标

进出口守法指标和财务状况指标一样,都属于一票否决的指标,对进出口收发货人来说,进出口守法指标有以下几点:

(1) 一般贸易进出口活动,未发现存在以下任一情形:

① 涉嫌走私或违规的;

② 需追征税款的;

③ 有违反海关法律法规的其他行为的。

(2) 加工贸易及保税进出口活动,未发现存在以下任一情形:

① 涉嫌走私或违规的;

② 需追征税款的;

③ 有违反海关法律法规的其他行为的。

（3）减免税或其他进出口活动，未发现存在以下任一情形：

① 涉嫌走私或违规的；

② 需追征税款的；

③ 有违反海关法律法规的其他行为的。

（4）未发现进出口货物收发货人或报关企业存在未经海关注册登记和未取得报关从业资格从事报关业务的情形。

（5）报关企业取得变更注册登记许可后或者进出口货物收发货人单位名称、企业性质、企业住所、法定代表人（负责人）等海关注册登记内容发生变更，未发现不按规定向海关办理变更手续的情形。

（6）未发现进出口货物收发货人或报关企业存在擅自变更或者启用"报关专用章"的情形。

（7）未发现向海关提供虚假情况或隐瞒重要事实、拒绝或拖延提供账簿单证资料、故意转移、隐匿、篡改、毁弃账簿单证资料等逃避海关稽查、逃避税款征缴或其他违反《中华人民共和国海关稽查条例》的情形。

只要以上任意一个指标没有达到要求或者是不符合，那么验证稽查就不予通过，稽查程序也会因此结束。

三、稽查结果

果然，稽查人员看到这儿就不再查下去了，而是告诉小王，公司的一般贸易进口存在申报不实的情况，涉嫌违反《中华人民共和国海关法》第八十六条第三项，公司的进出口守法指标不符合要求，所以本次验证稽查无法通过。

小王听到这，知道这次是没办法通过了，不过他暗暗下决心，这次的问题是由于各部门之间的衔接沟通存在缺陷导致的，接下来他要好好整理公司的内控制度，寻找公司内控制度的漏洞，全力弥补，明年再次申请AA类企业，一定要争取成功。

第三节 "我通过验证了"

一、小王第二次经历"验证式"稽查

第二年,小王再次向海关提出了升为 AA 类企业的申请。海关也向小王公司制发"稽查通知书"后,开始对小王公司进行验证稽查。

二、接受稽查(内控制度与贸易安全指标)

由于有了上次的经验,这次财务状况指标和进出口守法指标很快就通过了。接下来就是内控制度和贸易安全方面的验证。

(一)内控制度指标验证

海关稽查人员告诉小王,验证稽查中,内控制度是十分重要的一个部分,内控制度是否完备、制度体系是否健全,对进出口环节乃至对企业总体的管控都有很重要的影响。接下来,稽查人员准备就内控制度所涉及的五大方面进行询证,让小王先准备一下。

> **海关提醒**
>
> **"验证式"稽查关于内控制度的指标**
> 对生产型企业来说,所涉及内控制度的验证测试主要有五大方面的指标,分别为:组织机构控制、会计系统控制、信息系统控制、进出口业务控制、内部审计控制。

小王想了下,觉得企业的内控制度平时也不是由自己所在的物流部门来负责,所以无法就公司内控方面的问题向稽查人员详细地说明,为避免出现说明失当的情况,小王请来了公司人事方面的负责人,由他来向稽查人员说明。人事部门是负责管理公司内控制度的一个归口部门,所有公司内控制度均要在人事部门备案,所以小王觉得请人事部门的负责人来回答内控方面的问题是最适合的。人事部门负责人来了以后,开始就稽查人员提出的问题一一作答。

稽查人员问:"你公司的进出口部门组织架构情况如何?是否设有专门的进出口部门或岗位?进出口业务管理层职责分工情况怎么样?有无进出口业务管理制度或流程?"

"我公司设有专门的物流事务部门负责公司进出口贸易活动,并保证公司的经营活动符合政策法规。部门负责人直接向公司总经理汇报,共分六个部:进口部、出口部、客户方案部、合规部、仓库部、保税工厂管理部。进出口申报管理、单证管理、内销管理、深加工结转管理、设备进出口管理、E 账册维护及核销管理等全部由专人负责。"

为了证实自己所说的情况,人事部门负责人拿来了公司的"组织架构图"(如图 4-1 所示),给海关稽查人员查看。

企业资料

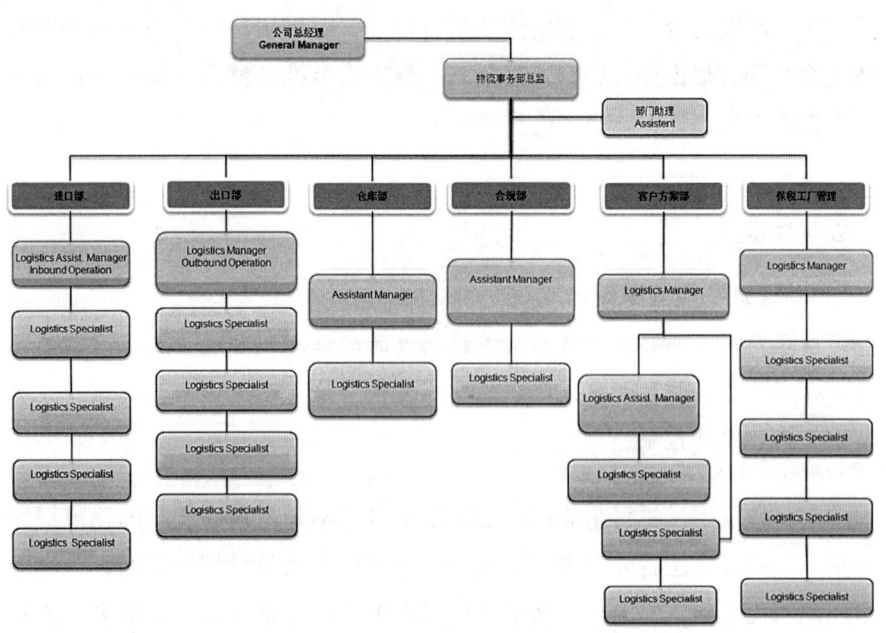

图 4-1 组织架构图

看到海关稽查人员要进出口规程，小王也赶忙将他们部门的"进口部作业规程"和"出口部作业规程"拿了出来。进口部作业规程主要描述公司各项与进口相关的作业流程，主要有空运进口（原材料）（如图4-2所示）、陆运进口（原材料）、海运进口（原材料）（如图4-3所示）、外区货物

企业资料

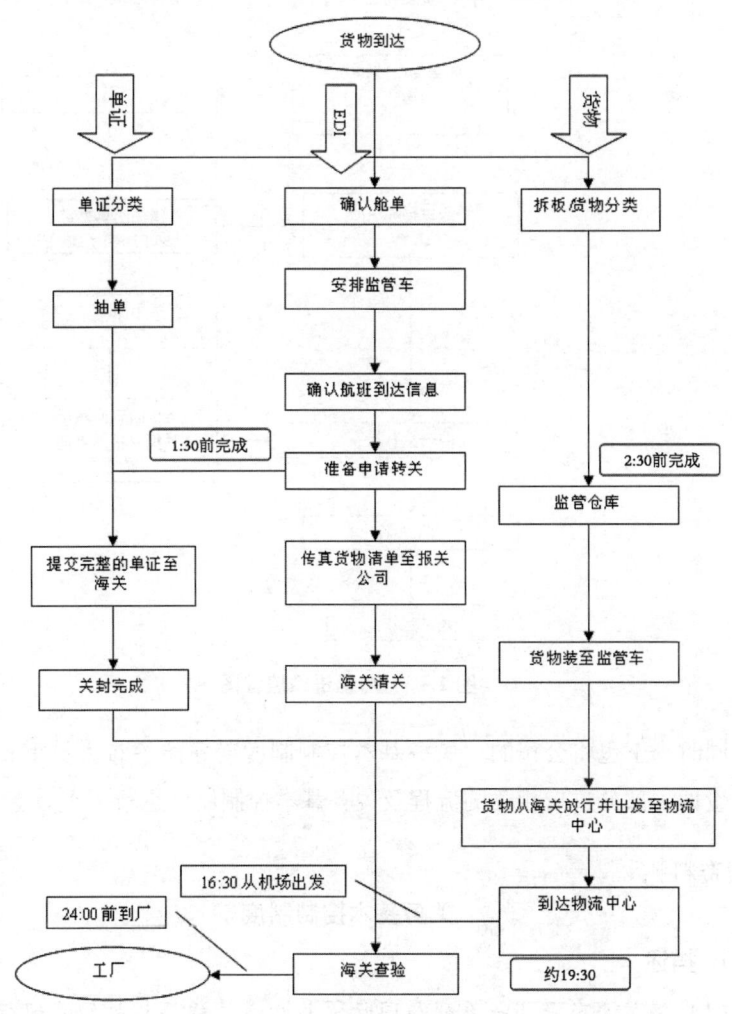

图4-2 空运进口流程图

进口（原材料）、设备进口及一般贸易、返修物品进口、样品进口等进口流程及相关操作规定。出口部作业规程主要描述公司各项完成品或料件的发运管理以及各项相关的作业流程，包括：出口货物报关运输、进口深加工结转、出口深加工结转、料件退回供应商、国内货物运输、成品及原材料内销补税等。

企业资料

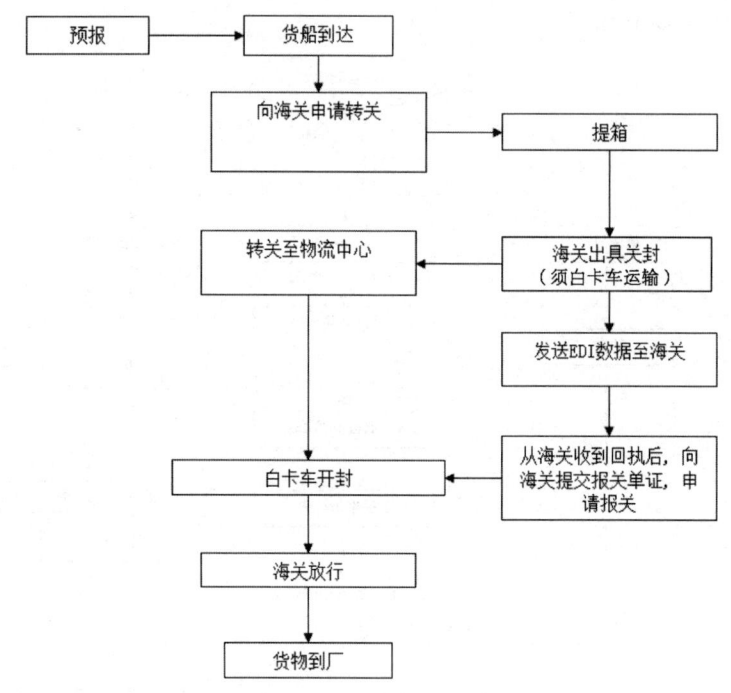

图 4-3　海运进口流程图

同时小王也将公司的"关务基本控制制度"拿给稽查人员审查。稽查人员也抽了部分进口相关的流程及关务基本控制制度进行了查看。

企业资料

关务基本控制制度

1. 描述

（1）海关事务是指一系列与国际贸易和通关程序相关的管理行为。海关事务的基本目标是：

第四章 "验证式"稽查提升了我们的资质

① 按照预先确定的进程完成通关手续。

② 管理每个行为以符合海关或税务机关制定的法律要求。

（2）获取和确定资料以精确分类贸易货物的海关税则编码的程序。

2. 目的

提高确定作为关税和贸易基础的海关税则编码的准确性。

3. 内容

（1）合法有效地完成海关手续，每个步骤都应制成手册。

（2）当法律法规变更时，流程的手册必须更新。

（3）指派全面负责进出口的经理以及精干的能力足够的职员。

① 经理能力：工作5年以上，或在关务领域有1年经理工作的经验，或有特殊相关执照。

② 精干职员能力：关务领域3年以上工作经历。

（4）通关部门经理负责进口业务。

（5）当规则和流程必须被执行的时候，登录更新海关事务标准 CPPM。

（6）必须有一个流程来报告通关相关数据（进/出口概要，税金和进口缴税，税金减免如 FTA，申报数量等）给 CNO 和 HQ。

关税和进口增值税的总额等，在财务部门，需与 G-ERP 进口程序里相同。

（7）通关代理必须以公正的标准评定和选择，代理费用必须确认后支付。

（8）通过 ERP 和 HQ 共享信息，例如 HS 事务（IBT 应用和结果），系统问题，海关调查，申报待定事项，退税，上诉海关和税务机关，稽查等。

4. 参照准则

表 4-1　参照准则

Basic Jobs	Job Description	Related Jobs
Import Clearance	管理进口通关以达到按日程递送和诚信守法。	
Customs Valuation	依据海关税则编码（法律），确定适当的进口货物的海关估价的流程	进口通关

续表

Basic Jobs	Job Description	Related Jobs
HS Code Classification	依据合适的进/出口通关的海关条例（法律）或国际惯例，确定恰当的海关税则编码的流程。	进口通关
Preferential Tariff Application (Importer)	在进口通关中，申请和获取特惠关税待遇的原产地证。	进口通关
Ship Back for Defect or Inconsistency	退运不良品或实物不符的货物给原出口商。	进口通关
Declaration for Non Commercial Items (Samples)	对于无商业价值货物，以适当的价格向海关申报，并且支付进口无商业价值货物的税金。	

看完"关务基本控制制度"后，稽查人员接着问："你公司不相容岗位，包括进出口授权批准、业务执行、财务会计、内控监督等，这些岗位是否相互分离？"

"不相容岗位相互分离，物料部负责物料采购，项目部负责客户和销售，物流事务部根据上述部门指令安排进出口活动，财务部门记录相应交易活动并安排资金流。总部指定的会计师事务所定期对公司的经营活动进行审核。"

问到这里，稽查人员要求财务人员将公司的财务报表以及年度审计报告提供一下，由于有审计方面的经验，财务人员很快就将这些材料准备好了，稽查人员审查了下，也没发现什么问题。随后就继续开始询问其他的情况。

稽查人员问："你公司是否有进出口部门的岗位管理规范？是否具备专门的岗位人员负责报关事务？是否建立报关单证资料、专用章、IC卡授权审批制度并有效执行？"

"公司物流事务部全部设立专门岗位负责相应的操作区域，进出口都有相应的操作流程，每个流程均有对应的流程图供操作人员参照，具体可分为进口流程图、直接进口通关流程图、保税区进口流程图、外发加工流程图、深加工结转流程图、出口流程图和设备进口流程图（依次如图4-

4~图4-10所示)。部门负责人指导并监督其操作活动,内部合规部对其进行审核。报关单证资料由指定报关行统一存放,按日期及报关单号检索。报关专用印章由专人保管,电子口岸 IC 卡等的授权审批由专人记录管理。

小王随即将公司进出口的各种对应流程图打印了出来,给稽查人员核实。

企业资料

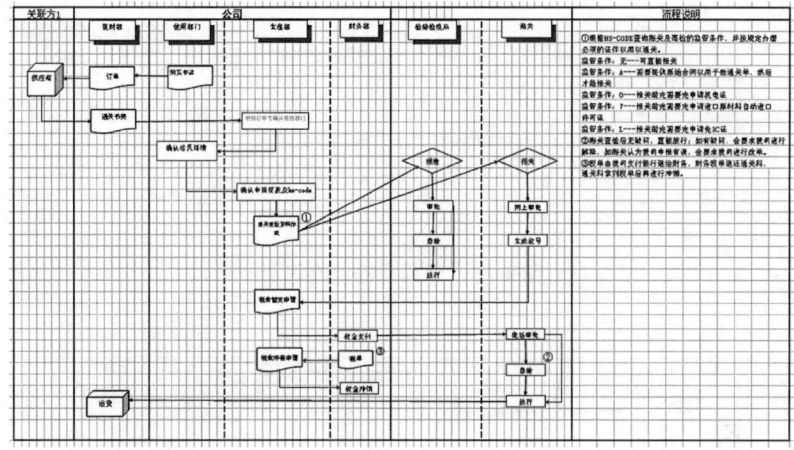

图4-4 进口流程图

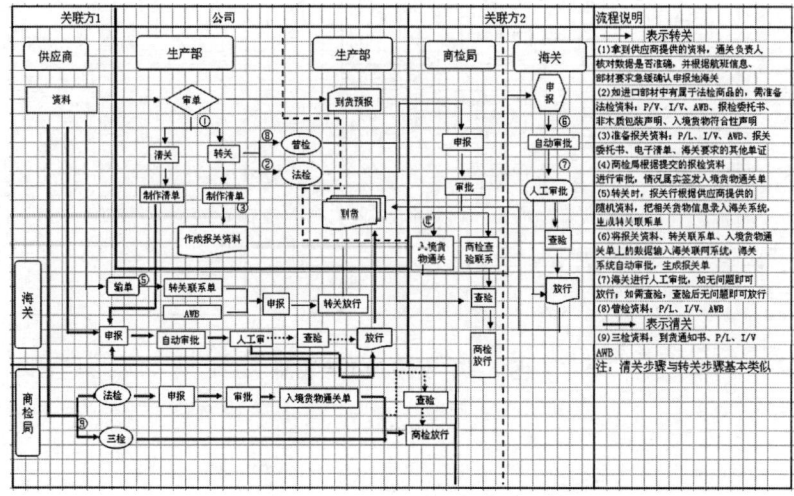

图4-5 直接进口通关流程图

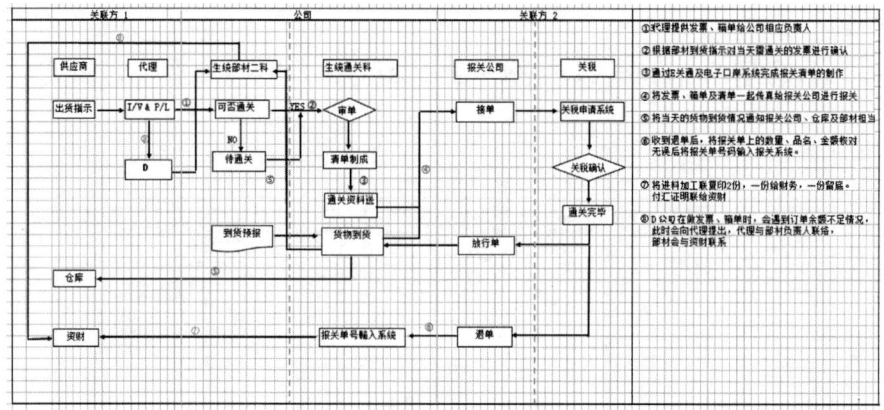

图4-6　保税区进口流程图

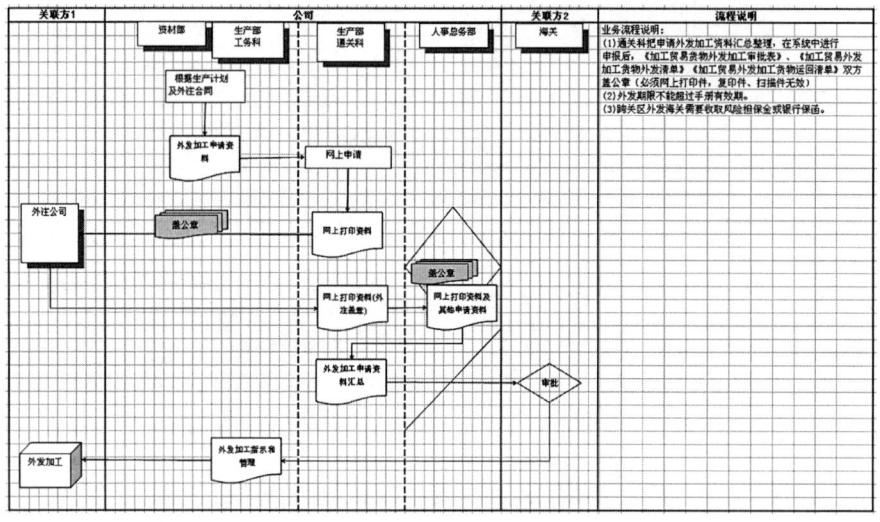

图4-7　外发加工流程图

第四章
"验证式"稽查提升了我们的资质

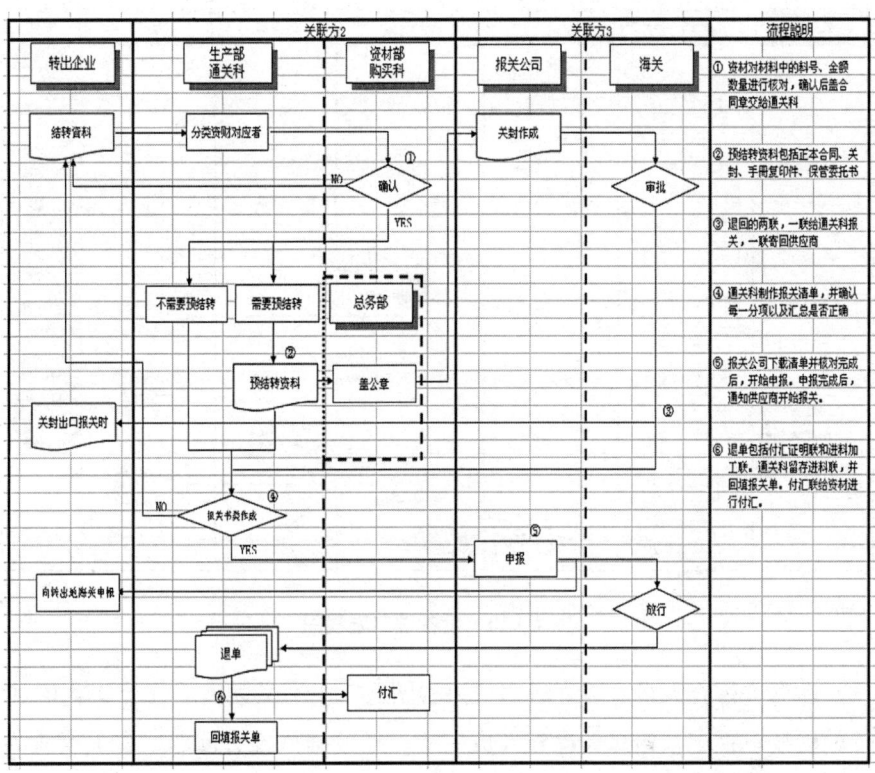

图4-8 深加工结转流程图

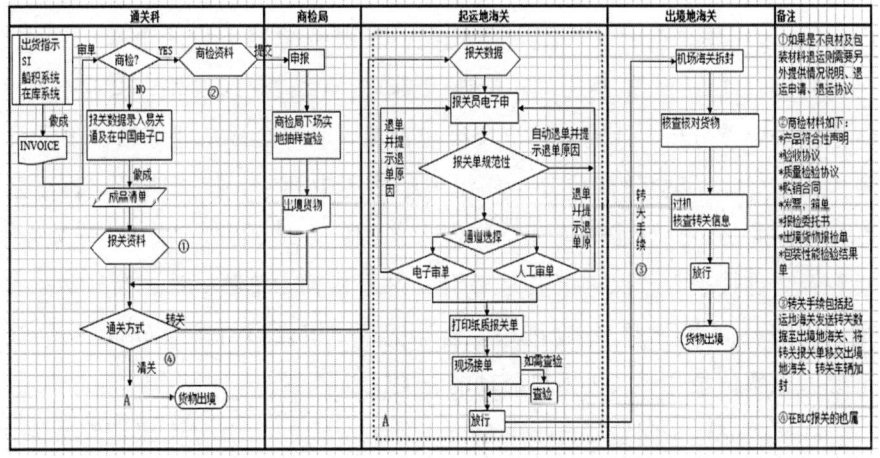

图4-9 出口流程图

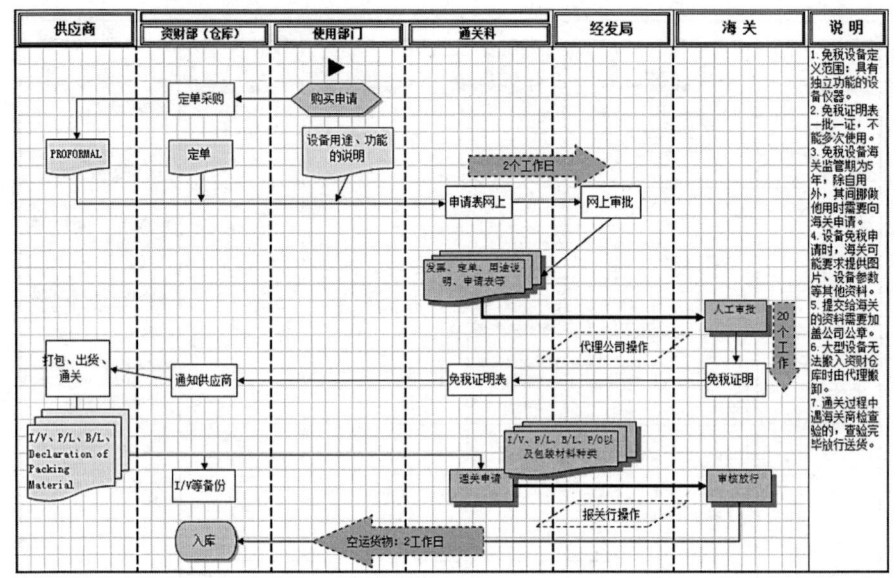

图 4-10 设备进口流程图

在海关稽查人员查看完进出口流程图后，小王又提供了电子口岸 IC 卡等的授权审批记录给海关稽查人员核实，经过确认没有问题，海关稽查人员向小王询问下一个问题。

稽查人员问："是否依法设置会计机构，建立会计工作岗位责任制，配备专职会计从业人员，会计岗位分工明确且互相监督制约？"

"我公司建立会计工作岗位责任制。在财务总监下设四个部门经理，分别管理：①应收款/税务部/出纳/总账/工资结算/开发票；②应付款；③财务及存货分析；④财务系统及报表管理。取得会计从业资格证书的财务人员有 29 人。会计岗位分工如组织结构图中列示，权责明确，相互制约，相互监督。会计账簿单证资料保存范围：会计凭证、明细及分类账、总账及会计报表等。保存年限为 15 年。会计核算为单独核算。专门财务人员编制报表，分月/季/年度报送。会计记录、审计报告等会计资料真实、准确、完整记录和反映进出口活动的有关情况。"

在回答完这个问题后，小王拿出了他们公司的"总分类账记账准则"和"会计管理准则"等，给海关人员检查，以便让海关稽查人员验证他们公司关于财务方面管控的严密性。

> 企业资料

总分类账记账准则

1. 描述

总分类账是对企业特定期间内所有经济业务会计处理的汇总。它包括会计科目表中的所有科目和从所有SAP模块中记入的业务。它是所有财务报告的基础。

2. 目的

（1）为财务报告在总分类账户中收集交易事项。在一个特定时期内，总分类账提供交易结果的详细说明。

（2）确保会计记录的及时性、合理性和正确性，使其同时满足管理和法律上的要求。

3. 内容

（1）会计循环（Accounting Cycle）是指会计履行的反复过程，从业务的认知到财务报表做成为止的所有过程。

（2）按照下面图表流程（如图4-11所示）识别和处理，财务报表就会做成。这个流程在每个会计期间都是相同的。会计循环过程也可以定义为包括会计资料的流动，会计行为的次序，记账顺序的循环过程。

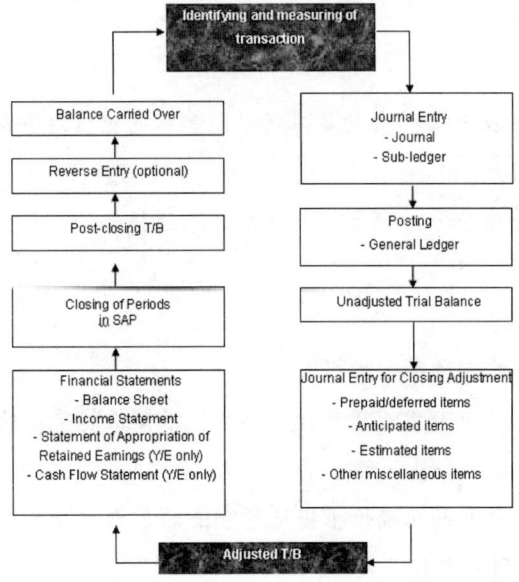

图4-11 会计循环

① 交易的识别和测定。

由日记账收集详细交易信息，并为可能的调整检查交易信息。

② 分类（Journal Entry）。

a. 根据往来在借方和贷方登记分类账按照科目记录的原则（分类账的原则），决定会计科目确保金额的会计行为。

b. 据分类初次记录到会计账簿，因此错误分类时紧接着发生会计测定错误和会计报告的异常。

③ 分类账（Journal）。

根据往来的发生顺序记录分类的账簿，也叫 Book of originalentry。

④ 记账（Posting）。

根据分类账等记录的往来按科目别结转各个科目。

⑤ 总账。

指设定科目的账簿里头包括企业全部的科目，即企业科目的总括叫企业科目的总账（GeneralLedger）。

⑥ 分类与记账的区分。

分类是指测定、分类、概括的过程，记录是指分类的按各会计科目别从新分类概括的过程。

⑦ 记账的作用。

a. 成为 B/S 及 P/L 作成的基础通过以其容易把握财务状态，及经营成果（财务会计侧面）。

b. 而且给管理会计（预算、管理结算）连接会计，税务会计等人员提供有关情报。

⑧ 试算平衡表。

a. 为审核总账制作的财务报表。

b. 所有往来正确分类，正确计入总账，根据借贷平衡的原则所有科目的借方合计应与贷方合计一致。

c. 即为确认总账的正确性根据借贷平衡的原则总账所有科目，借方合计应与贷方所有科目合计一致。

d. 结算前制定财务报表之前的准备阶段，在编制资产负债表与损益表之前制作试算平衡表来确认有无记账错误。

⑨ 结算调整。

a. 也称作期末调整，会计账最终结账之前进行修改分录补充作为企业的一般往来的分类账，总账，期末追加记账事项整理阶段。

b. 通过结算整理可以制作完整的财务报表，确定企业的财务状态和经营成果。

⑩ 财务报表。

表示一个企业财务状况及经济活动也可以给公司关联人员提供报告资料。而且可以成为利用情报者的经济性建议的源泉，课税的基础资料，分红的基础资料。

财务报表中最重要的是最能体现企业经济状况的资产负债表和损益表及现金流量表。

⑪ 决算分录。

a. 为了期末损益表科目的余额结转为"0"代替分录。

b. 资产负债表科目（资产，负债，资本科目）总账结账时余额结转次月记录，结转下个会计年度，不必要再作账，但损益表科目余额不结转下一个会计年度，在当期转成"0"，所以要记结转分录。

企业资料

会计管理规定

1. 描述

一旦货物已经发送给客户，定义与应收账款账户的创建、应收账款的收款、应收账款账户的调整和坏账相关的交易处理以及管理。

2. 目的

（1）为了在正常交易中建立并维护一个对应收账款账目的管理的标准。

（2）为了提高公司的现金流量。

（3）为了防止坏账。

（4）为了与客户在相互信任、相互理解的基础上，建立一种健康的关系。

（5）为了使公司的风险降到最小。

3. 内容

(1) 应收账款管理（海外经营管理准则）。

(2) 管理范围：对每个分公司/产品别的总应收账款和净应收账款和应收账款余额分别进行管理。

① 总应收账款：分公司和一般客户的应收账款。

② 净应收款：一般客户的应收账款。

③ 实际应收账款：净应收账款余额减去已销售的 A/R 金额。

④ 销售应收账余额：已售应收账之中客户即将要支付的金额。

(3) 债权天数。

① 管理净应收账天数：按照管理计划的天数管理。

② 债权金额/（前月+当月销售额）*65 日（注意：销售额包含增值税）。

a. 网络（network）使用 95 天。

b. 区分管理总债权天数与实际债权天数。

(4) 账期管理（Due Date）。

① 每张发票的 Due Date 不能进行延期修改（包括人为失误）。

修改付款条件时须确认 Due Date 的准确性。

② 应收账款发生时，必须正确的运营和执行 Due Date。

③ 按照与标准一致并且得到客户认可的 Due Date 进行冲减。

a. 使用了 B/R 并且原始 AR 的 Due Date 还未到期：设置为原始 AR 的 Due Date。

b. 未使用 B/R 或 AR 所使用的 B/R 已经清账：根据付款条件计算 DueDate（从 CreditBilling Date 开始，根据付款条件计算 Due Date，使用相同的付款条件进行设置）。

(5) A/R 分类。

① 目标：一般 A/R（法人 A/R 除外）。

② 按账龄将超期 A/R 分为短期 A/R 和长期 A/R，超期比率超 100% 将被归类问题 A/R 并影响法人评价，问题 A/R 需要从债权 A/R 科目转入相关问题 A/R 科目。

(6) 判断基准。

① 一般 A/RAR 在账期内。

② 超期 A/R 短期 A/R 超期 31 天以内，长期 A/R 超期 33 天以上，长期 A/R 比率 100%。

③ 事故通知：已投保 A/R 处理延期或已经在征集中。

④ 委托收款：申请征集可以接受的第三方代理商。

⑤ 诉讼：被法院受理时问题 A/R。

⑥ 破产：由于客户破产导致 A/R 无法收回时。

(7) 不良应收账款管理。

① 未履行 A/R 区分为长期 A/R 和不振 A/R 进行管理。

a. 长期 A/R：按照账期基准，超账期在 33~92 天并处于正常状态的。

b. 不振 A/R：分为 Bad AR（超账期在 93 天以上）和问题 A/R。

c. 问题 A/R：由于客户没有偿还能力，保险公司就 A/R 提出事故通知时，会要求征集第三方代理商，诉讼被受理或进入破产程序。

d. 未履行 AR 超过 USD 60,000 时，必须在系统中录入原因和对策（每月一次）。

② 未履行 AR 的目标比率：净 A/R 率低于 2.5%（未履行 AR 比率计算应从未履行 A/R 中扣分问题。净 A/R 应控制在 0%）。

③ 在发生问题 A/R 时应立即报告（审批权限规定）

a. 问题 A/R 超过 USD 200,000 时：需法人审批→地区总经理审批→通报 HQ。

b. 问题 A/R 低于 USD 200,000 时：需法人审批→通报地区总经理和 HQ。

c. 问题 A/R 超过 USD 20,000 时，需法人审批，问题 AR 低于 USD 20,000 时，须管理部经理审批。

d. 问题 A/R 低于 USD 20,000 的小金额时，提交审批→汇总报告（每月一次、需法人审批）。

④ 已向 HQ 报告的问题 A/R 应在报告当月转入事故通知相关科目：征集第三方代理商，诉讼，及破产。（如无法转入相关科目，相关 A/R 应在取得 HQ 审批后持续管理）。

⑤ 报告问题 A/R 后如有任何变动，包括征集可收回部分，或收到保险公司付款，或确认为坏账，须立即通报地区总经理和 HQ。

4. 注意点

如果注意到收款迟缓应立即关注，并通过对某些细节的确认，按照总部的政策进行处理

5. 工作分类

（1）产生应收账款每天打印出前一天已发货的发票。

（2）给客户邮寄发票。

（3）应收账款调整为客户发生的费用、商品广告、项目、价格等创建借、贷通知单。

（4）由于退款、调整和坏帐而冲销应收账款。

（5）应收账款收回从银行的现金收款直接下载计入客户账户。

（6）手动把电汇收款录入到客户账户。

（7）应收账款清账把支票和发票，借项通知单，费用返还等。

（8）若有必要，生成费用返还。

（9）应收账款结账检查当期客户账户中所有清算项、借贷通知单和将要完成的调整。

（10）检查锁定的总账科目余额为零。

稽查人员在看完资料后接着问："系统记录是否真实有效？是否有效运转中？系统数据如何保证完整可靠性？"

"信息系统使用的是公司内部开发的ERP系统，是综合的企业管理信息系统，它包括财务模块、物流模块、生产模块、仓库模块等。ERP系统各个模块高度集成，并配合相关业务流程实现自动化和准确性，从而有效地保证公司运行。公司技术部门每月底会将数据整理压缩备份，以保证数据的安全性。"

稽查人员跟小王去了公司技术部门，详细看了ERP系统物流模块的运作情况。公司的ERP系统已经发展得很全面，货物入库时已经不需要手动输入实际入库量，入库数量已经从采购系统中导入，仓库部门所需要做的只是确认数量后用条码枪扫一下即可。关于数据安全方面，小王告诉稽查人员，公司的内部系统是通过物理防火墙完全隔离的，内部系统只能通过内部网络才能登录，而且安全控制程序也十分可靠，不会出现影响数据完

整可靠性的情况。

了解完技术的相关情况后,稽查人员又问:"具备进出口单证复核或其他纠错控制制度或程序吗?"

"我公司有进出口单证复核或其他纠错控制制度或程序:在申报前或委托申报前由执行委托的报关行执行人对进出口单证涉及的价格、归类、数量、品名、规格等内容的真实性、准确性和规范性进行初步审核,并由相关主管对应进行复核。我物流部指定的专人每天对委托信息进行抽查形式的内部复核监督,抽查内容以高金额、新品名为主,以防止或减少错报、漏报等错误操作。

在深加工结转申报前,有专人负责根据从收料系统和成品出货系统中拉出的收货或出货明细,与供应商或客户相关负责人员核对;在双方核对料号、数量、价格、归类等信息完全一致后,才会做相应的报关资料;另外报关公司在申报到 H2000 前,会将公司提供的报关资料与公司申报海关系统的电子数据进行核对,核对无误后才会进行申报。

公司设立物流控制制度或程序:与进出口活动有关的货物管理制度,包括一般贸易货物、保税货物、特定减免税货物、其他货物,都有完整的进出口记录;对于保税货物,用系统记录其进出口记录,公司 ERP 系统记录完整的收料/仓储/发料/生产使用/制成品情况/成品发货记录等;对于特定减免税货物有专门的设备管理流程进行控制,并加贴管理铭牌对其进行跟踪管理。同时公司有 EPP(电子资产放行管理系统),对非正常出货必须获得物流事务部门的批准,以便于加强对保税工厂管理的控制。

海关监管货物、非海关监管货物进行分别管理,原材料仓库在收料时根据系统 PO 对应的供应商代码后缀(非 CY 及 CY)来区分保税/非保税物料,并对其分开存放。仓库定期内部盘点,确定仓库库存数据,年终还有会计师事务所及海关盘点进行核对。"

小王回答了这些后,向稽查人员提供了公司的"进口规程"、"出口规程"和"E 账册管理规程"。

小王在海关稽查的日子——企业如何配合海关稽查

企业资料

进口规程

1. 描述
在进口报关中，确定作为应税基础的报关金额的程序。

2. 目的
预防进口货物由不适当的定价（相对于通常认可的定价原则）而导致的处罚或损失。

3. 内容
（1）在申报前，所有影响应税金额的因素都应被确认。

（2）海关法律规定应计入应税金额的，例如进口货物的特许权使用费，需在进口申报相关货物前被确认。

（3）不应计入应税金额的，例如安装费，也需要在进口申报前被确认。

4. 注意点
（1）确认是否有开发费，模具费，无偿提供原资材费，特许权使用费，维修费，操作费。

（2）确认到港后发生的扣除因素（如内陆费，安装费，教育培训费等）。

（3）确认进口货物的运费和保费，确认额外的或地方性法规的因素。

（4）确认免费提供货物是否定价适当。

（5）货物全险的情况，确认是否按照实际保险费基准申报。

（6）免费提供的货物以实际价值申报。

5. 进口流程

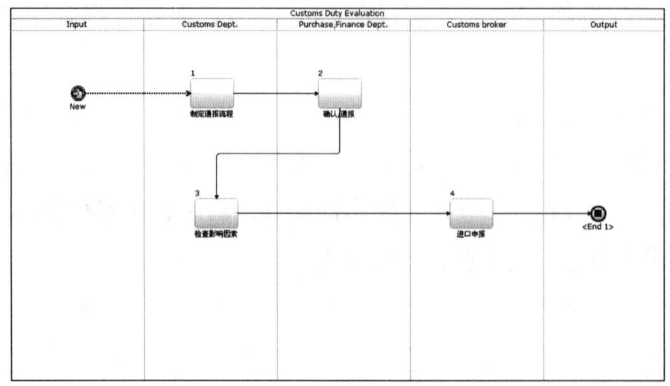

图4-12 进口流程

Who：海关事务。

When：发生相应事项时。

海关事务制定通报流程：但采购部门，财务部门发生影响征税金额的因素时，采购部门，财务部门应通知给通关部门。

Who：采购部门，财务部门。

When：发生相应事项时。

(1) 在进口通关时，以下因素加入到发票金额中：

① 除购货佣金以外的佣金和经纪费。

② 与该货物视为一体的容器费用。

③ 包装材料费用和包装劳务费用。

④ 与进口货物的生产和向中华人民共和国境内销售有关的，由买方以免费或者以低于成本的方式提供，并可以按适当比例分摊的下列货物或者服务的价值：

a. 进口货物包含的材料、部件、零件和类似货物；

b. 在生产进口货物过程中使用的工具、模具和类似货物；

c. 在生产进口货物过程中消耗的材料；

d. 在境外进行的为生产进口货物所需的工程设计、技术研发、工艺及制图等相关服务。

⑤ 买方需向卖方或者有关方直接或者间接支付的特许权使用费，但是符合下列情形之一的除外：

a. 特许权使用费与该货物无关；

b. 特许权使用费的支付不构成该货物向中华人民共和国境内销售的条件。

⑥ 卖方直接或者间接从买方对该货物进口后销售、处置或者使用所得中获得的收益。扣除货物进口后发生的建设、安装、装配、维修或者技术援助费用，（但是保修费用除外），然而需在发票上准确注明扣除金额。扣除进口货物运抵中华人民共和国境内输入地点起卸后发生的运输及其相关费用、保险费。扣除进口关税、进口环节海关代征税及其他国内税。采购部门和财务部门确认，进口货物的款项是否与出口方的债务相抵。财务部门确认出口方是否有用进口的货物偿还第三方的债权。确认是否有根据出

口方的要求，把进口货物的部分款项支付给第三方，或提供相当于其金额的服务费。

（2）确定无商业价值货物的应税金额参照如下：

① 以同样货物的通关价值申报无商业价值的货物；如果是开发阶段的货物，无实际报关价值，则以相似货物。

② 如果没有可供估价的信息，并且此无商业价值货物是广泛交易的，可在网上找到此货物价格。

③ 如果没有任何信息（相同货物，相似货物，网上价格）来估价，基于原材料合理成本估价。

④ 和报关单一起保存所有在估价中使用的证据，以便今后税务机关可能的追溯稽查。

（3）确认是否受特殊关系影响，只要是关联方的交易。

Who：海关事务。

When：收到采购部门，财务部门的通知后。

① 海关事务检查影响应税金额的决定因素，部分可能因素，转发给报关公司来进行进口报关。

② 管理海关估价记录。

Who：报关公司职员。

When：收到海关事务的通知。

报关公司严格按照海关事务的通知进口报关。

企业资料

出口规程

1. 描述

出口管制是指管控可以用于制造，开发，使用，存储运输武器的货物的进出口的程序。

2. 目的

预防违反特定国家的法律，尤其是源于部分关键国家的战略物资，可能导致对公司的处罚或受到主要部门的制裁形式，例如暂缓出口一定期限。

3. 内容

（1）战略物资是指货物在出口管控，国际规则（华沙公约，核供应国集团，导弹技术管制制度，澳大利亚集团等）中分类为控制项目（包括材料，附件，设备和零件），软件和技术，在出口前需确认。

（2）战略物资可被使用于开发和生产、使用、运输大规模杀伤性武器。尽管国际规则中，出口项目没有被归类为管控项目，终端使用者或通过各种方法难以确定的终端使用者可能会要求提供出口许可证。

（3）在战略物资和也适用的管控中，出口方需从政府代理机构申请许可证，并通知出口详细内容给相关代理。项目适用于这些条款的：通知对方。

4. 注意点

（1）必须根据各自国家的法律确认设备是否属于管控项目。

（2）必须通过 ERP 系统管理管控项目。

（3）必须确认管控设备是否从部分关键国家购买。

（4）必须取得各国家的批准，并把批准的结果输入 ERP 系统。

（5）必须通知制造商复出口项目。

（6）必须确认买方是否在限制清单上。

5. 出口流程

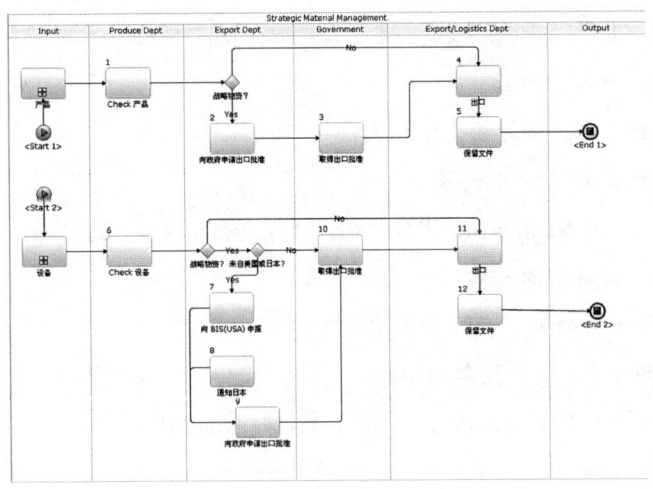

图 4-13　出口流程

(1) Step 1：Check 产品。

Who：(P) Production P/L，(L) Logistics P/L，(L) Logistics ExportP/L。

When：当货物完成生产时。

制造部门的（P) Production P/L 和出口部门的（L) Logistics P/L，(L) Logistics ExportP/L 确定产品分类。

(2) Step 2：向政府申请出口批准。

Who：(L) Logistics P/L，(L) Logistics ExportP/L。

When：在出口前。

当货物归类为战略物资时，必须向政府申请并取得政府的出口批准（当有法律规定时）。

(3) Step 3：取得出口批准。

Who：政府相关部门，(L) Logistics P/L，(L) Logistics ExportP/L。

When：当政府批准出口时。

当政府批准出口时，应及时取得政府的出口批准。

(4) Step 4：出口。

Who：(L) Logistics P/L，(L) Logistics ExportP/L。

When：货物和资料齐全后。

当货物和资料齐全后，出口部门按规定执行。

(5) Step 5：保留文件。

Who：(L) Logistics P/L，(L) Logistics ExportP/L。

When：货物出口后。

货物出口后，保留相关留档文件。

(6) Step 6：Check 设备。

Who：(P) Maintenance P/L，(L) Logistics P/L，(L) Logistics Expor。

When：设备要再出口时。

设备要再出口时，确定设备分类。

(7) Step 7：向管控部门申报。

Who：(L) Logistics P/L，(L) Logistics ExportP/L。

When：出口前。

如果受管制的设备的原产地是某些关键国家，必须向管控部门进行申报。

（8）Step 8：通知制造商。

Who：（L）Logistics P/L，（L）Logistics ExportP/L。

When：出口前。

如果管制设备原产于某些关键国家，必须通知制造商。

（9）Step 9：向政府申请出口批准。

Who：（L）Logistics P/L，（L）Logistics ExportP/L。

When：出口前。

当设备归类为战略物资时，必须向政府申请并取得政府的出口批准。

（10）Step 10：取得出口批准。

Who：政府相关部门，（L）Logistics P/L，（L）Logistics ExportP/L。

When：政府批准出口时。

当政府批准出口时，应及时取得政府的出口批准。

（11）Step 11：出口。

Who：（L）Logistics P/L，（L）Logistics ExportP/L。

When：货物和资料齐全后。

当货物和资料齐全后，出口部门的（L）Logistics P/L，（L）Logistics ExportP/L 安排出口。

（12）Step 12：保留文件。

Who：（L）Logistics P/L，（L）Logistics ExportP/L。

When：出口后。

出口后，保留相关留档文件。

4. 参照准则

（1）限制名单网站。

（2）两用物项和技术进出口管制政务平台。

（3）商务部、海关总署令2005年第29号（《两用物项和技术进出口许可证管理办法》）。

（4）商务部、海关总署公告2011年第101号发布《两用物项和技术进出口许可证管理目录》。

（5）两用物项和技术进出口许可证管理目录2012。

企业资料

E 账册管理规程

1. 描述

E 账册管理包含账册备案，变更，分批报送，正式报核等业务，以及对 E 账册的维护。

2. 目的

（1）通过对 E 账册的管理，使我公司货物能及时进口和出口。

（2）通过对 E 账册的管理，使我公司能及时，准确的办理核销业务。

3. 内容

（1）遵守国家的相关法律法规。

（2）办理 E 账册备案，变更业务，必须提前告知 E 账册维护人员。

（3）需在海关规定的期限内完成 E 账册的报核。

4. 注意点

（1）有 E 账册的备案业务时，是否及时通过；如果未能通过，需确认未通过的原因，咨询海关人员或技术人员。

（2）提供的备案资料是否齐全。

（3）是否在海关规定的期限内完成分批报送，预报核和正式报核业务。

（4）核销数据，海关批准文件是否保存完整。

5. 业务流程

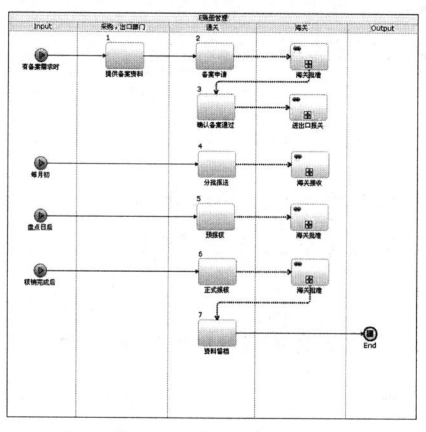

图 4-14　业务流程

第四章 "验证式"稽查提升了我们的资质

（1）Step 1：提供备案资料。

Who：（M）Procurement（Foreign）P/L，（M）Procurement（Local）P/L，（L）Logistics P/L，（L）Logistics Export P/L。

When：有备案需求时。

有备案需求时，采购部门和出口部门需提供备案所需资料。

（2）Step 2：备案申请。

Who：海关事务 P/L。

When：提供备案资料时。

（Y）海关事务 P/L 审核备案资料，向海关提交备案申请。

（3）Step 3：确认备案通过。

Who：海关事务 P/L。

When：海关批准后。

确认备案是否通过。

（4）Step 4：分批报送。

Who：海关事务 P/L。

When：每月初。

（Y）海关事务 P/L 按月向海关报送上月进出口报关单号码。

（5）Step 5：预报核。

Who：海关事务 P/L。

When：盘点日后。

盘点日后 2 月内，向海关报送核销期内所有报关单。

（6）Step 6：正式报核。

Who：海关事务 P/L。

When：核销完成后。

核销完成后，再通过 E 账册申报实际耗用原料，应剩余原料，实际剩余原料。

（7）Step 7：资料留档。

Who：海关事务 P/L。

When：海关批准报核后。

海关批准报核后，应整理并留档相关资料和海关批准文件。

小王在海关稽查的日子——企业如何配合海关稽查

了解完以上资料后,稽查人员又问公司是否具有物流代理控制制度或程序?

"我司具有进出口代理业务控制制度规定,公司与进出口代理在开展业务前,对其业务操作能力、海关信誉记录等各方面进行审核,确定其代理资格,并在日常业务操作中进行评估。进出口代理对实际收发货人委托事项进行书面审核,必要时在海关申报前确认实际货物后进行申报。同时,公司收料仓在实际收货时,记录收料差异,并由物料部门推动供应商持续改善。"

小王在告诉稽查人员公司的进出口物流管理规定后,将公司的"物流管理规程"拿给了稽查人员查看。

企业资料

物流管理规程

1. **描述**

综合的供应链管理流程,包括从供应商(OEM、工厂等)将购买的或生产的货物装运时起,到该货物出售给法人的销售商/客户时止,生产计划及掌控、物理库存计算、最佳库存水平管理、运输公司管理、位置管理、关于货物接收的配送计划、通关、仓储、发送及退货,所有返品(成品/半导体)和售后服务的全部流程。

2. **目的**

(1) 以更低的成本将商人及分销商要求的货物准确快捷地发送,使客户满意,以达到销售目标。

(2) 通过库存水平最小化,以降低库存维护成本(仓储成本、仓库维护成本及运输成本)。

(3) 通过发现无增加值或多余的工作及活动,以降低成本,然后去除这些低效活动。

(4) 反向物流过程标准化,通过物流管理和优化返品物流网络,管理全部返品物流活动,降低成本。

3. **内容**

(1) 客户满意。

① 迅速回复客户所有请求。

② 单一渠道解决客户问题及请求。

③ 使用整合了来自客户、销售人员及网上实时的单独安全渠道信息，并提供负责供应链管理的员工。

④ 向客户保证服务与产品的质量。

（2）建立有效、高效的供应链。

① 建立整合系统，在采购、运输提供商、物流及运输公司内部建立联系，为销售商服务。

② 持有建设性及创造性态度，通过系统实时共享信息。

③ 在双赢关系下建立双方业务联系。

④ 通过弹性物流流程及更新的系统，设计及建立供应链。

4. **供应链管理流程**

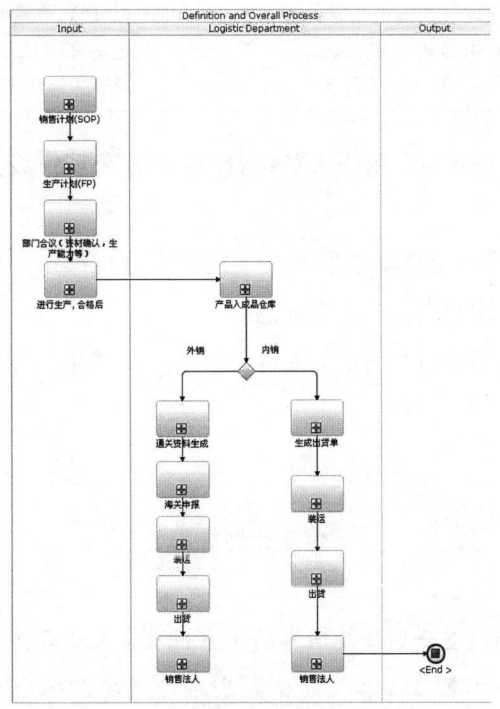

图4-15 供应链管理流程

5. **Logistics outsourcing**

寻找专门的物流公司应对整个公司的物流需求（详见表4-2）。

(1) 公司负责生产和销售，物流公司承担物流工作。
(2) 公司从事生产，物流公司从事外发、送货至客户等工作。
(3) 公司只与一家物流公司签订物流合同。
(4) 账单月结。

表4-2 物流需求

分 类	之 前	之 后
成 本	成本降低主要在于各个单独的运输公司的成本多个供应商/单独磋商。	总的物流成本降低—单一集中的物流公司/集中协商。
速 度	多个供应商—多阶段配送： (1) 主要是进口。 (2) L/T 缩短。	单个供应商—送货上门： (1) 减少供应中订货至交货总体时间。 (2) 平均和误差控制。
角色/SVC	以物流为基础的简单运作： (1) 有限的可视性。 (2) 通过经验提高效率。	以战略/计划为基础的物流： (1) 完全可视性。 (2) 通过先进的3PL运作提高效率。

了解完以上资料后，稽查人员接着问："你公司产线上控制规定管理如何？"

"我公司生产线上严格按照产线规定要求进行操作。从生产计划规程到产线生产操作均有成文规定来规范。"

随后小王找了公司产线负责人将公司的产线"生产计划规程"表拿给了稽查人员验证。

企业资料

生产计划规程

1. 描述

(1) 年度的经营计划涉及所有的生产过程，确定年度销售目标，生产人力，设备能力测算，设备、线体或基础设施的新的投资分析，原材料（内资/外资）采购、在库以及利润的预测。

(2) 生产过程是从通过 ERP 接受 PO 的过程开始，依据 MRP 采购生产用资材，生产会议后制订生产计划，召开生产会议和运用 FP 程序调整生产计划，资材出库，制造过程，生产实绩确认，出库品质控制过程，成品装运过程,销售文件和通关,成品发运和 Billing 过程。

2. 目的

(1) 确保从 PO 接受开始,到资材采购,生产计划制订,制造,直到出口销售等过程能够有效率和有效果地执行。

(2) 通过有效利用所有资源,满足客户在数量和纳期等方面的需求。

3. 内容

(1) 生产计划应与 ERP 保持一致。

(2) MRP 数量应与 ERP 保持一致。

(3) 紧急订单需要通过 GOOC 认可(GOOC 应先手动修改 ERP)。

(4) 短期生产计划应通过 FP 程序来制订。

(5) 为满足客户需求,OTD 指标要超过 98%,Back order 最小化。

(6) 从 PO 确认到出口之间,Lead time 应控制在 2 周之内。

(7) 每周五晚上 7:00 前必须输入基础数据(关键资材、线体产能、模具产能)。

(8) 每周一 11:00 前必须输入基础数据。

(9) 4 日以内固定计划不允许变动。

(10) BOM 表必须在生产前 13 周登录。

(11) BOM 表必须在生产之前 15 天登录,KOR 向 CTO MODEL BOM 表可以在生产之前 3 天登录。

(12) 生产数量应与确认的订单(P/O 或 L/C)保持一致。

4. 注意点

表 4-3 注意点

生产计划检查点	详述
客户订单优先次序	(1) 检查客户要求的 ETD & ETA。 (2) 检查装船截止日期。 (3) 装船截止日期之前是否完成生产计划。 (4) 按照生产计划安排装船计划。 (5) 如果发生生产计划上的问题,寻找能够满足客户 ETA 的其他船期。

续表

生产计划检查点	详述
L/C	(1) 根据 ERP 查看直接 order 清单。 (2) 从本社 Marketing 确认 L/C number 及 L/C 复印件。 (3) 与银行确认 L/C number。 (4) 从银行接受正本 L/C。 (5) 生产计划型号、数量要与正本 L/C 的型号、数量一致。
P/O 确认	(1) 确认型号，数量，目的地，单价，交货期。 (2) 确认手动 P/O 或自动 P/O。 (3) 生产计划数量与 P/O 数量是否一致。
库存现况	(1) 库存实际数量与系统记录是否一致。 (2) 长期库存控制在两周内。
生产线体、型号别生产能力	(1) 生产线体、型号别每天生产量。 (2) 包括 model 别转换时的流失。 (3) 主要协作厂家的供货能力。 (4) 生产线体的生产能力。 (5) AIM&SMD Line 的生产能力。 (6) Jig 和设备的状态。 (7) 如果发生生产能力上的问题，通知 GOOC 不能生产的型号明细，要求更改 ETD & ETA。
新型号	(1) 新型号的 T/T。 (2) 新资材库存的准备情况。 (3) 标准成本估算。 (4) 生产 12 周之前，对 L/T 较长的核心资材进行 BOM 表登录。 (5) 作业式样书、指导书及相关技术资料必须在生产前 11 天完成。
Master data	(1) Work Center 与 Work Center 相关的工作时间、T/T 等基本数据。 (2) 工作时间和 T/T 应及时更新。 (3) 错误的工作时间和 T/T 将导致错误的生产计划。 (4) Routing 必须保证 100% 准确。
Factory Plan	(1) 实现短期的实行计划。 (2) 确定的生产计划生成 Pro. Order，生产必须按照已承认的生产计划进行。 (3) 确认 D-1 计划是否 100% 达成。 (4) GMES 与 GERP 生产量是否一致。 (5) 根据日别计划确定每天的工作时间（小时数）。 (6) 生产顺序必须要和 FP 保持一致。 (7) FP、GMES 和 GERP 里面的生产数据保持一致。

续表

生产计划检查点	详述
生产计划执行	(1) 生产计划执行程度和生产计划更新程度。 (2) 日生产计划问题：如果生产能力不足，要加班完成生产计划。如当天生产量不足安排其他事宜。 (3) 当资材不足，送货延迟或协作厂家问题时，未固定的生产计划可以调整。 (4) 当品质事故发生，要减少生产量时，未固定的生产计划可以调整。 (5) 日别生产报告，延时计划，问题点和解决方案。 (6) 在生产会上与相关部门确认，确保生产计划可正常执行。
例外订单（增加）	(1) 确认生产线和协作厂家的生产能力，是否需要加班达成新增的例外订单（新产品）。 (2) 如果生产能力不足，再与GOOC检讨。 (3) 确认资材是否短缺。 (4) 如果资材短缺，再与GOOC检讨。
例外生产计划（减少）	(1) 确认生产状态，半成品、成品。 (2) 资材是否会变成长期库存。 (3) 进行状况与GOOC检讨。
核心部品供给流程	(1) 协作厂家供应能力，递送流程。 (2) 预定计划与预测。
设备能力	更新设备能力。
订单需求	(1) 核对ERP与实际订单。 (2) 问题点与对策（生产能力，资材短缺）。 (3) 计划 & 实际。 (4) 核对POP与P/O，如果不一致，与GOOC检讨。 (5) 确认下4个月预测的数据。 (6) 确认需求订单的优先次序。

5. 生产计划流程

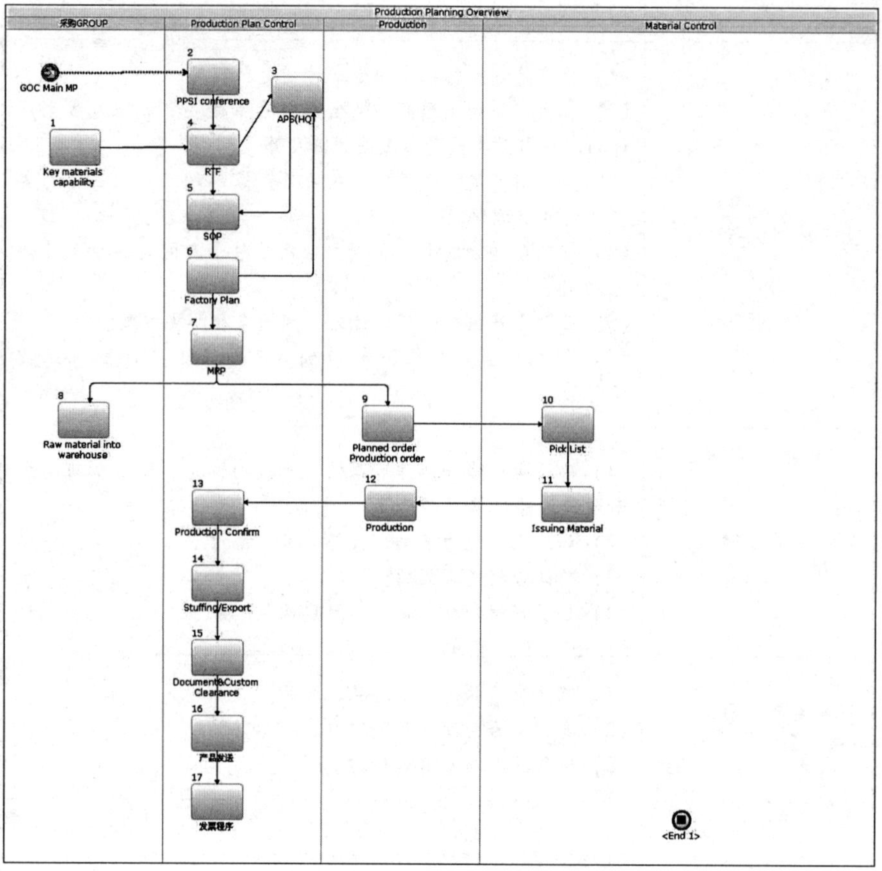

图 4-16　生产计划流程

了解完以上资料后，稽查人员接着问："是否具备内审制度？对发现问题及时规范纠错，对进出口业务内审发现问题是否及时进行内部整改或完善有关内部控制？"

"我公司设立完善的内部审计制度，部门内部设有合规部，对日常业务操作进行指导并监督其执行情况，同时我公司设立亚洲区贸易规范团队，直接汇报给总部副总裁领导的全球贸易规范部，该部门定期对中国公司进行海关事务与贸易规范管理方面的审核。请参阅随附组织结构图及相应的内部评审流程。

对于在内部评审中发现的问题立即进行整改，并提出相应的措施和流程，如对于中文品名翻译上存在问题，已开发内部程序，通过各个环节的控制以提高翻译的准确率。"

海关稽查人员在询问完内控方面的一些问题，并查看了相应的内控文件后，提出要去查看相应的内控文件制度的执行情况。于是小王又按照稽查人员的要求，将对应的内控文件制度的执行记录一一提供给了稽查人员。稽查人员查看后，又提出了要去看一票进口的操作文件和一票出口的操作文件，好在小王公司操作管理规范，稽查人员在小王的陪同下对整个进出流程的文件逐一查看后，终于点点头，说内控方面基本没有什么问题，内控方面的稽查通过了。听到海关稽查人员这么说，小王终于松了一口气，忙了一整天，不就为了听到这个结果嘛！内控方面的稽查终于结束了，小王很开心，但也没有彻底放下心，下面要开始贸易安全方面的稽查验证，需要好好准备。

（二）贸易安全指标验证

贸易安全是验证稽查测试认证的一个重要组成部分，主要是对企业贸易安全的管控制度进行测试，贸易安全不仅仅是企业对于货物运输、存放的安全，还包括对企业在反恐方面的安全控制情况。在美国"9·11"事件之后，各国对恐怖事件的重视程度日益加深，因此反恐安全也开始作为企业的一个急需管控的部分成为了贸易安全的一个重要组成部分。在国际贸易中，AA类企业享有的优惠政策在很大程度上能够使企业在进出口时免于进行日常的检查，所以为避免货物安全或者反恐安全方面的事件发生，需要有足够的安全控制和应急措施来有效的规避风险。

海关提醒

"验证式"稽查关于贸易安全的指标

对贸易安全方面的验证有八个方面，分别为：场所安全、进入控制、人员安全、商业伙伴安全、货物与集装箱安全、运输工具安全、信息技术安全、危机管理情况。验证的方式主要是通过询问，穿插查看文件记录和实地检查。

小王在海关稽查的日子——企业如何配合海关稽查

因为贸易安全所涉及的内容很多，所以稽查人员告诉小王，验证的方式主要是通过询问、查阅文件记录、实地察看三个步骤进行。具体将针对公司场所安全、进入控制、人员安全、商业伙伴安全、货物与集装箱安全、运输工具安全、信息技术安全、危机管理情况八个方面的安全指标进行了详细验证，并让小王预先将公司的有关这些方面的资料准备一下。

等稽查人员走后，小王心想，海关稽查人员所说的八个方面，他都略微知道一点，但是具体的管控措施只有相应的部门才知道，具体验证的时候，必须由相关部门的负责人来向海关稽查人员说明才能更清楚。随后，小王将海关要对公司贸易安全方面进行验证测试的情况向总经理作了汇报，总经理知晓后，由他牵头，组织各相关部门负责人召开了一个会议，会议中明确了稽查人员提出的八个方面的贸易安全分别由哪几个部门负责，并要求相关部门负责人准备好针对八个方面贸易安全的相关材料，以便稽查人员开展稽查。会议开完后，各部门负责人就回去准备了，小王也开始着手准备第二天所要的资料。

第二天，稽查人员来到小王公司，开始对小王公司的贸易安全管控进行验证测试。

1. 场所安全：是否具备场所安全措施

场所安全是由公司的安保部门负责的，所以这块小王就安排由安保部门的负责人来应对海关稽查人员提出的问题。

稽查人员问："你公司货物处理和存储的设施周围有没有与外部隔离的设施？"

"有的，我公司货物处理和存储都是在公司厂房内的，有单独的仓库和处理区域，进出该区域都必须通过安全门刷卡才能进出，而且刷卡必须要有相应的权限才能开门。一般只有仓库和处理人员才能有相应的权限。"

"你公司有没有相应的人员来定期检查这些场所和隔离设施？"

"有的，我们公司的安保部，每天都会定时有专人巡逻公司全厂，如果发现有隔离设施出现问题，比如说安全门坏了，都会第一时间作记录并汇报反映，对其进行修理或者更换。"

"对于门禁刷卡、定期巡逻,你公司是不是有相应的文件制度规定?巡逻后发现问题所作的记录你公司是否有留档?请提供相应的文件以便确认核实。"

"有的,门禁刷卡、定期巡逻这些在我公司 PPS 文件(Product Protection Standards)上有,巡逻记录在我司设备部和安保部都有,我们可以提供这些相应的文件材料。"

"你公司车辆或人员进出厂门有没有什么管理措施?"

"我公司进出厂人员有两种,一种就是公司内部员工,另一种是外部访客。按照我公司的进出控制制度,公司内部员工进出工厂需要携带公司员工胸牌,上有员工照片。外部访客进入公司,首先需要提前一天申请,并将个人姓名等资料提供给公司相关人员,由相关人员负责录入访客系统,第二天进入公司时,需要提供身份证等有效证件来验证身份,方可得到授权进入,公司门口保安会在门口比对来访者的身份信息,确认无误后会发访客卡给对应访客,每人一张。"

"那访客卡与员工内部卡有不同之处吗?能否一眼辨别在公司的人员是访客还是内部员工呢?"

"有不同之处,访客卡与员工卡本身就有区别,员工卡上有员工照片,访客卡上并没有,而且访客卡的系带是红色的,员工卡的是绿色的。公司要求所有人员在进入公司后必须将身份卡挂在身上,以便一眼就能区分访客还是员工。"

"你公司车辆进出工厂是怎么管理的?"

"车辆分三种,一种是内部员工私车,一种是货车,一种是访客车辆。内部员工私家车会根据员工申请,给每辆车一张出入许可证,许可证与车牌一一对应,员工私家车必须有了出入许可证才能进出工厂。货车则是公司内部物流系统管理的,每批货物在进出工厂前,必须先预录入运输车辆的车牌、司机资料等信息,完成登记后,才能在公司门口保安处领取临时货车通行证,方可进入。访客车辆则也是要提前一天申请,将车牌号、访客人员信息一起提交给保安部备案,第二天才能根据备案信息领取临时访客出入证后进出公司。"

"这些车辆和人员进出你们工厂有没有什么相关的制度文件?进出的

登记资料是否保存？有的话请提供相关文件资料。"

"有管理的，在我公司的 PPS 文件上有关于车辆和人员进出的控制的内容，而且我公司关于人员和车辆进出工厂都在系统中有留档备案，包括人员进出登记表和进出车辆登记表。"

"你公司的私车有专门的停放车位吗？"

"有的，我们公司私车有专门的停放和行驶区域，货车也有专门的停放和行驶区域，两个区域互不重合。"

"那会不会有私车开到货车区域或者货车开到私车区域的情况发生？"

"我公司没有发生过这种情况，因为货车区域都有专门人员看管，如果发生上述情况，相关人员都会在第一时间让非法进入的车辆离开。"

"你公司对于厂房安全方面是怎么管理的？"

"我公司厂房没有可开启的窗户，进出厂房必须通过门禁刷卡，门禁处也有专人看守，以防出现不刷卡进出公司的情况发生。"

"你公司有没有专人对厂房安全方面进行巡查？"

"有的，我公司安保部门有派人定期巡逻，发现厂房安全方面的问题会第一时间登记并联系相关部门处理。"

"你公司关于需要内部控制的文件或者重要物品，比如说公章之类的是怎么管理的？"

"我公司对于重要物品有对应的管控制度，根据规定制度，要存放在上锁设备中，上锁设备和对应钥匙有专人来负责管理。相关物品使用前必须向负责人申请，得到批准后方可使用，使用时要登记，使用后要尽快归还并由专人上锁保存。我公司对应的记录有重要物品使用该记录、公章使用记录和钥匙使用管理记录，如果需要可以查看。"

"你公司除了有保安定期巡查外，有没有其他措施来对公司的出入口、货物处理及储存区等关键区域进行管控？"

"我公司对进出口、货物处理及储存区等关键区域都设置了监控摄像头，24 小时监控，监控录像保留 2 个月。"

"一共有多少个摄像头，仓库中有几个？摄像头覆盖情况如何？"

"一共有78个摄像头,仓库分为成品、原材料仓,成品仓有7个,原材料仓库有12个。摄像头基本对仓库全覆盖。"

问完第一部分的问题后,稽查人员要求安保部门负责人提供刚才所提到的内控制度文件以及相应的记录。在核实确认完相应的记录后,稽查人员去实地查看了货物存储和处理区域的安全情况、公私车辆的区域划分情况、清点了仓库摄像头数量、查看摄像头布置有无监控死角等情况;同时还去了监控室,调取了2天前公司几个关键区域的监控录像,对摄像头的运作情况进行了查看,均未发现存在问题。

2. 进出控制:是否具备人员进出安全控制

进出控制也是有公司的安保部门负责的,所以还是由安保部门对稽查人员提出的问题进行回答。

稽查人员问:"你公司的员工身份卡除了进出公司大门以外,还对其进入公司其他区域进行限制吗?"

"有限制的,我们公司的员工身份卡除了在公司大门作为身份识别以外,在公司内部,各个区域也都是需要通过刷员工身份卡才能进出。而且不同部门的员工,得到的授权是不同的。例如,公司财务部门的员工就只能进出公司办公区域的大楼,无法进出公司仓库及生产等其他区域,而公司仓库的员工,仅仅能够进出公司仓库区域,办公大楼或生产等其他区域则是无法进入的。没有相应的权限,是无法刷卡打开门禁的。"

"对于访客,进出你公司,或者在公司里活动时,你们有什么要求?"

"访客进出我公司时的要求已经在之前的场所安全部分讲过,需要申请、确认、登记、发卡后方可进入我公司。访客进入公司后,必须要有公司内部员工全程陪同,以避免出现意外情况。"

"如果访客没有按照要求将访客卡挂在身上,而且也没有与公司内部员工走在一起的话,你们公司员工发现这个人,会怎么办?"

"我们公司这方面的管控非常严格,一般不会出现这种陌生人独自在公司内部的情况发生。万一出现这种情况,公司员工会上去询问,确认身份,如果发现可疑会第一时间联系保安。保安也会第一时间赶到现场,询问并驱逐可疑人物。之后保安也会将这情况写在一天的事故报告中,留档

小王在海关稽查的日子——企业如何配合海关稽查

备查。"

问完这些后,稽查人员让安保部门负责人提供公司管控人员进出工厂的相关流程制度和保安的事故报告记录进行核实。在确认完毕之后,又让安保部门调取了门口摄像头的监控录像,查看门口保安是否严格按照公司人员进出工厂的管控制度来执行。稽查人员抽了3天前的一段录像,录像上面显示的保安在进出人员管理时,对外来人员都是一一核实确认后发卡管理的,小王也一起看着录像,在发现保安没有违反制度的情况后,暗暗松了口气。

3. 人员安全:对人员聘用、培训、离职是否有相关制度

人员安全部分涉及的主要是人事聘用方面的情况,所以小王请人事部门的负责人来回答稽查人员提出的问题。

稽查人员:"你公司对打算聘用的管理层人员或关键敏感岗位员工会不会做背景调查?"

"要的,我公司对所有打算聘用的员工都会核实其个人信息和学习工作简历。在我们公司有一个黑名单系统,所有拟聘用的员工都会到黑名单系统中进行排查,以确认其不在黑名单系统中。对某些技术岗位要求填写出口管制问卷表。对管理层或关键敏感岗位的员工,还会针对其工作经历,通过打电话、发询问信等方式来了解其在原公司的工作和信誉情况。"

"那你公司对聘用的人员是否做有无犯罪记录的背景调查?"

"一般来说公司将拟聘用的员工信息发至派出所,如果派出所发现其中有犯罪记录的人,会第一时间通知我们。但是这个仅仅是电话口头上的通知,没有纸质记录证明。"

"你公司会对关键敏感岗位的员工定期进行安全背景的检查或调查吗?"

"目前公司没有这方面的制度。但是,如果这个员工违反了相关法律法规,被派出所知道的话,会第一时间通知我们公司。比如说醉驾,一旦被发现有这个情况,我公司肯定也会第一时间知道,并对员工作一定的惩处。所以虽然我公司没有定期做有无犯罪记录的背景调查,但是这个情况也在公司的管控当中。"

第四章　"验证式"稽查提升了我们的资质

"你公司会开展旨在提高员工供应链安全意识的日常性培训吗？"

"我公司除了对新入职员工会开展入职培训以外，还会对公司每个岗位的职员进行对应的岗位培训，供应链安全意识也是培训之一。而且，我们公司有一个针对员工的培训计划，所有员工在入职后会定期接受培训，这些培训也是有对应的培训记录的。"

"对于你公司解雇的员工，你们是怎么解除他们在公司的各种权限的？"

"对于解雇或停止的员工，在得到确认后，我公司人事部门会给他一张'离职表'，'离职表'上要求他到各部门完成解除权限手续，各部门在确认收回该员工的权限后会签字，等这张'离职表'上所有需要签字的地方签字完毕后，我们人事部门方可同意其离职，完成其离职手续。"

"请问各部门是怎么收回员工的权限的呢？"

"首先是 IT 部门，该员工到 IT 部门交出他们的办公电脑等电子用品，IT 部门也会将该员工的公司网络账户禁用，确认该员工无法再登录公司网络后，IT 部门在'离职表'上签字。随后是安保部门，保安部人员需要在离职员工交出他的工作证件、门禁卡和相关上锁设备的钥匙后才能在'离职表'上签字。随后离职人员到人事部门前办理个人财务相关的手续，完毕后人事部门确认该员工离职。该员工离职后是无法再进入公司的生产经营场所，而且也无法再登录公司的内部网络。"

"这些离职手续在公司里面有对应的管控制度吗？"

"有的，在我司的人事管控文件中有相应的离职手续规程 Employee Clearance Form。"

海关稽查人员问完之后，又向小王他们要了员工调查情况资料、公司员工定期培训计划和培训日志、人员离职手续规程等进行核实，还让小王带他们去看了下黑名单系统的运作机制和随机查了些已离职人员办理的"离职登记表"后才结束人员安全这一部分的验证。

4. 商业伙伴安全：商业伙伴安全方面是否具备条件

随后海关稽查人员对企业商业伙伴安全方面进行验证，小王请了公司采购方面的负责人对海关稽查人员的提问进行回答。

稽查人员问:"在筛选商业伙伴时有没有相关筛选标准?是否重点评估其安全性、合法性、稳定性及财务偿付能力?"

"有的,我公司在筛选供应商时有一套严格的筛选标准,包括其合法性、财务支付能力、货物安全性、信誉度等,这些都是筛选标准中的一部分。"

"商业伙伴除了供应商外还有承运货代,你公司对承运货代有此类的筛选要求吗?"

"有的,对于承运货代我公司对其运输能力、货物安全性、信誉度等标准进行筛选。符合条件的才能作为我司的承运货代。"

"对你公司的商业伙伴,你公司有没有要求其按照AA类管理或其他供应链安全管理项目的要求优化和完善贸易安全管理?"

"具体没有作这么明确的要求,我公司与所有的商业伙伴有一个GSA合约,对于符合我公司筛选条件的商业伙伴,双方达成合作意向后,我公司会要求与其签订一个GSA合约,合约上对货物安全等方面进行了规定。"

"你公司是否定期监控或检查商业伙伴遵守贸易安全要求的情况?"

"有的,在我公司,每个季度会对商业伙伴进行评分,我公司的业务部门会与公司的各其他部门进行联系,了解各商业伙伴该季度状态,并对其各项指标进行打分。例如,我们会向采购部门询问某商业伙伴在该季度订单后发货总体情况,如果情况良好,会打一个比较高的分数;如果情况不好,则会打个较低分数,这样就可以提醒该商业伙伴接下来一个季度在订单发货方面需要改进。我们制作的这个评分表会在公司留档,同时发给各商业伙伴,以让其知道其最近一季度在我司的业务表现。"

问完这些,稽查人员要求小王提供公司对供应商、承运货代的筛选标准,GSA合约资料和最近一个季度的供应商季度评分表这三份资料来进行查看。在查看时,稽查人员告诉小王:"你公司的GSA合约并不完善,上面仅仅有对货物安全这一方面有规定,这个规定太过简单,也不全面,并不能算是对商业伙伴要求其按照AA类管理或其他供应链安全管理项目的要求优化和完善贸易安全管理的方法。所以你公司在这一方面还有待改进。"小王认真记录下来,决定及时向经理汇报并建议公司尽快加以改进。

5. 货物与集装箱安全：是否有相关措施

接下来是货物与集装箱安全,小王想这个是与公司的物流部门相关的,所以请了物流部门负责人来应答。

稽查人员问:"你公司货物进出企业是否有相关的文件档案,保存是否合法、完整、准确?"

"是的。我公司购买的货物,首先在系统中要下达订单,随后供应商会将发票等相关资料发送给我公司的相关人员,我公司相关人员将资料录入系统后,货物才能够进入工厂,在进入工厂后,仓库部门相关人员会对货物进行检查并清点数量,确认无误后才会收货并登记入系统。而我公司出售的货物,也是先在系统中收到订单,随后相关人员制作发票、出货单等资料,制作完毕后,仓库收到出货单才能将检查清点完的货物发货。无论进出货物,整个系统中都会有相关的记录,而且我公司各部门也会留存相关的纸质文件来归档。"

"你公司的仓库人员会对进出你公司的货物进行清点核实,并登记记录吗?"

"是的,货物进出仓库有对应的'出入库登记表',而且系统中也有对应的资料。"

"如果你们仓库发现货物有溢、短装时会怎么处理?"

"这个在我们仓库有相应的规定,如果收货时发现有这种情况,仓库人员会第一时间报告总管,由总管通知采购联系供应商,确认是否有多发货物或者少发货物的情况。如果确认是供应商的问题,那么会与供应商协商,补发货或者退运。如果供应商确认没有发错,那么公司安保部门就会对这种情况进行详细调查,并在调查完毕后,制作一份事故报告留档备查。如果出货时发现这个情况,也会第一时间报告总管,由总管联系安保部门开展调查,一般会调阅监控录像,查出原因后也会制作一份事故报告留档备查。"

"你公司在货物关键交接环节有签名、盖章等安全防控步骤吗?"

"有的,我公司收到货物时,会进行清点,确认后才能签字接收。我司出货时,产线上的包装环节有监控全称录像,包装后存放至仓库会有仓库人员确认签字接收,仓库出货时也由相应的货车司机签字接收货物。"

"你公司在装集装箱货物前,会对集装箱进行检查吗?"

"会的,我公司仓库人员会按照标准的七点检查程序来对集装箱进行检查,确认集装箱的完整性和可靠性,这些都会做车辆检查记录。"

"那在集装箱货物装箱后,你们会对集装箱是否已经锁闭的情况进行检查吗?"

"我们公司自己购买封条对集装箱加封的,所以在集装箱装好后,我们公司仓库人员会首先检查集装箱的锁闭情况,确认锁好后,会给集装箱上封条。"

"你公司的封条是怎么管理的?封条是否可靠?"

"我公司封条是由专人管理的,如果需要使用,需要到管理人员处领取并在封条登记表上签字。我公司的封条标准要求很高,具体可以看封条的说明书。"

"你公司的集装箱和货物储存区是否有防护?"

"我公司集装箱和货物储存区是隔离管理的,平时都有保安人员在这些区域进行巡查,一旦发现可疑人员,会第一时间赶到,询问并驱逐未经授权的人员。"

问完这些,稽查人员向小王要了"车辆检查记录表""封条登记表""封条说明书"等资料进行核实。在确认封条的标准已经满足现有的 PAS ISO 17712 标准后,海关稽查人员还对公司货物进出工厂的整体情况进行了测试,查看了对应留档的发票等资料和仓库出入库登记资料。

企业资料

货物出入库规定

1. 目的

是为了以资材先入先出管理方法成为标准化,而效率地管理资材供应及资材变更。

2. 适用范围

适用于制造部。

3. 相关标准

资材业务管理规则。

4. 用语定义

(1) 先入先出（FIFO = First in First out）：把随着各月或各阶段入库的资材按照入库的顺序出库的方式。

(2) Bulk 资材：是无装或用塑料包装，但不盒装的，据集束单位包装而入库的资材。

(3) 锡膏：Cream Solder，一种锡、铅、银、FLUX 及其他金属化学溶液按一定比例来配合，用于 PCB 制程中元器件焊接的材料。

(4) Vendor：一般指小贩或销售员，特别是把电脑系统的硬件或软件产品销售给使用者时，对其牌子的产品负责的企业。

5. 资材先入先出运营方法

(1) 根据各入库类型的管理方法（详见表 4-4）。

表 4-4 根据各入库类型的管理方法

区分	入库类型	入库类型运营定义
仓库	箱子入库/保管	根据年、月、周、粘贴 Sticker 而管理： (1) 指定的台车上装载而保管。 (2) 根据各周整理、整顿。
	托盘入库/保管	按入库顺序以 1 排装载、保管： (1) 根据年、月、周粘贴 Sticker、管理。 (2) 以便容易接近配置 Lay-out。 (3) Wrapping 的资材拆卸 Wrapping 后，在各箱子上粘贴各年、月、周的 Sticker。
	入库/保管	根据托盘或者箱子单位装载、管理： (1) 根据年、月、周粘贴 Sticker，管理。 (2) 以便容易接近配置 Lay-out。

续表

区　分	入库类型	入库类型运营定义
放置场	箱子入库/保管	(1) 在底上装载时,按照入库顺序以 1 排排列。在资材现货清单上标记 date 及 time。 (2) 在 Sliding Rack 装载而供应。
	堆车入库/保管	(1) 根据各 Item 的堆车单位,以 1 排装载而供应。在资材现货清单上标记日期及时间。 (2) 设置 Rail,管理按照投入在 Rail 的顺序出库。

(2) 现货清单粘贴运营。

① 目的:为了根据容器单位管理现物与信息一致,粘贴管理。

② 现货清单运营。

a. 现货清单发行:应用交货指示信息及供应商输入信息。

b. 用纸 SIZE:A4 纸 1 张,最少 1 张,最多 8 张发行粘贴。

c. 供应商粘贴在各容器上,而入库。

d. 现货清单上的 date 及 time 根据资材入库 Pattern(D1~D8)指定。

(3) 先入先出的装载类型。

① 在 Rack 装载时(如图 4-17 所示)。

区　分	样　式	备　注
A - Type	A资材　B资材　C资材　D资材　E资材	设定 Rack 的 Location NO,与 SAP 计算系统联系而管理;根据各资材区分而装载,粘贴各周的 Sticker 管理。
B - Type	A资材　B资材　C资材　D资材　E资材	区分各资材而装载,粘贴各周的 Sticker 管理;是在上边装载,出库时,可以拿出最下边的一个资材的结构;如此的装载方法应用于 SMD 资材 Resistance、Capacitor 等。

图 4-17　Rack 装载时的操作管理

② 在底上装载时。

a. 以 1 排按照入库顺序，根据各台车单位装载而保管。

b. 粘贴各年、月、周的 Sticker 而管理。

③ 应用 Sliding Rack 时。

a. Rack 结构及图面（如图 4-18 所示）。

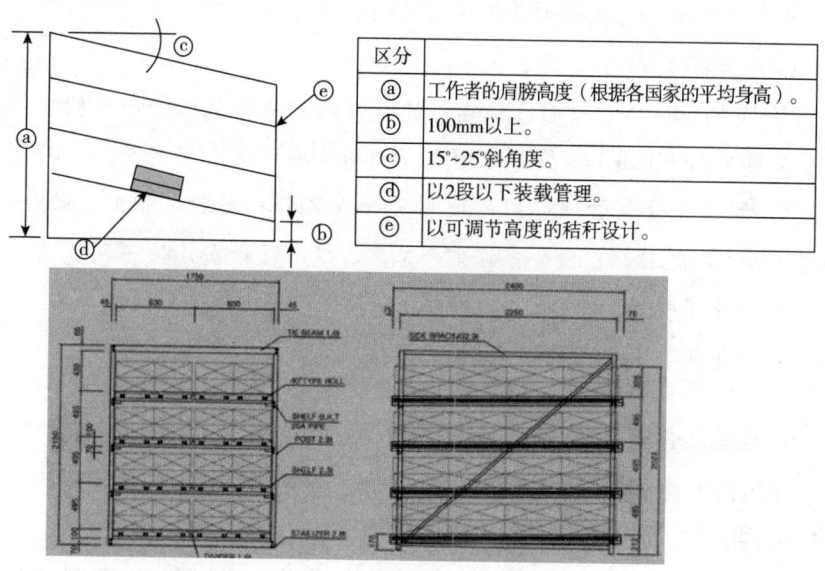

区分	
ⓐ	工作者的肩膀高度（根据各国家的平均身高）。
ⓑ	100mm以上。
ⓒ	15°~25°斜角度。
ⓓ	以2段以下装载管理。
ⓔ	以可调节高度的秸秆设计。

图 4-18　Rack 结构及图面

b. 资材配置图（如图 4-19 所示）。

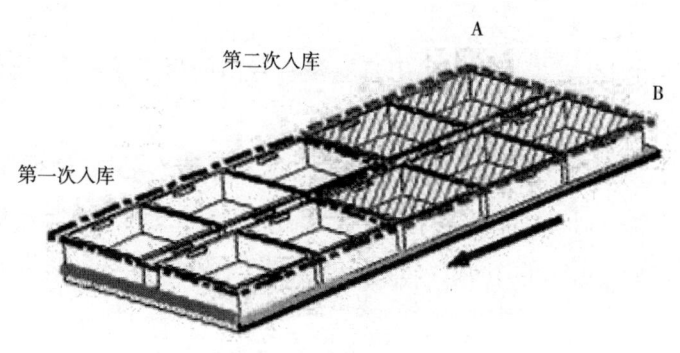

图 4-19　资材配置图

根据各资材以 1 排投入使用；但根据 D/O pattern 进行资材入库的事业部除外。

6. 资材先入先出管理

（1）目的：为了按照入库的顺序管理资材而出库资材时先使用先入库的资材，以便容易区分管理，事前预防由保管发生原资材的腐蚀、变色不良，是为了作为再考虑存储管理的效率的手段。

（2）管理方法。

① 从 Vendor 入库资材，根据入库检查的判定结果取得合格的资材把各月、周混色的 Label 贴在资材 BOX（物品清单）上。

② Label 由资材管理部门的理货员（或装卸担当者）粘贴，必要时，给有关客户委托粘贴，但会根据生产工厂的组织及业务 Role 不同。

③ 以出库资材时，确认 Label，按照入库顺序出库为原则。

④ 根据年、月、周标记 Label 的方法。

6. 运输工具安全：运输工具是否有检查

在运输工具安全方面，稽查人员又作了如下提问："你公司对出入工厂的运输工具，是否有相关制度进行管控？"

"有的。我公司对日常进入工厂的车辆管控，进入控制方面已经作过说明；而对出去的车辆，公司内部员工的车辆是不作检查的，因为员工车辆是无法进入货车区的。其他车辆，尤其是货车，在离开工厂时都会有保安对车厢进行检查，确认没问题后才可放行。门口处也设有摄像头，对其进行监控。"

"你公司对装载货物的运输工具有没有专门的程序或者手段对其进行动态跟踪？"

"有的。所有装载我公司货物的车辆，我公司都要求其必须携带 GPS 追踪系统，由我公司安保部门进行全程动态追踪，一旦发现车辆偏离原定运输路线或者在某一点停车时间过长都会发出警报，第一时间联系司机确认实际情况。"

"你们公司对货物运输司机有没有专门的反恐安全培训？"

"我公司没有自己的运输司机，对于这方面，我公司对承运货代有相关的要求，对司机进行培训，以确保货物的安全。"

"货车在你公司停放时是否有专门的停放区域？"

"是的，货车在我公司停放时，只能停放在我公司的货车停放区域，这区域也有专门的保安进行巡查。"

随后，稽查人员让小王带去了公司的GSP实时监控系统中心，实地查看了GPS监控的运作情况。稽查人员还抽查了其中一辆货车的GPS行进路线图，小王感觉不错，随后，小王将公司的"物流安全管控规程"拿给了海关稽查人员查看。

企业资料

物流安全管控规程

1. 描述

为了预防物流及仓储内部及外部的风险的管理方针。

2. 目的

（1）为了保护公司内外部的资产安全。

（2）为了达到事故发生率最小化。

（3）为了防止重复参保的情况出现。

3. 内容

（1）内陆运输及仓储的安全指南（海外业务管理方针）。

（2）基本方针。

① 所有运输段及仓储的保险。

要核查在法人及客户间是否有无投保，重复投保或不安全的因素。

③ 物流公司的选择：从当地的公司中选择符合物流和仓储标准的承运人。

a. 所选物流公司需持有对应的运输安全证书。

b. 不允许在未经许可的情况下，任意通过第三方运输人提供运输服务（转包合同关系）。

③ 对仓库员工要进行周期性的调查身份及经历。

④ 对正在运行中的车辆或仓库进行突击检查。

⑤ 物流安全评估及证书程序。

a. 选择并审核每季度超过30%并保持以5个百分比增长的增势。

b. 评价完成后,要给分数在85分以上的物流承运人颁发安全证书。

(3) 风险等级的划分。

A等级要求硬件和软件上最安全的水平,硬件和软件上安全系数最低时为D等级。根据区域安全及产品类型来进行划分等级。

(4) 运输及仓储方针。

① CCTV系统。

a. 卸货/装货台区域,包括货物进出区域都需要有CCTV监控。

b. 外部区域包括屋顶应该有CCTV监控。

c. 货物所有的移动包括装卸货、打板、拆板、称重、货物搬移都应有CCTV监控。

d. 再包装及废弃物收集需要有CCTV监控。

e. CCTV图像至少应保存60天,并且设立相关的访问权限。

f. 需要有CCTV系统维护记录档案,包括预防性的维护。所有的维护记录都需要保存。

② 安全存储区。

a. 对高风险及高价值的货物,应该设有安全设施比较好的安全存储区。如果有高风险或高价值的货物时,在设计时要相应配有价值高但安全系数高的安全存储区。这类高风险及高价值的货物应该放在货架的顶层,以增加安全性。并要实时对类货物进行监控。

b. 安全存储区的方方面面应该受到保护,包括以钢丝网或钢片完成的顶部。

c. 进入安全存储区需要有双重安全措施。如电子保护系统及锁具。

d. 进入许可文件应该记录并保存。

e. 高价值货物应该实时用CCTV监控。如进口及货物装满的区域。

③ 仓库管理。

a. 在装卸区域要有足够的照明,可以清楚可见所有进出的车辆。外部货台门在夜间更要有足够的照明。内外部的照明要足够,使CCTV拍摄到的画面清楚可见。

b. 所有的通道及进出口在没有使用的情况下要关闭,使得仓储的货物能免受外部的安全隐患。如果通道门需要临时开通或通风等，可安装钢丝网，以达到防止外部入侵的效果。

c. 外部通向屋顶的梯子或楼梯道需要有安全管理（如上锁等）。

d. 天窗要预先安装报警系统（如移动探测器及红外线传感器）或其他安全措施。

④ 运输。

a. 只能使用坚固的厢式拖车或两边加固的厢式拖车。

b. 货车门应该上锁，钥匙应该妥善保管。

c. 运输路线，运输时间计划及停靠站点应经过风险评估。

d. 过夜停车时，需要选择安全停车区（光线，围栏，CCTV，保安人员）。

e. 要定期对司机进行运输安全相关的教育，并提供相应的技巧及安全工具。

f. 所有拖车的安全程序档案应该保存。

⑤ 雇员管理。

a. 应当有相应的雇员管理程序，调查雇员最近五年内有无犯罪记录（当地法律许可的情况下）。

b. 所有的拖车司机及其他雇员需持永久ID（姓名，ID号，司机驾驶证，车牌号，手机号，公司电话号码等）。

c. 在仓库或货台应设有废弃物管理区域。

d. 所有雇员离开仓库时，应设有出门检查。

e. 私人车辆禁止停靠或行走在装运区域。

f. 应该将安全流程标准化，并让所有雇员熟知这些安全的方针。

⑥ 运输方针。

a. 使用盒式交通工具，安装GPS清除按钮/灭火器，司机须备有通信工具，所装运货物车辆的封条应由指定的人开封——须预先把司机及指定的交通工具通知给仓库——当装运货物价值三百万美金或以上或在容易遭抢劫的国家运输时，必须有武装装备的人员护送。

b. 避免在周末或晚上到达目的地，货物到达后应立即完成GR，清关，GI等。在周末和节假日需要加派保安人员看守。

c. 必须保存在安全区域，要由仓库经理和保安人员的监管下收发货时，必须检查产品的外包装及称重。

d. 只有经过电子安全检测的人员才能进入安检门（进入人员将会接受金属探测仪）禁止在晚上运输或在比较狭窄的路上运输，至少指定两条不同的交通路线交叉使用。长时间的国内运输最好使用两个司机。预先评估运输路线的风险，使用计划好的运输路线。不允许在非停车范围内停车，要使用确保安全的停车场司机在转运货物时必须检查下一个承运人的身份，并预先接受过安全方面的培训。

e. 安装 CCTV 实时监控，录像画面保管 60 天以上，在所有的门窗及入口处应该安装侵入检测系统和报警系统（定期检查安全系统）。

f. 除正常的搬运时间或搬运人外，应保持码头和仓库的封锁状态。

g. 在仓库附近禁止私人交通工具停靠。

h. 如果是租用仓库，不应该在仓库外边显示或张贴公司 LOGO。

4. 保险

（1）保险方针。

① 要求购买所有险种。

② 要求工厂自己购买保险，而非 3PL。

③ 要求根据货物价格条款购买相应的险种以避免出现漏洞。

（2）保险公司的选择。

① 要求选择在 AM，S&P 或 Moody 中评为 A 级或 A 级以上的高信用度的保险公司。

② 如果没有 A 级以上的保险公司可供选择，要求选用最好有火灾保险公司的推荐的公司。

（3）责任范围的界定。

① 责任划分：界定责任范围是根据每种交通工具的装运最大价值或仓库的最大仓储价值。

② 期望价值：决定最高价值至少应包括预想收益。

③ 附加成本如客户的增值税也应作为保险的一种成本计算在内，公司应考虑这些成本价值。

（4）可赔金额的界定。

可赔金额的界定应该在客户或公司能接受的合理范围。

（5）可赔金额：被保的货损金额。

（6）保险条款条件的指示。

① 杜绝或减少在保险条款里出现担保或其他特别的条款。

② 如果装运货物在战争区域，则保险条款里应加上战争险。

（7）保险管理指示。

① Waiver of subrogation to 3PL's notpermitted.

② 如果保险合同同本社指导方针有悖，要求从 GL group 得到一个特别的协议。

③ 要求在保险期满 6 个月之内调整任何附加的或返还的保险费 3PL 的责任范围。

（8）3PL's L. O. L（Limit of Liability 责任范围）。

① 3PL's 的责任范围应体现在物流合同书上。

② 3PL's 责任范围最小应该多于 US 200 000。

③ 应把海外运输，国内运输，仓储物流分开划分责任范围。

5. 安全

（1）标准化。

物流安全操作标准。

① 风险。

a. 基本地点（仓库）分级，确立物流安全标准。

b. 与物流供应商的合同（LP）。

② 评价并与遵守公司的基本安全和其他安全程序的 LP 签定合同。

③ 已签约的 LP 应该是可信的并可提供物流安全网络给物流供应链，拥有 TAPA 的 LP 会受到强烈推荐。

（2）风险预估及界定。

管理风险报价（在 Q. A 期间作出的风险评估）。

（3）发送风险评估及审核。

同去年比意外事故率上升 30% 的，执行风险审查。

7. 信息技术安全：公司信息安全是否保密可靠

检查完 GPS 监控系统后，小王带稽查人员回到办公室，开始了信息技术安全方面的询问,小王喊来了公司的 IT 部门负责人来回答问题。

稽查人员问:"你公司的每一个员工都有对应的账号吗?"

"是的,我司每个员工在入职后都会分配到一个账号,账号的权限根据每个员工部门的不同也是各不相同的,每个员工的账号只能访问自己所在的部门。"

"那员工的账号保护情况如何?"

"每个员工的账号在第一次登录后都会要求强制修改密码,而且密码强度也有要求,必须是数字、字母和特殊符号的组合才行,在一个密码使用了 3 个月后,系统还会要求员工强制修改密码。"

"你公司的系统在保护资料不受外部侵入方面有没有相关的措施?"

"我公司系统设有专门的防火墙,有两道,一道是物理防火墙,一道是软件防火墙,通过这两道防火墙将我公司的内部系统与外部网络隔离分开,我公司可以提供系统拓扑图来证实这些,通过这保护内部系统不受外部侵入。"

"你公司对不正当进入信息系统、篡改贸易数据等滥用信息技术体统行为有何处理措施?"

"对于这种情况,在我司内部的信息控制文件上有写,按照造成事故的严重程度,从通报批评到开除出厂,有多个惩处级别。"

"那如果出现了上面讲的情况,数据信息被篡改了,你公司有办法恢复数据吗?"

"我公司每天定期对数据库进行备份,备份数据压缩保存。发生上述情况后,我公司会启动数据恢复程序,将数据恢复到被篡改前的情况,避免数据丢失。"

技术部门负责人将公司的信息安全体系表给了稽查人员,以验证所说的情况。稽查人员看了以后也就没再追问其他的问题。公司的信息安全体系如图 4-20 所示。

8. 危机管理:在遇到危机时是否有应对措施

终于问到最后一个环节了,危机管理,小王觉得这个是公司做的相对比较好的一环,小王请公司人事方面的负责人来回答稽查人员提出的问题。人事负责人来了以后就开始回答稽查人员的询问,小王也在一旁听着。

| 企业资料 |

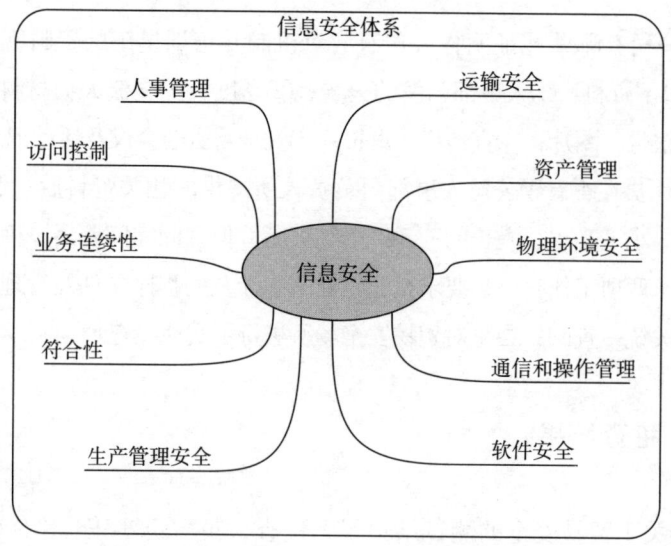

图4-20 信息安全体系

稽查人员问:"你公司是否具备应对灾害或紧急安全事故的应急程序或机制?并且对于应急程序或机制是否与所有相关的企业员工进行日常沟通并保证其及时了解掌握?"

"我公司有对应的应急程序或机制,对于发现各种危机情况,都有相应的应对措施,并按季度召开员工交流大会讨论交流员工心得。还定期组织培训和演练,以应对突然发生的各种危机。同时,公司的海报和宣传栏上也会贴出各种海报和宣传资料,告诉员工应该如何应对突然发生的意外和危机。"

"如果你公司的机房着火了,你们有哪些应急处理措施?"

"我公司机房有两套防火设置,一套是惰性气体阻燃设施,一套是淋水灭火设施,在发生火灾时,首先起作用的是惰性气体阻燃设施,这种设施能够释放惰性气体,减少空气中的氧气含量,能够有效地阻止火的燃烧,如果这套系统无法运作或者火焰过大的情况下无法有效阻燃,则会启动淋水灭火设施。淋水灭火能够有效灭火,但是有很大的副作用,就是机房损失很大,设备浸水会影响数据安全,我公司有定期的备份压缩数据,数据定期备份在磁带中，磁带另有安全的存储地区，与机房隔离，避免同时受损。"

"你公司有哪些能证明你公司有应对机制并培训员工的资料呢？"

"有以下资料：①人事部门发的公告；②季度员工交流大会材料；③紧急疏散演练报告、图片；④宣传栏、海报；⑤安全委员会会议及活动记录。"

稽查人员在查看了公司人事部门负责人所提供的相关资料后，点了点头，表示认可。小王心想，漫长的一天终于结束了。但询问完问题后，稽查人员接下来开展了两项工作：一是要求企业将提问中涉及的程序文件及管理制度等资料提供海关统一查阅；二是对贸易安全场所进行了实地检查。

三、稽查结果

整个关于贸易安全的测试结束了，稽查人员告诉小王："你公司这方面做得不错，这次的验证稽查没有发现你公司有不符合指标的地方，可以通过了。"

几天后，小王接到"稽查结论"，看着上面写的"海关决定你单位通过验证稽查"几个大字，高兴地跳了起来："我们终于通过验证稽查了！"

又过了一段时间，小王公司收到了海关发给他们的 AA 类企业证书。小王立即向公司总经理进行了汇报，今后公司在海关业务方面能享受到最优惠的政策了。

海关提醒

"验证式"稽查中相关指标不符合要求的处理方式

验证稽查中，如果企业内控制度及贸易安全指标不符合要求，海关认为有整改条件的，则会制发"稽查建议书"，向企业提出规范整改意见，企业在 30 日内进行整改并复验通过的，还是可以通过验证稽查的；如果海关认为不具备整改条件的或整改不能通过的，就不能通过验证。

核查篇

第一章　我要了解海关核查

关务安小美接到海关稽查部门的电话,说是要来公司核查,她感到很诧异。之前行使核查职能的"主角"是海关加贸部门的关员,什么时候变成稽查人员了呢?核查的"主角"变了,那么程序和实体还跟原来一样吗?在核查中,企业该怎样配合海关才能高效并且顺利地完成核查?本章将对这些内容进行详细讲解。

第一节　核查的"主角"变了

2011年2月14日,某电子公司关务安小美接到海关稽查部门沈关员电话,告知她近日要对她所在的公司实施核查。小美一听到"稽查部门"四个字,第一感觉是有点意外。因为公司去年刚刚被稽查过,小美记得当时前后有两个月的时间都在全力以赴地配合海关关员稽查,提供海关需要的各类资料。由于公司的管理还是比较规范的,加上提供的资料及时、准确、全面,所以,最后的结果是令人欣慰的,稽查顺利通过了。可是,怎么刚过了大半年,稽查部门又打电话来了?她仔细地回想电话里小沈关员说的话,好像说是"核查"。核查业务小美以前也有接触过,上次手册核销时,海关加贸部门就来核查过,半天就结束了。小美也希望这次公司只是被"核查",而不是被"稽查"。安排好手上的工作,小美便来到海关稽查部门沈关员那里。沈关员看见小美略带紧张的神情,顿时也明白了些许。去年该公司被稽查,沈关员协助张科长去了几次,跟小美也有过几面之缘。"她一定以为我又要去稽查了。"小沈这么想着，赶紧善解人意地解释道："从 2011 年 1 月 1 日起，大多数核查改由稽查部门实施了。"

小美带着请公司配合海关核查的要求回到公司，向林经理汇报了此事，林经理还是感到非常不理解。虽说去年是"稽查"，今年是"核查"，可是总归离不开一个"查"字呀！而且，对于此次核查的时间要多久，林经理心里也没底。一周之后，他还要约见一个重要的大客户，自然也要全力以赴，林经理此时恨不得有分身之术。"难道去年的稽查结果对今年一点用都没有吗？能不能这次不来核查了？你能告诉我稽查与核查的区别吗？"林经理抛出了一连串问题给小美。

"不来核查是不可能的，至于稽查与核查的区别，我只略知一二，待我向海关关员请教之后再向您详细汇报。"小美认真地说道。

知识点链接

1. 了解核查

本篇所指的核查是指根据《中华人民共和国海关保税核查办法》的规定，海关依法对监管期限内的保税加工货物、保税物流货物进行验核查证，检查监督保税加工企业、保税物流企业和海关特殊监管区域、保税监管场所内保税业务经营行为真实性、合法性的行为。目前，除前期验厂、单耗标准、放弃货物和受灾货物核定等四种项目外，均由稽查部门实施。

2. 核查查什么

保税业务涉及保税加工、保税物流、保税贸易等，因此，核查的范围较为广泛。但是归纳起来，大致可分为单耗核查、盘点核查、内销核查、外发加工核查、深加工结转核查、不作价设备核查等。具体内容将在以下章节详述。

3. 稽查与核查的区别

稽查与核查的区别详见表 1-1。

第一章 我要了解海关核查

表 1-1　稽查与核查的区别

	稽 查	保税中后期核查
执法依据不同	《中华人民共和国海关稽查条例》	《中华人民共和国海关保税核查办法》
对象不同	从事对外贸易的企业、单位； 从事对外加工贸易的企业； 经营保税业务的企业； 使用或者经营减免税进口货物的企业、单位； 从事报关业务的企业； 海关总署规定的从事与进出口活动直接有关的其他企业、单位。	监管期限内的保税加工货物、保税物流货物，以及海关特殊监管区域、保税监管场所的经营、管理情况。
期限不同	对保税货物的稽查期限：在保税货物的海关监管期限内；或自保税货物复运出境之日起 3 年内；或经批准转为一般贸易进口放行之日起 3 年内； 对减免税货物的稽查期限：对机器设备和其他设备为 5 年及其后 3 年；对机动车辆和家用电器为 6 年及其后 3 年；对船舶、飞机为 8 年及其后 3 年； 对一般贸易和其他进出口货物的稽查期限：自进出口货物放行之日起 3 年内。	自保税加工企业向海关申请办理保税加工业务备案手续之日起，至海关对保税加工手册核销结案之日止；或者自实施联网监管的保税加工企业电子底账核销周期起始之日起，至其电子底账核销周期核销结束之日止，海关可以对保税加工货物以及相关的保税加工企业开展核查； 自保税物流货物运入海关特殊监管区域、保税监管场所之日起，至运出海关特殊监管区域、保税监管场所之日止，海关可以对保税物流货物以及相关保税物流企业开展核查； 自海关特殊监管区域、保税监管场所验收合格之日起，至其经营期限结束之日止，海关可以对海关特殊监管区域、保税监管场所管理和经营情况开展核查。

第二节　一次被核查的经历

自从小美收到海关的核查通知后，海关对该公司的核查就拉开了序幕。小美向林经理汇报，得知这次核查主要是针对公司去年一年来保税货物内销情况开展核查。听完，林经理嘱咐小美好好准备资料迎接海关核查。三天后，沈关员他们如期而至。关员们首先出示了"中华人民共和国海关稽查证"，随后说明了双方的权利与义务等有关事项后，核查正式开始。不大的会议室里座无虚席，关务、业务、计划、产线、仓库、销售、财务等相关部门负责人及经办人员都在场，随时准备解答海关的提问。

稽查人员首先取得了财务数据的第一手资料；其次对仓库存货进行实地抽盘，检查制成品的库存状况，计算出核查日当天的实际库存数量，并与财务账面数据进行比对，发现该公司存在的问题有：涉嫌擅自将手册项下进口的滤纸、热溶胶等料件的制成品空气过滤机在国内销售，制成品折成保税料件约玻璃纤维滤纸 3 000 560 平方英尺，热溶胶等 4 400 千克；涉嫌擅自将手册项下进口的保税料件 1 560 个马达在国内销售。

核查结束时，稽查人员填制了"保税核查工作记录"，并经企业确认后，双方签名。该公司涉嫌擅自转让保税料件的线索被移交缉私部门作进一步处理。

知识点链接

1. 海关实施核查前是否会通知企业

海关实施核查前，应当通知被核查人。特殊情况下，经海关关长批准，可以径行核查。

2. 实施核查时海关会做些什么

（1）通知。通知标志着海关实施核查的开始。

（2）表明身份。海关稽查人员开始核查时，应主动向企业出示"中华人民共和国海关稽查证"，以表明稽查人员的执法身份。

（3）核查。海关一般会通过数据核实、单证检查、实物盘点、账务核对等方法对被核查人进行核查。核查结束时，对核查过程中被核查人提供的相关资料，海关收集完毕后应当填制"保税核查工作记录"。

（4）结果通知。通常情况下，海关应当在保税核查结束后15个工作日内作出保税核查结论，并告知企业。

3. 核查中企业的权利与义务

（1）企业的权利。一是可以书面向海关提出为其保守商业秘密的要求，并具体列明需要保密的内容；二是根据《中华人民共和国国家赔偿法》的相关规定，当国家机关和国家机关工作人员违法行使职权侵犯公民、法人和其他组织的合法权益造成损害的，受害人有依法取得国家赔偿的权利。

（2）企业的义务。一是应当接受并配合海关实施保税核查，提供必要的工作条件；二是应当如实向海关反映情况，并提供海关保税核查需要的有关账簿、单证等纸质资料和电子数据，不得拒绝、拖延、隐瞒；三是当海关查阅、复制被核查人的有关资料或者进入被核查人的生产经营场所、货物存放场所核查时，被核查人的有关负责人或者其指定的代表应当到场，并按照海关的要求清点账簿、打开货物存放场所、搬移货物或者开启货物包装。

4. 核查中海关的权力

一是查阅、复制被核查人与保税业务有关的合同、发票、单据、账册、业务函电和其他有关资料；二是进入被核查人的生产经营场所、货物存放场所，检查与保税业务有关的生产经营情况和货物；三是询问被核查人的法定代表人、主要负责人或者其他有关人员与保税业务有关的情况。

海关提醒

1. 企业收到海关核查通知后该做哪些准备

首先，知晓海关核查的范围与内容。例如，核查公司2011年1月1日至2011年12月31日期间保税料件转内销情况。

其次，召集相关部门人员开会，告知海关核查事项，以取得各部门的密切配合。例如企业的内销行为可能涉及的部门有业务（取得订单）、计划（安排生产）、产线（领料）、仓库（发料）、销售（售卖）、财务（记账）等，需从这些部门取得与本次核查有关的资料。

最后，整理资料备查。取得上述资料后，按一定顺序（如时间顺序）整理好资料备查。

核查过程中企业应当按照海关的要求提供相关资料，其中有可能涉及商业秘密，海关也将按照国家有关规定，妥善保管企业提供的涉及商业秘密的资料。

2. 核查时的企业"自查"非常重要

在海关实施核查时，建议企业积极开展自查。自查分为两种情况，一种为海关核查前的企业自查；一种为海关核查过程中企业按照海关要求对其生产经营范围内的进出口经营状况进行自查。

那么，企业如何有效开展"自查"工作呢？

以本案例为例，核查2010年1月1日至2010年12月31日保税料件转内销情况。

首先，明确自查的时间范围：即2010年全年。

其次，调取相关数据。以保税料件"滤纸"为例，相关数据包括：

（1）滤纸的库存数据，包括核查时间范围的期初库存与期末库存。

（2）滤纸在核查时间范围内的实际入库数据。

（3）滤纸在核查时间范围的报废数据，其中涉及成品、半成品报废的数据，应展开成料件计算。

（4）滤纸在核查时间范围内的成品出库数据。出库成品首先要区分内、外销，再展开成料件，区分这些料件是保税还是非保税，从而统计出内销成品耗用的保税料件和外销成品耗用的保税料件。

最后，实际内销数据与企业已补税数量进行对比，找出差异。根据滤纸的期初库存、入库数据、出口成品展料、半成品展料、报废展料及期末库存等，计算出滤纸的内销数量，再以税单为依据，与已补税数量进行对比。（注：数据的调取及计算方法根据企业实际情况而定）

第三节 被核查人的"警戒线"

小美所在的公司在此次海关核查过程中,被查出有涉嫌擅自内销情事,被移交缉私部门处理,公司也因此受到了相应的处罚。那么,企业在办理海关业务中出现的违法违规的后果主要有哪些呢?

知识点链接

被核查人违法违规的后果

(1)需承担行政法律责任。例如,某塑胶类加工贸易企业,海关在下厂核查中发现:该司未经允许擅自将手册项下进口的保税料件 ABS 塑料颗粒 20 750 千克、PC 塑料颗粒 2 300 千克外发至其他工厂进行染色加工;将手册项下进口的保税原料制成品手写数位板用塑料盖子、扫描仪用烫金按键以及显示器用塑料件共 57 085PCS 外发至其他工厂进行镭雕加工,涉及保税原材料 ABS 塑料颗粒 180 千克;将手册项下进口的保税原料制成品车载显示器用前盖共 53 364PCS 外发至其他工厂进行喷漆加工,涉及保税原材料 PC 塑料颗粒 1 870 千克。该线索被移交缉私部门后,该司被处罚款。

(2)需承担刑事法律责任。例如,某塑胶类加工贸易企业,将保税料件制成品送货给客户后,因客户原因导致无法办理深加工结转手续,进而导致该司手册进出口不平衡,无法核销。为平衡手册,该司关务经理李某与人密谋,以人民币 600 元/吨的指标费要求他人办理 230 吨 PVC 吸塑罩及 72 吨玩具半成品的假出口手续,并制造假报关单。李某持假报关单欲骗取海关核销时,被海关下厂核查时发现,移送缉私部门处理,后经缉私部门审理,认定为走私。

海关提醒

企业防范违规情事发生的有效方法

企业在经营过程中,有涉及海关事务方面的,应与海关保持紧密联系,熟悉海关各项政策法规,并注重审查公司内部作业制度,加强内控监督;在办理海关业务的过程中,因种种原因导致无法办理海关有关手续的情况下,应积极主动地与当地海关联系,寻求解决办法。

第二章 核查提升了我们的管理水平

本章将加工贸易过程中涉及核查的业务分门别类，进行详细而具体的介绍，包括单耗核查、盘点核查、内销核查、深加工结转核查、外发加工核查、不作价设备核查等。由于涉及的业务类别较多，故本章在每节的开始，增加了节导读，以标明每节的内容架构与写作要点，帮助企业更好地理解核查中易碰到的问题，进一步配合海关做好核查工作。

第一节 单耗核查

单耗管理贯穿于海关保税监管的全过程，是保税监管业务中的核心工作。企业的加工贸易管理离不开单耗。那么，企业在日常单耗管理中该注意些什么？不同行业有不同行业的特点。本节选取了一些有代表性的行业，如电子、塑胶、化工、纺织服装、五金等，详细阐述这些行业的单耗特点、难点以及在管理过程中容易忽视及出错的地方。

一、读懂"单耗"

关务小凯所在的公司最近因为单耗申报不实被海关处罚，而造成单耗申报不实的原因与小凯有关。一个月前，公司一款产品需要从手册中出口，小凯准备好了相关单证给报关公司，可是报关公司告诉他手册成品出口前首先需要向海关申报单耗。"单耗"的概念小凯曾经在书本上看过，可是却没有实际操作经验，对公司的生产流程也不甚了解，更不知如何获取单耗相关数据。小凯原本想静下心来学习一下单耗的知识再向海关申

小王在海关稽查的日子——企业如何配合海关稽查

报,可是才过了一天,销售经理就向关务经理询问报关手续完成了没有,说是客户一再催促,仓库的库存已经快耗完了,如果因为延迟发货导致对方生产断线,将中断与本公司的业务往来。关务经理顶不住压力,催促小凯赶紧办理报关手续。小凯向经理说明了难处想寻求帮助,可是关务经理说,这是一款新产品,对于单耗情况自己也不是很了解。小凯无奈,只得凭自己仅有的一点知识履行了单耗申报手续,货物是得以顺利出口了,没几天小凯就接到了海关要来厂核查单耗的电话。三天之后,海关如期到来,调阅了样品及相关资料后,发现所计算的单耗与申报单耗不相符,便移交缉私部门处理。

图2-1 小凯填制的"单耗申报单"

图2-1是小凯填制的"单耗申报单"。那么,小凯的问题出在哪里呢?这就必须先了解单耗的相关概念。

知识点链接

1. 了解单耗

单耗是计算加工贸易出口成品耗用原材料量的关键数据,根据《中华人民共和国海关加工贸易单耗管理办法》,单耗定义如下:

单耗：是指加工贸易企业在正常加工条件下加工单位成品所耗用的料件量，包括净耗和工艺损耗。

净耗：是指在加工后，料件通过物理变化或者化学反应存在或者转化到单位成品中的量。

工艺损耗：是指因加工工艺原因，料件在正常加工过程中除净耗外所必须耗用、但不能存在或者转化到成品中的量，包括有形损耗和无形损耗。

工艺损耗率，是指工艺损耗占所耗用料件的百分比。

单耗＝净耗／（1－工艺损耗率）

举个简单的例子，一家钢铁厂用手册进口了300吨铁，一共生产了230吨铁棒并出口，生产过程中产生70吨铁屑。那么这230吨铁就是净耗，而70吨铁屑则是损耗。

2. 损耗与工艺损耗该如何区分

刚才的例子中，为什么说是"损耗"，而不是"工艺损耗"呢？因为损耗的范围有时要大于工艺损耗。对于损耗中不能列入工艺损耗的部分，《中华人民共和国海关加工贸易单耗管理办法》中的第十六条是这样规定的：

六种不列入工艺损耗范围的损耗情况有：

（1）因突发停电、停水、停气或者其他人为原因造成保税料件、半成品、成品的损耗；

（2）因丢失、破损等原因造成的保税料件、半成品、成品的损耗；

（3）因不可抗力造成保税料件、半成品、成品灭失、损毁或者短少的损耗；

（4）因进口保税料件和出口成品的品质、规格不符合合同要求，造成用料量增加的损耗；

（5）因工艺性配料所用的非保税料件所产生的损耗；

（6）加工过程中消耗性材料的损耗。

上述损耗因不属于生产过程中工艺加工所必需的，故不能列入予以保税核销的工艺损耗范畴。

小王在海关稽查的日子——企业如何配合海关稽查

3. 工艺损耗与不能列入工艺损耗的损耗在处理上有什么区别

例如，铁的价格是每公斤3元，废铁的价格是每公斤2.2元。那么，被列入工艺损耗的铁就以2.2元每公斤的价格基准补税；损耗中不能列入工艺损耗的铁就应以3元每公斤的价格基准补税。

4. 单耗核查过程中海关可能会做些什么

海关为核查单耗的真实性和准确性，可以行使下列职权：

（1）查阅、复制加工贸易项下料件、成品的样品、影像、图片、图样、品质、成分、规格型号以及加工合同、订单、加工计划、加工报表、成本核算等账册和资料；

（2）查阅、复制工艺流程图、排料图、工料单、配料表、质量检测标准等能反映成品的技术要求、加工工艺过程以及相应耗料的有关资料；

（3）要求加工贸易企业提供核定单耗的计算方法、计算公式；

（4）对保税料件和成品进行查验或者提取货样进行检验或者化验；

（5）询问加工贸易企业的法定代表人、主要负责人和其他有关人员涉及单耗的有关情况和问题；

（6）进入加工贸易企业的货物存放场所、加工场所，检查与单耗有关的货物以及加工情况；

（7）对成品的单耗情况进行现场测定，必要时，可以留取样品。

5. 企业关务人员获取单耗相关数据的几个途径

业务方面：客户订单，订货的具体要求，与此对应配方单及其他与客户往来的业务函电、记录等资料；

采购方面：采购原材料的品名、数量、价格、时间等资料；

生产方面：生产制单、物料清单、日报表、月报表，损耗单、检验记录表等资料；

仓库方面：货物的进、出、存记录，进出仓单记录凭证、送货单、盘点仓库的记录等资料；

财务方面：财务账册、凭证和报表，包括资金来往的明细账、成本明细账、产成品、库存商品账等资料。

原来，小凯填制的"单耗申报单"中，经海关关员核查，净耗应为

0.108，损耗率应为30.69%，均与申报不符。需要提请注意的是，"单耗申报单"上的"损耗率"仅指工艺损耗率，至于净耗与损耗率该如何计算，应结合行业特性与企业自身工艺特点，本节后几个问题中会有详细介绍。

所以，单耗申报必须谨慎对待，申报不实必须承担相应的法律责任。

二、电子行业小王经历的单耗核查

小王所在的某电子电脑有限公司是一家外商独资企业，主要进口CPU、液晶显示屏、锂电池、硬盘、内存条、集成电路等，生产笔记本电脑。2012年的一天，海关稽查部门小马带领稽查人员去核查手册料件的单耗情况。由于公司产品的生产加工工艺主要是组装，工艺损耗为0，故单耗情况还是比较清楚的。关务小王是根据BOM表申报单耗的，在海关下厂核查之前，小王还特地拿出BOM表核对了一下，全部准确无误，所以对于这次的海关核查，小王表现得信心满满。

会议室里，小王看着一旁的稽查人员小马，他们正认真审核着BOM表资料，当看到"集成电路"这一项时，小马对企业申报的数据提出了异议。小王申报的型号为NP305U1A－A05CN（版本号：201206）的成品中"集成电路"的单耗是40，而经稽查人员核实，实际单耗应为36。小王非常惊诧，为什么同样是依据BOM表，海关确认的数据跟自己申报的数据不一致呢？后经了解得知：原来，他向海关申报的单耗引用的是工程BOM表数据，而不是制造BOM表。但一般而言，制造BOM表是反映生产工单的实际情况的，这是最准确的；工程BOM表是依据制造BOM表进行变更的，故具有一定的滞后性。

知识点链接

1. 工程BOM表和制造BOM表的区别

BOM表一般有工程BOM表和制造BOM表之分，工程BOM表是产品工程设计中使用的数据结构，它通常精确地描述了产品的设计指标和零件与零件之间的设计关系。对应文件形式主要有产品明细表、图样目录、材料定额明细表、产品各种分类明细表，等等。制造 BOM 表是在工程 BOM 表基础上，由生产部门根据制造装配要求完善的 BOM 表。对应文件形式包括关键工序汇总表、重要件与关键件明细表、自制件明细表、通用件明细表等。

2. BOM 表对单耗申报的作用

BOM 表是计算机识别物料的基础依据，是生产配料和领料的依据，是进行加工过程追踪的依据，也是采购和外协的依据。

BOM 表是对成品的完全展开，它能够直接表现成品结构，并如实反映物料的基本情况、消耗情况和变化情况。

了解清楚了"集成电路"的问题后，小王以为核查就将这样结束了，可是，稽查人员小马他们却拿着 BOM 表和一叠工单继续深入研究下去。随后，小马他们又发现了如下两个问题：一是在 2011 年 1 月至 12 月间，企业售后服务部门通过 PDSVC（维修服务销售）领用 CPU1263 个；二是企业仅将其在最后一道工序已制成为成品时所发现的有质量问题的成品列入"残次品"管理，而在加工过程中，因人为原因导致的料件损坏（如液晶显示屏上的黑点、裂纹等）则列入工艺损耗管理。

知识点链接

1. 维修领用该如何判别

维修虽是电子行业的常见业务，但维修本身的耗用并没有物化到原加工成品中，故不能纳入"净耗"的范畴；此外，用于维修的料件也并不是因加工工艺原因，除净耗外所必须耗用、但不能存在或者转化到成品中的量，故也不能纳入"工艺损耗"的范畴。所以，依据海关目前的相关法律法规，对于维修的耗用是不能予以保税核销的。

2. 哪些属于残次品且残次品该如何处理

《中华人民共和国海关关于加工贸易边角料、剩余料件、残次品、副产品和受灾保税货物的管理办法》中规定：残次品，是指加工贸易企业从事加工复出口业务,在生产过程中产生的有严重缺陷或者达不到出口合同标准,无法复出口的制品(包括完成品和未完成品)。

残次品属于海关监管货物,未经海关许可,任何企业、单位和个人不得擅自销售或者移作他用。对于残次品的处理方式,目前海关规定的处理方式有四种:内销、退运出境、放弃、销毁。如果企业选择将残次品内销,那么应按其对应进口的原材料进行补税。

例如,某企业申请将一个半成品状态的残次品内销补税,这个残次品由1个集成电路、1个微型马达、1个柔性印刷电路板、1个手机用摄像头四种进口保税料件构成,那么就应分别对这四项料件进行补税。

此次核查发现的三个问题,处理结果如下:

(1)对于"集成电路"单耗涉嫌申报不实情事,虽然企业不是主观意愿,但已触犯了《中华人民共和国海关对加工贸易货物监管办法》第十一条"经营企业办理加工贸易货物备案手续,应当如实申报贸易方式、单耗、进出口口岸,以及进口料件和出口成品的商品名称、商品编号、规格型号、价格和原产地等"和《中华人民共和国海关加工贸易单耗管理办法》第十四条"加工贸易企业应当在成品出口、深加工结转或者内销前如实向海关申报单耗"的规定,线索被移交缉私部门作进一步处理。

(2)对于维修领用的CPU1 263个予以补征税款。

(3)对在加工过程中发现的所有残次品数量,经征求企业意见,折成料件按原料价格补税处理。

经历了此次核查的小王,也反思了很多。作为一个有着三四年关务工作经验的小王,自认为掌握了很多关务知识,不会再有触犯海关规定的行为发生。但现实状况告诉他:学无止境。加工贸易的管理是有一定行业特性的,不同的行业有不同的特点。小王原本是在五金行业做关务的,而电子行业的很多问题在五金行业是根本碰不到的,所以在这一方面,他还需要在探索中成长。

小王将这次核查的经历认认真真地记录了下来,并且,从此之后,他还加强了与同行和海关双方的交流。对于如何做一名合格的电子企业关务,尤其是如何管理好电子企业的单耗,小王也越来越有自己的心得。

小王在海关稽查的日子——企业如何配合海关稽查

海关提醒

电子行业单耗管理容易出现的问题

（1）利用工程 BOM 表申报单耗而非制造 BOM 表。

工程 BOM 表与制造 BOM 表名称相似但可能内容差异很大。从电子行业对加工贸易手册的管理来看，通常按照工程 BOM 表备案和申报单耗，但事实上，实际耗用只能通过制造 BOM 表反映。

（2）维修领用所耗用的保税料件未及时向海关申报。

维修领用包括产线维修领用和重工维修领用（从成品形态退还产线维修进行的料件领用）。这虽然是电子行业的常见业务，但这部分料件不符合海关工艺损耗的范畴，不能纳入工艺损耗管理，需及时向海关申报。

（3）未将生产过程中的残次品向海关申报。

在生产过程中，任何一个环节未通过质量检测的产品都应如实向海关申报，而非仅限于最后一个生产环节。

三、塑胶行业小青经历的单耗核查

关务小青所在的公司是一家以生产电子产品零部件为主的塑胶类企业，主要原料有 PA、PPS、ABS、PC、PP 等各类塑胶粒子，成品为各类电子产品，如多功能用复印机、摄像机、手提电脑等零部件。此外，该公司还有一条独立的生产线，专门用于染色，以满足那些对产品颜色有特殊需求的客户。2012 年 6 月，公司的进料加工手册到期了，小青向海关加贸部门递交了核销资料。

企业申报数据如图 2-2 所示。

谁知，没多久，小青就接到稽查部门的通知，要对公司进行核查。好在小青也是个有心人，精心准备好了所有的样品与资料备查。从小青提供的资料中，稽查人员获得了如下信息：

（1）对于第 1 项料件 PA 树脂制成的成品塑料凸轮，共有三种型号，分别为 1 寸、3 寸和 5 寸；

核销平衡表（手册号：CXXXXXXXXXXX）

料件备案项号	料件名称	进口数量	成品名称	成品备案项号	出口数量	单耗 其中:净耗	单耗 其中:工艺损耗	工艺损耗率	料件耗用量	料件总耗用量	余料量	自核意见	工艺损耗量	非工艺损耗量
1	PA树脂	100	塑料凸轮	1	5267	0.001	0.0015	60%	13.17	13.17	66.83		7.9	20
2	ABS树脂	4300	导板	5	24718	0.14	0.0074	5%	3643.4	3643.4	656.6		182.9	
3	PC树脂	8000	传送杆	12	35774	0.149	0.055	27%	7297.9	7297.9	702.1		1967.6	
4	PMMA树脂	210	摄像机用零件	30	69280	0.001	0.00085	46%	128.3	128.3	81.7		58.89	

注：除"出口数量"单位为"个"以外，其他单位均为"千克"

图 2-2　申报数据

（2）对于第 2 项料件 ABS 树脂，浇口可以回用；

（3）对于第 3 项料件 PC 树脂制成的成品传送杆，经核计工单数据，损耗率在近半年内浮动较大，但是经了解，这又是该公司成熟的产品；

（4）对于第 4 项料件对应的成品摄像机用零件，是白色的，经了解，是 PMMA 树脂加了白色色母粒后注塑而成。

经初步了解后，稽查人员采集相关数据分别对这四项保税料件的单耗情况进行计算，那么，小青的申报到底有没有问题呢？

知识点链接

1. 成品有多种规格型号时料件单耗的计算方法

以本案例为例，成品共有三种规格型号，那么单耗该如何计算呢？塑料凸轮共出口了 5 267 个，其中，1 寸的有 3 500 个，净耗和工艺损耗分别为 0.0007 和 0.0011（单位为"千克"，下同）；3 寸的有 1 200 个，净耗和工艺损耗分别为 0.0009 和 0.0014；5 寸的有 567 个，净耗和工艺损耗分别为 0.0014 和 0.002。那么，加权平均之后，净耗应为（0.0007 * 3 500 + 0.0009 * 1 200 + 0.0014 * 567）/5 267 = 0.00082，工艺损耗应为（0.0011 * 3 500 + 0.0014 * 1 200 + 0.002 * 567）/5 267 = 0.0013。

很显然，企业申报与上述计算结果不符。企业是按平均单耗计算的，即净耗 =（0.0007 + 0.0009 + 0.0014）/3 = 0.001；工艺损耗 =（0.0011 + 0.0014 + 0.002）/3 = 0.0015。这是有失偏颇的。

2. 浇口可回用时料件工艺损耗的计算方法

浇口回用是塑胶行业十分常见的现象，浇口回用之后，工艺损耗该如何计算也是长期困扰企业的问题之一。要弄清楚这个问题,我们首先来了解什么是浇口。

浇口又称进料口(俗称"料杆",如图2-3所示),它是分流道与型腔之间的狭小通口,也是最短小部分,其作用使熔融塑料在进型腔时产生加速度,有利于迅速充满型腔,成型后浇口塑料先冷凝,以封闭型腔,防止熔融塑料倒流,避免型腔压力下降过快,以致在制品上产生缩孔或凹陷,成型后便于使浇注凝料与制品分离。

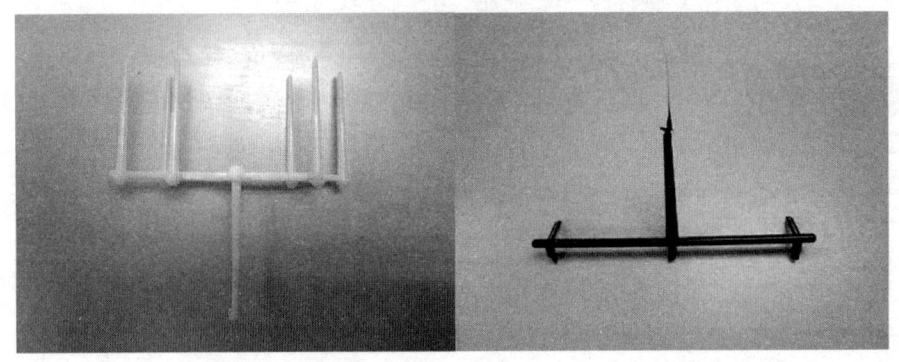

图2-3 浇口

从上述概念可知,浇口是生产过程中必须耗用但又不能转化到成品中的量,似乎符合"工艺损耗"的概念,其实不然。浇口可分为可回用浇口与不可回用浇口。只有对于不可回用的浇口部分,海关才认为是工艺损耗。

例如,成品塑料盖的重量为0.002千克,浇口重量为0.001千克。浇口不可回用,则0.001千克是工艺损耗。

又例如,成品塑料盖的重量为0.002千克,浇口重量为0.001千克,浇口可回用,那么此部分浇口重量不认为是工艺损耗。

了解了上述知识以后,对于存在可回用浇口的企业,工艺损耗该如何计算?下面介绍一种"成本核算"方法,供参考。例如,某塑胶公司,进口ABS、PBT、POM、PPE、PC、PE、PS、PP等各类塑料粒子,生产制造数码复印机、激光打印机、手机、数码照相机及笔记本电脑等精密高级电子产品及信息电子产品的部件。生产制造过程中,根据原料性能及客户要

第二章 核查提升了我们的管理水平

求,部分原料浇口可回用,如 ABS、POM 等;部分原料浇口不可回用,如 PBT、PP 等。根据企业基础数据资料,运用"成本核算法"测定总体损耗率。具体来说,即是利用该公司生产管理中登记的原料投入量、成品产出量等记录资料,通过对比分析,测算一定期间的平均值作为工艺损耗率。以该公司同一年度内 4~9 月的数据为标本,统计见表 2-1。

表 2-1 数据标本

期 间	原料投入			良品产出		不良品产出	
	可	不可	合计	可	不可	可	不可
4 月	365 678	57 722	422 790	337 890	38 809	39 756	1 887
5 月	110 537	133 395	244 480	189 567	30 602	25 366	1089
6 月	377 520	43 880	421 632	341 775	40 396	37 528	889
7 月	404 763	52 963	456 247	372 375	38 143	37 106	1 789
8 月	443 890	65 169	509 990	362 247	55 980	48 883	1 387
9 月	385 460	63 648	448 321	351 843	56 570	56 507	5 563
合 计 (4 至 9 月)	2 087 848	416 777	2 503 460	1 955 697	260 500	245 146	12 604

(续表)

期 间	良品浇口产出		不良品浇口产出		理论原材料投入量	不可回用浇口损耗率
	可	不可	可	不可		
4 月	66 348	7 784	6 872	915	387 285	2.25%
5 月	34 522	4 927	3 936	789	226 974	2.52%
6 月	67 398	7 568	5 775	164	390 792	1.98%
7 月	73 926	7 107	6 415	856	420 270	1.89%
8 月	70 517	10 618	7 537	357	430 589	2.55%
9 月	61 108	10 898	7 628	874	425 748	2.77%
合 计 (4 至 9 月)	373 819	48 902	38 163	3 955	2 281 658	2.32%

【注1:不可回用浇口损耗率 =(不可回用良品浇口 + 不可回用不良品浇口)/理论原材料投入量】

【注2:理论原材料投入量 = 可回收良品 + 不可回收良品 + 不可回收不良品 + 不可回收良品浇口 + 不可回收不良品浇口】

【注3:单位:千克;"可"表示可以回收使用;"不可"表示不可回收使用。】

从上表可以看出，只认为不可回用的浇口是工艺损耗，在不考虑其他工艺损耗因素（如原料干燥、料桶清理、开关机料等）的前提下，公司该年度 4~9 月份塑胶产品的工艺损耗率通过计算结果为 2.32%。公司原料实际投入量大于理论原料投入量，说明该种计算方法是合理并且有效的。

本例中，参照上述方法，核算出工艺损耗率为 2.59%。

3. 如何认识工艺成熟的产品在一定时间段内料件损耗率浮动较大

影响制成品损耗率的因素很多，如原料质量、工人熟练程度、机器设备性能、加工工艺、成品规格尺寸以及换模频率等。仅从工艺损耗的角度来看，对于塑胶行业来说，工艺损耗主要由以下几个方面所产生（包括但不限于，须结合各企业自身生产特点）：

（1）原料的干燥蒸发；

（2）不可回用的原料产生的制成品浇口；

（3）料桶清洗；

（4）制成品后续加工（产品毛边的削除）；

其中，原料干燥蒸发：也即烘干，是指通入热空气将物料中水分蒸发并带走的过程。塑料粒子干燥后用于加工，可防止塑料制成品中出现气泡或云纹。

料桶清洗：不同型号塑料粒子或同型号不同颜色塑料粒子在进行同一台注塑机上加工时，当进行模具切换时，需对进行之前加工过的料桶清洗，以清理掉残留在料桶内的上一产品的塑胶粒子。

除此之外，还有一种损耗的产生是开关机料，它是注塑机在开关机时，产生的"大饼料"（如图 2-4 所示）。

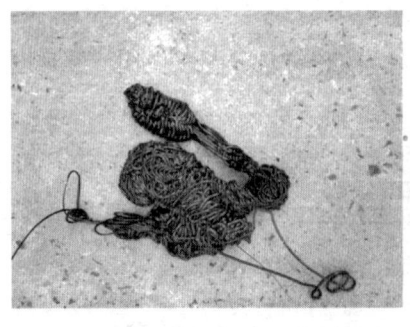

图 2-4　大饼料

一般情况下，更换模具越频繁，产生的开关机料就越多。

本例中，生产传送杆的损耗率在近半年内浮动较大，经了解，是因为近半年内的客户基本都是小订单，而且部分客户对产品的交期要求很高，导致在生产过程中需要频繁更换模具所致。经测算，比以往稳定生产条件下高出5%的损耗。

4. 塑料粒子中加了色母粒时料件单耗的计算方法

加了色母粒的塑料粒子，即产品是由塑料粒子和色母粒共同加工生产而成。那么，在核算单耗的过程中，需在成品单耗中扣除色母粒的重量。

在小青公司的案例中，经测算，在每100千克染色后的PMMA树脂中，有2千克的色母粒，也即色母粒的添加比例为2%。故对于单重为0.001千克的摄像机零部件，其中PMMA的净耗应为 0.001 * 98% = 0.00098（千克），工艺损耗为 0.00085 * 98% = 0.000833（千克）。

最后，核查组将该线索移交给缉私部门处理。

都说塑胶行业的关务难当，小青这次可是真的领教了。虽说塑胶行业的工艺并不算复杂，但是因为料件可以"循环"使用，就导致单耗的计算复杂了很多。没有很清晰的头脑和一定的数学功底还没法应付呢！这次海关的核查也使小青学到了很多方法，她相信：功夫不负有心人，世上只怕"认真"二字。只要自己肯努力，假以时日，一定能成为"塑胶界"的精英关务！

海关提醒

塑胶行业单耗管理的注意点

（1）企业生产部门应合理安排生产计划，尽可能将损耗降至最低。对于超出正常范围频繁更换模具的损耗，海关一般不予认定为工艺损耗。

（2）塑胶行业的成品种类普遍比较复杂，一个产品往往会有几十种甚至上百种规格型号；再加上浇口又有可回用与不可回用之分，故单耗计算方面存在一定难度。只有结合企业的产品实际，选用合适的计算方法，才能最大程度上降低单耗申报不实的风险。

四、化工行业小敏经历的单耗核查

小敏是一家化工企业的关务。她来这家企业已经半年有余了,为做好自己的本职工作,她并不只满足于处理单证上的事务,还经常深入车间了解生产工艺,以准确无误地申报单耗。2012年的一天,业务部通知她,公司的保税成品PVDC薄膜需要出口,小敏遂赶紧准备单耗申报资料。在填制"单耗申报单"时,小敏还特地去车间向工程师张师傅请教了PVDC薄膜的制造工艺。张师傅带领小敏看了产线流程,一边看一边讲解。在张师傅耐心细致的介绍下,小敏得知:产品生产工序分为混料挤出、复卷切边、印刷、切边四个步骤,随后她又搜集了相关生产数据记录,计算出产品净耗为0.98,每道工序的工艺损耗率分别为:混料挤出3%、复卷切边2%、印刷1.5%、分切12%。她向海关申报的单损耗数据详见图2-5。

几天之后,小敏接到海关稽查部门小龚关员的电话,得知要就这票申报单的相关情况开展核查。

中华人民共和国海关加工贸易单耗申报单

[共　　页第　　页]

企业名称	XX化工制品有限公司		企业编码	XXXXX	手册(电子底账)编号	CXXXX		
申报环节	□ 备案　■成品出口前　□深加工结转前　□内销前　□报核前							
成品	项号	25	版本号		商品编码	3920490000		
	商品名称	PVDC薄膜	计量单位	千克	规格型号	0.05mm		
料件	项号	商品编码	商品名称	计量单位	规格型号		单耗/净耗	损耗率	非保税料件比例
	2	3904500000	PVDC树脂	千克	F310		0.98	18.5	0

注:若"单耗/净耗"栏申报内容为净耗,则需申报相应损耗率数据;若"单耗/净耗"栏申报内容为单耗,则不必重复申报损耗率数据,损耗率栏应为空。

经办人(签字):　林XX　　申报日期:　2011.7.6　　联系电话:　　　　企业印章:

(本申报单一式两联,第一联由海关留存,第二联由加工贸易企业留存)

图2-5　小敏填制的"单耗申报单"

小龚带领稽查人员来到企业，首先了解了工艺流程，经现场确认，计算出企业申报的净耗与实际相符；而对于工艺损耗的申报，企业是将各工序损耗简单相加计算得出，即 3% + 2% + 1.5% + 12% = 18.5%，稽查人员认为此种计算方法不科学，存在逻辑上的问题。小敏自己在计算损耗率的时候，也依稀觉得有点儿不对劲，但是又不知道问题出在哪儿。稽查人员根据企业实际情况及以往经验的积累，商讨决定用"实际测定法"对损耗率进行核定。最终，通过核对企业仓库记录、财务账册以及进行库存盘点，计算出实际损耗率为 17.81%。

知识点链接

工艺损耗率计算方法

对于化工行业来说，从原料到成品往往需经多道工序。化工行业在申报单耗数据时，传统的做法是按各生产工序"分损耗"相加的方法计算申报总的损耗率。但往往这样计算的结果与实际损耗存在出入。

"实际测定法"是计算类似存在"分损耗"的有效方法之一，下面以本案例为例，详细介绍一下具体方法：

（1）通过库存盘点测算实际库存。

稽查人员对核查当日的实际库存进行盘点。经查，核查当日企业库存呈现原料、混料、半成品及成品四种状态，其中原料 5 100 公斤，混料 5 154 公斤，半成品 4 201 公斤，成品 6 041 公斤。经折算，实际库存（折合成原料 PVDC 树脂）= 5 100 + 5 154 * 100/100.9（混料是将 PVDC 树脂、颜料色粉、环氧大豆油按 100∶0.4∶0.5 混合）+ 4 201 * 0.98/（1 - 3%）（其中 3% 是首道工序损耗）+ 6 041 * 0.98/（1 - x）（其中 x 假定是真实总损耗）= 14 452 + 5 920/（1 - x）。

（2）根据手册进出口情况计算理论库存。

稽查人员经调阅 H2000 手册进出口数据，截至核查当日，企业实际进口保税件 PVDC 树脂 97 450 公斤，加工出口 PVDC 薄膜 63 571 公斤，按照企业申报的净耗 0.98 计算理论库存，即理论库存 = 97 450 - 63 571 * 0.98/（1 - x）。

(3) 利用"实际库存 = 理论库存"得出恒等式。

14 452 + 5 920/（1 - x） = 97 450 - 63 571 * 0.98/（1 - x），计算出实际损耗率 = 17.81%。

经核查，净耗与申报基本一致，损耗率与申报有异，核查时成品尚未出口，稽查部门将上述核查情况如实反馈给了加工贸易部门。

海关提醒

"实际测定法"计算损耗率的前提条件

对于上述用"实际测定法"计算损耗率公式成立的前提条件包括：企业净耗和每一步的损耗率申报数据真实无误；企业对保税物料的管理规范到位，不存在未经海关同意擅自处置保税物料的情事；企业不存在高报单耗的主观故意。

对于类似本案例中出现的多道工序连续发生损耗，计算总损耗时也可参考如下公式：

总损耗率 = 1 -（1 - a%）*（1 - b%）*（1 - c%）*…而不能是：a% + b% + c% +…（a、b、c 等为每一步的损耗率）

五、纺织服装行业小石经历的单耗核查

小石是一家大型纺织印染企业的关务，2010年9月，她向海关加贸部门申请进料加工手册 CXXXXXXX 核销。这本手册执行期较长，并且已向海关申请展过两次期，又是该企业首本申请核销的手册。几天后，小石在快下班的时候，接到了海关稽查部门的电话，告知她三天以后海关将下厂核查。

三天后，海关人员如期到达。小石其实很清楚海关的来意，风险肯定是存在的。一般来说，纺织类企业具有生产周期短、快进快出的特点，手册的执行期一般在六个月到一年，但这本手册的执行期却超出了一年，肯定是有原因的，只是这个原因目前小石自己也不清楚，因为她刚从一家企

业跳槽到这家企业来不久。

稽查人员调阅了相关资料，发现该公司自成立初期至现在，在相当长一段时间内对相同产品相同料件都沿用同一单耗，技术改造后合同备案用料量高于实际用料量但也未及时向海关申报；同时，发现该司自身内控制度不健全，内部管理比较混乱，关务、仓管和生产部门之间相互脱节，造成关务并不了解其产品的实际用料量情况，也未能及时到海关办理料件单损耗的变更。

发现了此情形，稽查人员判断，企业的实际库存量有大于手册理论库存量风险。于是，稽查人员即刻对企业当日的保税货物库存量进行盘点，并与截至核查当日正在执行的手册保税货物的理论库存量进行对比，发现该公司保税料件库存存在溢余的事实，共溢余保税料件涤纶坯布 86 495 米、锦纶坯布 76 335 米。

知识点链接

1. 企业选择在备案环节申报单耗能否再申请变更

不可以。企业在备案环节应根据自身的经营情况、产品种类、生产工艺等各个可能影响单耗的因素，选择适合自身的申报方式。一般来说，一些生产工艺流程简单、产品净耗相对稳定、产品单耗关系不太复杂的企业，可以选择在备案环节向海关申报单耗。

2. 企业还可以选择哪些环节向海关申报单耗

除选择备案环节向海关申报单耗外，企业还可选择在成品出口（深加工结转/内销）前或报核前向海关申报单耗。选择在报核前向海关申报单耗的，企业应当留存成品样品以及相关单证，并在成品出口、深加工结转或者内销前向海关提出书面申请，并经批准。选择报核前向海关申报单耗的企业必须具备的条件有：

（1）因生产工艺原因，无法在成品出口前申报单耗的；

（2）企业资信状况良好且海关管理类别为 A 类的；

（3）企业内部管理规范，相关资料能够保证海关在成品出口后核查、核定单耗的；

(4) 企业配合海关进行单耗核查、核定的。

稽查人员对小石公司大量溢余保税料件的行为作出如下处理：一是责令企业对该溢余料件办理补征税款手续；二是要求企业在备案时按照成品的真实单耗如实申报，并在出现溢余的情况下及时向海关申请补税。

海关提醒

纺织行业单耗申报注意点

纺织（服装）类行业单耗变化相对较大，企业最好选择在成品出口（深加工结转/内销）前向海关申报单耗。若选择在备案时向海关申报单耗，一定要综合考虑原料性能、客户要求等因素，准确、如实地向海关申报。对于尺码有大小之分的成品，申报时不能取平均单耗申报，而是应按照每个尺码生产过程中的实际单耗向海关如实申报。

六、五金行业小楼经历的单耗核查

刚刚开完物流部会议的关务小楼接到海关稽查部门小李的电话，让他今天去海关拿一份核查的书面通知，是关于单耗核查的。小楼想了想，这一定跟上周刚报核的一本加工贸易手册有关。公司成立后，这是第一本即将核销的手册，海关关员并不了解公司的产品，也不了解相关的单损耗情况，因此下厂核查也是天经地义的事儿。这么想着，小楼顿感轻松起来，向关务主管简单汇报了之后，就去海关找稽查人员小李了。拿到书面通知，果不出所料，上面的"核查范围"一栏写着：对你司加工贸易手册CXXXXXXXX中，第8、10项料件的单损耗情况进行核查。回到公司，小楼找出CXXXXXXXX手册的相关资料，以及申报单耗的依据，如BOM表、工单、样品等资料，供海关核查。

稽查部门以小李关员为组长的稽查人员到达企业之后，就展开了实地核查。经查发现，第8项料件"镀锌板"净耗与申报不一致，而第10项料件"马口铁"工艺损耗率与申报不一致，如图2-6所示。小楼解释说，对于第8项料件的制成品，是"金属固定座"，是个不规则产品，他根本不知道如何计算，只按照BOM表上的数据申报了，而经稽查人员核实，由于工艺已有所改进，而BOM表并未及时更新，所以数据是不准确的；而对于第10项料件"马口铁"的工艺损耗，除了产品在冲压过程中产生的边角废料之外，还加上了机器设备磨损、模具维护等原因导致不良品数量增多的损耗；此外，原材料马口铁的价格又不断上涨，为控制成本，公司将不良品进行回炉，往返回炉产生的不良品更多，最终产生的废渣量增加，损耗就相应增大。小楼统统把它们算进了工艺损耗。稽查人员在核查的过程中还发现，小楼把试生产耗用的保税原料、因人工不熟练导致产生的废品、因生产过程中突然断电造成损失的保税原料、用于质检涉及的保税成品以及保税样品留存，都统统算入了工艺损耗。

核销平衡表（手册号：CXXXXXXXXXX）

料件备案项号	料件名称	进口数量	成品名称	成品备案项号	出口数量	单耗（KG）其中：净耗	单耗（KG）其中：工艺损耗	工艺损耗率	料件耗用量	料件总耗用量	余料量	自核意见	工艺损耗量	非工艺损耗量
8	镀锌板	700	投影仪金属固定座	2	852	0.293	0.364	55%	559.8	559.8	140.2		310.1	
10	马口铁	2000	五金件490	5	5650	0.148	0.106	42%	1435.1	1435.1	564.9			598.9

图2-6 核销平衡表

知识点链接

生产过程中的几种具体情形是否可列入工艺损耗

关于工艺损耗与不能纳入工艺损耗的损耗，海关如何认定，在本节一开始的相关内容中已进行过讨论，我们据此来看小楼申报为工艺损耗的几种情形是否符合规定：

（1）产品冲压过程中产生的边角废料：根据工艺损耗的定义，"是指因加工工艺原因，料件在正常加工过程中除净耗外所必须耗用、但不能存在或者转化到成品中的量"，产品冲压过程中产生的边角废料为"必须耗用"的，即不消耗这些料件成品就生产不出来，故属于工艺损耗；

（2）机器设备磨损、模具维护等原因导致不良品数量增多的损耗以及往返回炉造成的不良品增多的损耗：企业因为自身原因产生的不良品不应

小王在海关稽查的日子——企业如何配合海关稽查

列入工艺损耗范畴；

（3）试生产耗用的保税原料、因人工不熟练导致产生的废品、因生产过程中突然断电造成损失的保税原料、用于质检涉及的保税成品以及保税样品留存，根据上述规定可判断，这些都非生产所必需，所以均不能列入工艺损耗的范畴。

最终，核查组将该线索移交给缉私部门处理。

第二节　盘点核查

盘点是联网监管企业电子账册核销的必经程序。对于每一家企业来说，虽然盘点可结合企业自身特点制定盘点方案，但这并不意味着在盘点过程中，每一项要素都是企业的"自选动作"，也有一些"必选动作"企业必须做到，否则盘点将无法进行。企业在准备盘点的过程中，应该注意哪些问题才能顺利通过核查呢？

某电子公司（中外独资企业），属于海关注册登记A类企业，实行联网监管并进行电子账册管理，主要从事笔记本电脑以及其他电脑终端、打印一体机的设计、生产、组装、加工及相关产品的开发。2012年6月10日，关务小王向海关加贸部门申请对其电子账册EXXXXXXXX第二周期（时间段为2011年12月19日至2012年7月1日）办理核销，加贸部门向稽查部门派单于7月1日对该企业进行盘点。6月15日，负责此次盘点的关员小张召集企业仓库、物流、产线、财务等相关人员召开盘点准备会。

知识点链接

了解"盘点核查"

盘点核查是电子账册核销的必经程序，它是指海关在联网企业盘点时，对一定期间的部分保税货物进行实物核对、数据核查的一种监管方式。

（1）盘点流程。

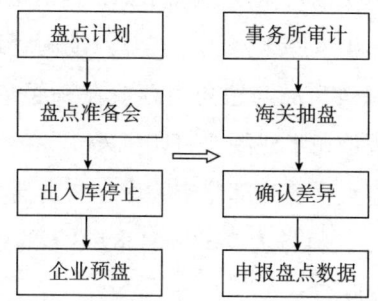

（2）盘点前企业应做好的准备工作。

核销盘点一般要求停线盘点，因客户原因停线有困难的，生产线所需料件应在盘点前领用，盘点开始到海关抽盘结束期间，仓库不得有出入库；

盘点前应尽量压缩库存成品和半成品数量，非生产领用（维修、测试等）的料件应尽量退库；

被核查人应在海关盘点前，确认所有保税货物的存放地点，并对所有保税货物进行预盘；

外发加工货物、外仓货物的预盘应当提前结束，在途货物、深加工结转货物、供应商库存等可能影响数据准确性和完整性的情况应予以确认；

根据预盘结果调整后，提供盘点清单，保税货物实际状况必须与盘点清单一致，不同存放地点的货物对应的清单应当分开（分组），清单最好根据货物金额排序并编制流水号（盘点报告）。

7月1日，关员小张他们到达企业，小王向海关递交了所有盘点清册，包括"保税原材料盘点报表""保税半成品盘点报表""保税成品盘点报表""保税在制品盘点报表""在途清单"等。稽查人员在抽盘实物时，发现如下问题：一是保税与非保税货物存放区域不清楚。在抽盘一颗料号为"105569746B"的保税货物时，发现了在同一库位还有料号为"105569746"的货物，经了解该公司物料的编码规则得知，所有保税货物均带有"B"字样，否则为非保税货物。二是不同状态的半成品使用同一料号。小张在盘点半成品仓库时，发现有两种加工至不同程度的半成品均使用同一料号"X580463"，一种为附加了铝合金的塑料框架，另一种则仅是塑料框架。三是仓库出入库未停止。在盘点期间，还存在部分保税成品的出货行为。四是保税残次品与边角料存放在一起，无法核实具体数量。在盘点的过程中，发现该司半成品"打印机外壳"的残次品与料杆混放于同一库位，数量难以清点。五是部分实物库存与清册数量不符。企业"保税原材料盘点报表"中，料号为"325064589 B"的数量为23650PCS，而实际清点数量则为23600PCS。

知识点链接

1. "在途清单"包括哪些保税货物

在途货物一般包括深加工结转已出库未报关、已入库未报关、已报关未入库及先内销后集中补税货物等。在盘点当天，企业应分别按类型编制报表报送海关。

2. 哪些情形可能导致盘点不通过

（1）保税与非保税货物未分开存放。

保税货物在仓储方面应做到专库专放，即应划分出单独用于存储保税物料的仓库，即使没有条件单独规划出保税物料仓库，也要通过明确划定区域、并标注显著标志的方式加以区分。保税物料仓库专门用于存放保税物料，非保税物料不得存入该库位。如企业仓库容量不够，需在企业外增加仓库面积的，必须经主管海关核准。

（2）料号与实物对应关系不唯一。

料号与实物须是一一对应关系，即一个料号对应且只对应同一种状态的实物。在企业盘点的过程中，可能存在多种加工至不同程度的半成品，只有经过相同加工工序的半成品，才能使用同一料号。这样才能保证后期核销时运用BOM表折料的准确性。

（3）仓库出入库未停止。

盘点期间，仓库出入库应停止，只有处于静止状态的货物才便于清点。因特殊原因确实不能停止出入库的，如成品不能停止发货出库,则仓库应当根据发货计划预提发货量,制作盘点期间的发货清单备查。

(4) 保税残次品与边角料混放,数量无法核实。

对于大部分企业来说,残次品与边角料都无任何利用价值,均视同为"废料",故在保管时也不愿耗费过多的人力物力成本,而是将其堆放在一起,导致难以分辨数量。从海关的角度来说,对企业的残次品与边角料的处置方式是不同的,故也要求企业清晰区分两者数量。

(5) 实物库存与清册数量不符。

出现实物库存与清册数量不符的情况,即盘点数量不准确,当差错率超过一定比例时,此次盘点将宣告失败。实盘数量是否准确与企业正式盘点前的预盘工作密切相关,海关建议企业在正式盘点前,要做到对实物100%的初盘与复盘。

发现上述问题之后,稽查人员回到了会议室,遗憾地告知小王及企业相关人员,此次盘点未通过,需择日进行重盘。稽查人员离开之后,小王备感沮丧。公司为了此次盘点已经停线三天,损失已高达几百万美元。虽然造成今天的局面非小王一人过失,但作为公司关务,他仍然深感愧疚。此次盘点未通过也引起了公司高层的高度重视,第一时间召集关务、仓储、生产、财务、采购等部门人员开盘点总结会。会后,小王根据会议精神,向关员小张申请一个半月后(8月15日)再次盘点,并递交了一份详尽的"盘点计划书"。内容如下:

企业资料

盘点计划书

1. 组建盘点小组,明确各部门职责

表2-2 各部门职责

责任部门	主要职责
总经理	优先协调本次盘点工作,力促各部门通力协作,共同配合完成盘点

续表

责任部门	主要职责
关务部	1. 与海关进行盘点前的沟通，明确盘点各项要求； 2. 做好内部培训，明确注意事项及各部门职责； 3. 确认外发加工及外设仓库的货物情况，外发加工货物尽量拉回本厂盘点； 4. 负责盘点报表的整理与汇总； 5. 负责盘点当天的现场协调与人员安排。
采购部	督促深加工结转供应商就盘点前已送货未报关部分出具数据清单。
生产部	1. 停线盘点。负责安排好生产计划，确保盘点当日产线上不存在"在制品"，投入生产的完成生产，无法完成的作退库处理； 2. 负责提供准确无误的产线库存数量。
仓储部	确保在库的各种状态的保税货物（原材料、成品、半成品、残次品、边角料）摆放整齐（不得与非保税货物混放），便于清点，并提供准确库存数量。
财务部	负责提供相关货物单价、总价等。
技术部	负责配合关务部，对盘点报表的汇总及整理提供技术支持。

2. 明确注意事项

（1）保税与非保税货物各自独立区域，分开摆放；各种状态的保税货物（原材料、成品、半成品、残次品、边角料）须有各自独立空间，并且数量清晰可点。

（2）各部门做到对盘点对象100%初盘和复盘，确保数量的准确性。

（3）半成品的盘点需要区分加工状态，确保一个状态使用一个料号。

（4）保税货物的出入库完全停止，如成品急需出库的须提前领好相应数量并做好清单备查。

（5）陪同海关盘点人员务必做到对所盘点区域资材熟悉，以便海关抽盘时迅速找到货物，节省盘点时间。

（6）各部门按规定格式报送"盘点清单"，格式如图2-1所示。

第二章 核查提升了我们的管理水平

序号	Location No	Material	Description	Valuation Type	Unit	Counted Stock	Stock Value(CNY)	Status	实盘数量
1	10-10-5A	BA92-05420A	ASSY BOARD-TOP;SCALA2-14L,14 USB	EX	PC	252	25,200.00	11.18%	
2	10-2-5B	BA92-04737A	ASSY BOARD-TOP;JINMAO,14 USB	EX	PC	179	17,900.00	7.94%	
3	10-5-5C	BA92-05203A	ASSY MOTHER BD-TOP;OREGON,N450,667MHz,51	EX	PC	175	17,500.00	7.76%	
4	10-5-5A	BA92-05898A	ASSY MOTHER BD-TOP;HOUSTON-13E,SV BGA, D	EX	PC	171	17,100.00	7.58%	
5	10-2-5D	BA92-04962A	ASSY MOTHER BD-TOP;Brighton,BGA,DDR2,3MB	EX	PC	144	14,400.00	6.39%	
6	Y1-1-3A	BA92-07502A	ASSY MOTHER BD-TOP;NT-CAIROA-AM2,K325,DD	EX	PC	133	13,300.00	5.90%	
7	10-4-5A	BA92-05835A	ASSY MOTHER BD-TOP;HOUSTON 15,BGA,DDR3,-	EX	PC	97	9,700.00	4.30%	
8	10-1-5D	BA92-05896A	ASSY MOTHER BD-TOP;BREMEN17,PGA,DDR3,-,P	EX	PC	94	9,400.00	4.17%	
9	10-1-5A	BA92-06766A	ASSY MOTHER BD-TOP;Cannes,PGA,DDR2,3MB/6	EX	PC	92	9,200.00	4.08%	
10	10-6-5A	BA92-06434A	ASSY MOTHER BD-TOP;BREMEN-17UL,PGA,DDR3,	EX	PC	89	8,900.00	3.95%	
11	10-1-4A	BA92-06341A	ASSY MOTHER BD-TOP;LINCOLN-R,N450,667MHz	EX	PC	52	5,200.00	2.31%	
12	10-10-3A	BA92-06694A	ASSY MOTHER BD-TOP;Springfield,N280,DDR2	EX	PC	47	4,700.00	2.08%	
13	10-3-2D	BA92-08087A	ASSY MOTHER BD-TOP;HOUSTON-12,PGA,DDR3,-	EX	PC	46	4,600.00	2.04%	
14	10-1-3A	BA92-05634A	ASSY MOTHER BD-TOP;Geneva,PGA,1G,4M,256M	EX	PC	45	4,500.00	2.00%	
15	10-2-4A	BA92-06823A	ASSY MOTHER BD-TOP;Praha_SRE(R),Penryn,C	EX	PC	45	4,500.00	2.00%	
16	10-3-1A	BA92-08125A	ASSY MOTHER BD-TOP;SCALA2-14AMD,Win7,BGA	EX	PC	42	4,200.00	1.86%	
17	10-3-2A	BA92-09293A	ASSY MOTHER BD-TOP;NIKE-14,BGA,4MB,-,WHP	EX	PC	42	4,200.00	1.86%	
18	10-5-4A	BA92-06018A	ASSY MOTHER BD-TOP;JINMAO-15R,PGA,DDR3,-	EX	PC	42	4,200.00	1.86%	
19	10-4-1A	BA92-07428A	ASSY MOTHER BD-TOP;europa-14,BGA,I7,640M	EX	PC	41	4,100.00	1.82%	
20	10-5-1A	BA92-05230A	ASSY MOTHER BD-TOP;PRINCETON-12ULV,WIN7,	EX	PC	41	4,100.00	1.82%	
21	10-1-1A	BA92-06546A	ASSY MOTHER BD-TOP;VEYRON-15R,PGA,DDR3,Q	EX	PC	40	4,000.00	1.77%	

图 2-1　盘点清单

3. 盘点时间节点控制

8月15日正式盘点，盘点时间为8：00～17：00，具体安排如下表：

表 2-3　盘点安排

Item	Time	Action
8月14日		
1	before 08：00	线边仓将不需要的材料暂时退返仓库
2	before 08：00	产线将所有完成品退至仓库
3	08：00～17：00	线上的废品库自盘，同时张贴盘点标识，并更新盘点报表
4	08：00～17：00	自盘在库不良品数量，并制作不良品盘点报表
5	08：00～17：00	冻结工程批的生产至盘点结束，并根据当日拉出来的工程批清单再次核对工程批数量，确保实物与账一致，所有工程批账实统一移交给产线盘点当日值班人员。
6	08：00～15：00	进出口部要求货代：所有报出货物盘点前2日送过来，仓库用在盘点前1日上午时间完成所有保税材料的收货动作，在12点后只收非保税材料
7	09：00～12：00	再次确认所有外发产品皆已退回
8	09：00～12：00	统计当月内销产品的清单，做为补税在途材料
9	09：00～12：00	统计当月未报关数据，作为在途依据

续表

Item	Time	Action
10	13：00~17：00	确认深加工数据，将未报的深加工结转列为在途材料，并要求供应商之后的深加工结转分开做
11	17：45~19：00	确认进口在途数据，当日所有已制小清单未送的产品全部做为在途
12	17：00~17：45	打印不良品的盘点报告
13	20：00~21：00	提供账料一致的成品资料给成品库
14	21：00	停止发料到产线
8月15日		
15	00：00	系统停账
16	00：30~02：00	自系统中导出盘点报表，并设置格式（结合货物金额占比与库位进行排序）
17	01：00~02：00	核实进口在途情况，并制作在途报表
18	06：00~08：00	仓库复盘
19	06：00~07：00	仓库根据实盘结果更正盘点报表
20	06：00~07：00	确认海关出口在途数据
21	07：00~07：45	制作汇总的在途报表
22	07：45~08：00	合并报表，生成一份完整的盘点报表并打印
23	09：30~17：00	海关关员现场抽盘
24	17：00	盘点结束，整理盘点报告，确认盘点结果

小张仔细阅读了小王的"盘点计划书"，颇有信心地点了点头。他相信，等待他们的下一次盘点，一定能画上圆满的句号。

第三节　内销核查

在加工贸易过程中，企业由于市场因素、客户需求等原因将原拟外销的产品转为国内销售,是比较普遍的情形。但有些企业由于内部各部门之间衔接不好或者重视不够,以及缺乏对海关相关法律法规的认识,将加工贸易货物擅自内销,结果触碰了"高压线",最终被海关处以重罚。

知识点链接

1. 海关对加工贸易货物转内销有何规定

内销是在加工贸易过程中,企业由于市场因素、客户需求等原因将原拟外销的成品、料件以及有价值的边角料件、副产品等转为国内销售的行为。

《中华人民共和国海关法》第三十三条规定:企业从事加工贸易,应当持有关批准文件和加工贸易合同向海关备案,加工贸易制成品单位耗料量由海关按照有关规定核定。

加工贸易制成品应当在规定的期限内复出口。其中使用的进口料件,属于国家规定准予保税的,应当向海关办理核销手续;属于先征收税款的,依法向海关办理退税手续。

加工贸易保税进口料件或者制成品因故转为内销的,海关凭准予内销的批准文件,对保税的进口料件依法征税;属于国家对进口有限制性规定的,还应当向海关提交进口许可证件。

《中华人民共和国海关对加工贸易货物监管办法》第三十四条规定:加工贸易保税进口料件或者成品因故转为内销的,海关凭主管部门准予内销的有效批准文件,对保税进口料件依法征收税款并加征缓税利息;进口料件属于国家对进口有限制性规定的,经营企业还应当向海关提交进口许可证件。

2. 企业擅自内销应承担的法律责任

《中华人民共和国海关法》第三十七条规定:海关监管货物,未经海关许可,不得开拆、提取、交付、发运、调换、改装、抵押、质押、留置、转让、更换标记、移作他用或者进行其他处置。

第八十二条第二项规定:未经海关许可并且未缴纳税款、交验有关许可证件，擅自将保税货物、特定减免税货物以及其他海关监管货物、物品、进境的境外运输工具，在境内销售的，该行为属于走私行为，构成犯罪的，依法追究刑事责任。

第八十六条第十项规定：未经海关许可，擅自将海关监管货物开拆、提取、交付、发运、调换、改装、抵押、质押、留置、转让、更换标记、移作他用或者进行其他处置的，可以处以罚款，有违法所得的，没收违法所得。

《中华人民共和国海关行政处罚实施条例》第十八条第一项规定：未经海关许可，擅自将海关监管货物开拆、提取、交付、发运、调换、改装、抵押、质押、留置、转让、更换标记、移作他用或者进行其他处置的，有上述行为的，处货物价值5%以上30%以下罚款，有违法所得的，没收违法所得。

第三十二条规定：法人或者其他组织有违反海关法的行为，除处罚该法人或者组织外，对其主管人员和直接责任人员予以警告，可以处5万元以下罚款，有违法所得的，没收违法所得。

从以上条款可以看出，未经商务主管部门批准、未缴纳进口环节税款、擅自销售保税货物，是加工贸易环节严重的走私行为，处罚也是相当严厉的。其结果是企业被罚款并降级；对情节特别严重的走私罪行为，还将直接追究责任人的刑事责任。

一、联网企业内销"连连看"

2012年2月，三家联网企业的关务都在周一的早上接到了海关稽查部门即将下厂核查的通知。核查范围均为"你单位2011年1月1日至2011年12月31日保税料件转内销情况"。三家企业的关务都在马不停蹄地准备资料，包括调取上年度保税料件用于内销的数量、保税成品转内销的数量、保税废料内销数量等，并找齐了内销补税报关单，以备海关核查。

第二章 核查提升了我们的管理水平

知识点链接

海关对加工贸易联网监管企业内销的管理规定

《中华人民共和国海关加工贸易企业联网监管办法》中第十二条明确规定："经主管海关批准,联网企业可以按照月度集中办理内销补税手续;联网企业内销加工贸易货物后,应当在当月集中办理内销补税手续。海关总署在2007年1月8日执行的第1号公告中规定:联网企业因故内销保税料件或其制成品的,应事先向商务主管部门申领"加工贸易保税进口料件内销批准证"。联网企业凭商务主管部门制发的"加工贸易保税进口料件内销批准证",按加工贸易监管规定向主管海关办理内销缴税手续;经海关批准在"加工贸易保税进口料件内销批准证"范围内先行内销保税料件或其制成品的,联网企业应在内销当月内向海关集中办理内销缴税的申报手续。

稽查人员到达的第一站是关务小赵所在的公司。

小赵的公司是一家液晶显示器生产企业,主要进口电线路板、中片、集成电路、背光源、触摸面板等,生产LCD(液晶显示器),三年前就实行联网监管了,至今运作良好。该公司有着较为严格的内控制度,对于保税货物内销的管控更是如此。其具体操作流程如下:

如上图所示,月初,由业务部预估本月需要内销的数量,再由财务部和关务部共同核算出需要耗用的保税料件的数量,关务部将这些保税料件向商务部门申请办理"加工贸易保税进口料件内销批准证"后,货物发生实际内销行为;月底,企业向主管海关集中办理内销补税申报手续。

稽查人员在查阅该公司2011年5月的补税情况时发现,5月份实际补税人民币408 020元,涉及中片、集成电路、柔性线路板、偏光板、背光源、触摸面板、液晶、胶带、环氧树脂等保税料件,金额共计约23

万美元。而按照公司的内销流程，5月底补税的数量应与5月份的实际内销数量相对应。而该公司5月份的实际内销数量涉及保税料件金额约为95万美元，税款约为人民币170万元。由此看出，补税数量远远小于实际内销数量。涉及应补未补的货物税款约为 1 700 000 – 408 020 = 1 291 980（元）。

  稽查人员就这一异常情况询问了小赵，小赵起初感到很讶异，后来看了看销售清单，忽然回忆起来那个月的情况是有点特殊。客户A公司本来预计是要2万台3寸的液晶显示器的，小赵也按这个计划申请了"加工贸易保税进口料件内销批准证"，可是到月中的时候，他们突然又加了3万台5寸的液晶显示器，而且交期很紧。公司本着"客户至上"的理念，几经协调，排除万难满足了客户的要求，原本打算给B公司的库存成品给了A公司。那部分库存成品是保税的，原本是要以深加工结转的方式给B公司，也就是说不用补税，但现在转给了A公司，那么就需要补税了。那阵子进出口业务又特别繁重，小赵起初还记着，可是真到向海关申请补税的时候就忘了，导致到现在这部分的税也没补。

  虽然这只是过失行为，而非主观故意，但毕竟触犯了海关有关规定。稽查人员依法将该线索移交给了缉私部门处理。

  稽查人员到达的第二站是小曾所在的公司。

  小曾是一家制造油墨等高科技化学品企业的关务。公司主要进口料件为：环氧树脂、丙烯酸酯聚合物、硫酸钡、光引发剂等化工原料，主要出口产品为：文字油墨。其工艺流程为：原料计量/调配—搅拌混合—研磨—黏度调整—检查/测试—过滤—包装。整个工艺流程中各原料均是物理混合，无化学反应，无新物质生成。

  稽查人员在核查过程中发现：该司在2011年7月19日至28日，涉嫌擅自转让至境外其他公司的保税成品文字油墨数量共计1 620千克，耗用保税料件环氧树脂等数量共计1 233千克。

  稽查人员向小曾了解发生上述违规行为的原因，小曾坦率地承认了自己的过失：由于文字油墨商品编号归入"3215"项下，而根据中华人民共和国商务部、中华人民共和国海关总署2008年发布的第22号公告附件2：

《2007年第二批加工贸易禁止类商品目录》（禁止出口，2008年修订），"3215"项下所有商品禁止采用加工贸易方式出口，但该公司生产文字油墨的原料有部分可以通过加工贸易进口。关于"文字油墨"禁止出口的事情小曾一开始忘了，后来在出口报关时经海关关员提醒才想起来，当时客户又急着要货，所以就用一般贸易方式出口了。而在月底集中补税的时候，只计算了当月转内销的数量，忘了把这部分数量核算进去，导致稽查人员来核查时，这部分数量都还没向海关申请补税。

最终，该线索被移交给了缉私部门。

稽查人员到达的第三站是小童所在的公司。

小童所在的公司是一家手机生产企业，主要进口摄像头、电源、传感器、显示模块、触摸屏、蓝牙、闪存、电路板等，经组装成成品手机出口。作为一家知名跨国公司，该公司内控制度堪称严谨、规范。公司有着专门的法务部门，负责研究各个领域的相关法律，如工商、海关、税务、外管等，并制定相应规章制度作为各部门工作规范。

作为手机行业的引领先锋，该公司的营销理念一直倡导"走在前面，做在前面"。在这样的理念之下，境外公司甚至部分境内公司会有取消订单的做法。手机的更新换代非常频繁，当成品生产出来时，如果已有同类产品占领了市场，公司将不再接受这批产品，但是公司总部有个规定：取消订单的一方仍需支付所有产品的货款。2011年12月，就在国内S城市的子公司发生了这样的情况：S城市的子公司向该司下了5万台手机的订单，双方约定以深加工结转的方式交易，但当该5万台手机已被该公司生产出来的时候，市场已抢先被具有类似功能与外形的其他品牌手机占领，故S公司取消了之前的订单，并将给该公司支付相应货款。取消订单的这5万台手机中包含保税料件摄像头、电源、显示模块、触摸屏等。正在此时，稽查人员恰好进行了下厂核查，了解这一情况后，提醒小童及时向海关申请办理相关手续。

海关提醒

1. 联网企业"月度集中补税"注意事项

对于联网企业来说，可享受"月度集中补税"的优惠待遇，但企业必须要记住,实际产生的内销必须是在"加工贸易保税进口料件内销批准证"的数量和时间范围内。所以,企业在向商务部门申请"加工贸易保税进口料件内销批准证"时,应综合考虑各种因素,防止超量或超时。

2. 保税进口料件的制成品出口须谨慎

保税进口的料件,制成成品后应保税出口。如果未以保税方式出口,用于一般贸易或内销等,则均应先申请办理征税手续。

3. 即将取消订单时涉及的保税货物处理须谨慎

虽然该司保税货物尚未在境内发生实际销售行为,但对于类似行为,都应将涉及的保税料件向海关办理征税手续后再予处理。

二、非联网企业内销"连连看"

第一批被列入核查名单的非联网企业共有三家,关务小俞、小尹、小金都在周一的早上接到了海关稽查部门即将下厂核查的通知。核查范围均为"你单位2011年1月1日至2011年12月31日保税料件转内销情况"。

关务小俞是一家塑胶企业的关务,公司主要进口 ABS、PC、POM 等各类塑料粒子,成品为笔记本电脑零部件。

稽查人员在核查的过程中发现,该公司于2011年6月15日至2011年7月10日间,将手册项下的150吨库存 ABS—FR 染色塑料粒子用于内销产品的生产,并于2011年6月26日~2011年7月30日完成销售,上述料件制成品全部销售给国内客户。该公司同时于2011年7月2日就以上150吨塑料粒子的外销转内销情况向商务部门提出申请并获批准,但于2011年8月2日,才报请海关批准并征税。

发现了上述情事之后,稽查人员当场向小俞指出,公司"先销后税"的行为已涉嫌违反海关规定。没想到小俞一脸的无辜地急忙解释:"我们已经向海关缴纳了一定的保证金了呀,而且保证金额肯定是大于应纳税款金额的,难道不可以比照联网企业享受'月度集中补税'的优惠措施吗?"稽查人员小曹听了,感到可气又可笑:"谁告诉你们非联网企业缴纳一定的保证金,就能享受联网企业集中补税的待遇的?"小俞一时语塞,支支吾吾地说:"啊,我以为可以的……公司那段时间客户订单特别不稳定,尤其是内销订单,而且客户说要就要,交期很紧,我们都来不及备料,无奈只能挪用保税料件以满足国内客户。""不管什么理由,你们都应该先完税再销售,这是原则。"小曹一脸严肃地说。

最终,核查组依法将该线索移交给了缉私部门。

小尹所在的企业是一家五金制品公司,公司主要进口不锈钢、镀锌板、铝合金、马口铁等,成品主要有投影仪固定座、笔记本电脑金属件,以及各类五金件等。稽查人员到来的时候,小尹和公司的物流经理保罗正一起坐在会议室里恭候着。

稽查人员小刘对这家公司印象不错,因为两年前对这家公司开展稽查的过程与结果均令人满意,小尹他们提供材料的速度很快,且都能够按照海关的要求准备,稽查下来发现公司管理各方面都较为规范,基本符合海关管理规定。时隔两年,小刘又来到了这家公司,发现公司的人员并未发生什么大的变化,只是物流经理换了。小刘心想,如果公司继续延续两年前的管理模式,这次应该也没什么大问题。但当他和同事查阅企业财务、物流、仓库、生产等部门的相关资料时,却发现保税边角料的处理上出现了问题。

经了解,公司在生产过程中每天都有大量的废金属冲压边角料产生,它们不但占用库房场地,也严重影响整洁美观的厂区环境。新来的物流经理保罗颇爱干净,对这些边角废料的及时处理做出了"周到"的安排,每隔三天,就会有几辆大卡车乘着下班人少的时间进来将废料拉走。但保罗万万没想到,自己这么"周到"的安排却触犯了海关法律。

最终,核查组依法将该线索移交给了缉私部门。

关务小金是一家电子公司的关务,公司主要进口注塑件、五金件、连接线、PA塑料、PBT塑料、黄铜、IC、LED等料件,成品为多种型号的成品连接器。

稽查人员经查发现:该司在2011年2月至11月间,在未办理保税料件内销补税的情况下,擅自将CXXXXXXX手册项下的保税料件制成品连接器以开增值税发票的方式在国内转让给 B 公司，擅自转让保税货物折合保税料件连接器（半成品）213 550 个、PA 塑料 1 730 千克、连接线 35 846 个、LCP 塑料 1 069 千克、PBT 塑料 650 千克、连接器用注塑件 435 036 个、连接器用五金件 101 695 个、连接线 12 903 米、LED 27 206 个、磁芯 12 346 个。上述擅自转让货物均记入公司财务账并收到货款。

此外，还发现该司在 2011 年 3 月至 10 月期间，在未办理保税料件内销补税的情况下，擅自将 CXXXXXXX 手册项下保税料件制成品连接器作为样品领用，免费提供给 C 公司等客户。擅自转让保税货物折合保税料件连接器（半成品）30 010 个、LED44 069 个、PA 塑料 293 千克、PBT 塑料 95 千克、连接线 51 943 米、IC40 063 个、连接器用注塑件 58 462 个、连接器用五金件 210 639 个、连接线 33 584 米、磁芯 10 693 个。

稽查人员就此情形询问小金，小金承认，这是由于公司内部管理不善，沟通不够所致，小金对上述保税货物有偿转让及无偿转让情事并不全部知晓。

最终，核查组依法将该线索移交给了缉私部门。

海关提醒

1. 非联网企业适用的内销政策不同于联网企业

非联网企业实施保税货物转内销前，应当事先向当地海关咨询相关政策。

2. 保税边角料的正当"出路"在哪里

复出口。以边角料退运方式申报复出口，运至境外无论怎么处理都是可以的。

内销。企业在生产过程中产生的边角料，如要在境内销售，必须事先向海关提出书面申请，经过海关审核并补征相应税款后方可。

此外，还有放弃这一途径。

3. 关务部门的地位举足轻重

关务部门在进出口企业中其实具有着举足轻重的地位，但是，不少企业的高层都未引起重视，从而导致仓库、生产、财务等部门"绕开"关务部门独立对保税货物进行管理甚至处置。殊不知，保税货物一旦进境，除了正常的成品出口无须向海关报备之外，其余类似案例中的转内销、赠与等行为均需事先得到海关批准。企业往往在受到处罚时才想起关务，这是不可取的。凡事应未雨绸缪，相信关务所具备的专业素质能够管理好公司的保税货物！

第四节　深加工结转核查

深加工结转是加工贸易转型升级的重要组成部分，也是加工贸易监管链条的重要环节之一，对促进我国经济快速、平稳、高质量发展的作用不容忽视。深加工结转如此重要，海关对其管理的规定自然也不会少。

一、令人惊愕的进口"空结转"

关务小范刚到一家新公司报到，关务华经理就把一本即将到期的进料加工手册交给了他。"赶紧做核销资料吧！手册的报核期马上就要到了，可别耽误了核销，否则海关又要来催了。"华经理交代小范说。如此艰巨的任务让小范有点透不过气来的感觉。从上一家企业离职的时候，刚核销完一本手册，本想着到了新企业可以轻松一段时间，可没想到刚报到的第一天就接到了任务。

小范看了看手册的有效期，2011 年 6 月 30 日，手册的报核期是有效期加上 30 天，也就是 7 月 30 日，距离今天仅仅只有 10 天的时间！小范问华经理，前任关务有没有先做过一些手册核销资料的整理工作，得到的却是冷冰冰的"NO！""就是因为他做事不懂得统筹，并且节奏太慢，为了手册报核的事情，我们不知道被海关催过多少次，甚至有一次还被停了手册，进出口都无法做了，给公司造成了很大的负面影响，公司才决定不要他了。"华经理面无表情地说。

小范顿时觉得，自己可是接了一个烫手的山芋。好在小范的专业知识还是过硬的，而且有着比较丰富的经验，手册核销工作他做了六年，具体的操作流程、所要提供的资料他早已烂熟于心。整理进出口报关单、了解工艺流程、问工程部要 BOM 表、调阅生产工单……整整花了一周的时间，小范把这些准备工作都做完了，下面就开始填制"核销平衡表"了。

在填制"核销平衡表"的时候，有一项进口货物的情况令小范感到很疑惑。这本手册的执行期内，共计申报进口"贴面不锈钢"8 000 千克，上本手册无该项料件的余料结转数量，该本手册项下出口成品折算成料件后，共计耗用 24 000 千克，出口成品耗用量远远大于其进口总数量。小范又询问了采购及查阅了公司财务及仓库账，发现公司从未有过国内采购和以一般贸易方式进口"不锈钢贴面"的记录，这真奇怪了！小范前前后后把这项料件的单损耗数据及计算公式检查了好几遍，也验算了好几遍，也让生产部的人来确认过了，都未发现问题。那么这 16 000 千克的"负盈余"该如何解释呢？小范隐隐觉得这里面可能隐藏着什么问题。

凭着职业敏感性，小范向华经理调阅了上本手册的核销资料，查看了里面的"核销平衡表"后，小范终于发现了问题的症结所在！上本手册与这本手册的进出口货物基本相同，进口货物也有"贴面不锈钢"，做的成品也一样，但是前任关务申报的单耗却足足比现在高出一倍！难道是执行这本手册时，公司的工艺改进了？带着这样的疑问，小范找到了工程部费经理请教。可是费经理却告诉他，这款产品公司已经做了好几年，工艺早就成熟稳定了，不可能再有什么改进了。

得到这样的答复，小范感到心猛地沉了一下。这也就是说，造成这本手册"负盈余"现象的产生是因为上本手册高报了单耗节余了保税料件所致！也就是说，事实上，上本手册是应该有剩余料件结转至这本手册的，但因为前任关务高报了单耗，把这些料件"消化"掉了，从而导致手册的余料量为 0，但实际是有的！

小范把这一情况及时向华经理反映了，岂料华经理的反应却平平："高报单耗这事儿我略有所知，你不用管了，把这本手册核销了就行。""核销不掉的，账面'负盈余'数太多，海关会下厂查看的。我们又没有国内采购和一般贸易进口的，这根本没法跟海关解释啊！"小范着急地说。"那你觉得应该怎么办？"华经理问。"不如我们主动向海关说明上本手册的真实情况吧！请求海关原谅。这算是我们自查发现的，我们向海关争取一下，看看能不能只补税不罚款。"小范诚恳地说出自己的建议。

"可是你有把握吗？万一海关不肯'从轻发落'怎么办？上次 Z 公司就是因为高报单耗情事被海关发现了，罚了款不说，企业管理类别还从 A 类降到了 B 类，一下少了很多便捷通关措施，给公司增加了很多负担，他们关务经理也因此被辞退了。如果我们也出现这样的情况，只怕我跟你也都要失业了！"华经理带着威胁的语气说。小范没再吭声。"这样吧，小范，不就是手册进出不平嘛！这简单，你就把手册进口量增大不就行了嘛！这是 D 公司关务陆经理的电话，我的好朋友，你给他打电话就行了。"华经理开始支招了。

小范被弄得一头雾水，手册核销不掉找 D 公司就有用了？但是为了完成自己的本职工作，他还是拨通了陆经理的电话。通过与陆经理的交谈，他明白了，让手册"空转"一批保税料件进来，以填平上述 16 000 千克的缺口。即采用"空结转"的方式，虚增手册项下保税进口"贴面不锈钢"的数量来掩盖前述问题。而陆经理竟然愿意"配合"他们这么做。

小范默默地挂了电话，他心里很清楚，这家公司将可能是他职业生涯中最短的一个驿站。是的，第二天，他就很坚定地递交了辞职报告。"空结转"的事儿他没做。他也永远不会做！

知识点链接

1. 了解"深加工结转"

《中华人民共和国海关关于加工贸易保税货物跨关区深加工结转的管理办法》中规定：（保税货物跨关区）深加工结转是指，加工贸易企业将保税进口料件加工的产品转至另一（直属海关关区内的）加工贸易企业进一步加工后复出口的经营活动。案例中提到的"空结转"，实际上是深加工结转贸易方式的一种违规行为，主要特征是上下游企业之间只存在形式上的单证流转，而无实际货物进出。

2. 哪些加工贸易企业可以开展深加工结转业务

《中华人民共和国海关关于加工贸易保税货物跨关区深加工结转的管理办法》中规定了海关不予受理加工贸易企业申请结转的几种情形，即：

小王在海关稽查的日子——企业如何配合海关稽查

（1）不符合海关监管要求，被海关责令限期整改，在整改期内的；
（2）有逾期未报核"手册"的；
（3）未按照规定填制结转货物收发货单的；
（4）涉嫌走私已被海关立案调查，尚未结案的。

其中，"不符合海关监管要求"主要包括企业未经海关允许将保税料件擅自内销、擅自外发；企业内部保税与非保税料件未分开管理；企业高报保税料件单、损耗以及其他违规行为等。

稽查人员到了小范所在的公司之后，便开始分工协作，多管齐下，很快发现了违法事实：2011年7月，该公司委托某货运代理有限公司以进料深加工结转贸易方式在该司进料加工手册CXXXXXXXX项下从D公司申报结转进口贴面不锈钢一批。进口报关数量为16 000千克。但该票货物实为"空结转"，即仅在该司与D公司两者之间存在形式上的单证流转，并无实际货物送到该公司。"空结转"的目的是为了掩饰该司到期手册CXXXXXXXX中贴面不锈钢的"负盈余"现象。

另外，稽查人员还发现，该公司在核销上本手册时，因高报单耗导致多核销保税进口料件贴面不锈钢17 600千克。对于在该手册多核销的保税料件17 600千克贴面不锈钢，该司虽没有进行国内销售，却也未向海关办理补税或结转手续，而是将其存放于公司仓库并延用于后续的CXXXXXXXX手册项下出口成品生产，进而导致前述"空结转"进口的发生。

在核查当日，该公司在核查组对CXXXXXXXX手册相关情况进行检查时，现场制作贴面不锈钢的虚假入库单、送货单应对检查，被当场查获。最终，核查组依法将该线索移交给缉私部门处理。

后来在与同行们聊天的过程中，小范得知这家公司的违法行为最终还是被海关发现了，受到了严厉的惩罚，也被降了级别。公司现在运营状况很困难，面临资金链随时可能断裂的风险。

海关提醒

企业自查出的违规行为应向海关如实申报

企业在生产经营过程中，经自查一旦发现违反海关规定的行为应主动、及时地向海关申报。制造虚假单证掩盖违规行为是非常不明智的做法,一经发现,必将从重处罚!

二、一场"金融危机"中的"危机"

小夏是一家电子公司的关务,该公司以生产、加工各类液晶显示器用光电导光板、扩散板、背光板等光电子器材为主。该公司的业务中,加工贸易占了90%以上。2008年,金融危机席卷而来,小夏所在的公司也未能逃脱此劫,订单量急剧下降。一度公司濒临破产。没有客户导致库存大量积压,最直接的后果就是资金链承压,公司无法正常运营。公司高层非常着急,几乎天天开会想办法,并动员起所有的员工找客户,甚至承诺一定的奖励。为了公司的生存,大家都在充分利用自己的人脉,只要有一线希望都要试一试。

小夏在"关务界"已经做了七八年,也积累了一些人脉。她翻开通讯录,一个一个地搜寻、回忆,有可能成为自己公司客户的,她都会打电话问问。不过一连联系了十几个人,都让她很失望。通讯录上,只剩下S公司的关务小谢没联系了。三年前,小谢还与自己同事一场,他为人热情、做事认真,给小夏留下了很好的印象。小夏完全以一种找老朋友聊天的心态拨通了小谢的电话,小谢果然是一如既往地热情。电话里,小谢说,此次金融危机他们公司并未受到太大的影响,因为公司根基比较深厚,有几个大客户一直很稳定,所以订单虽也有减少但影响不大。小夏告诉了小谢自己公司的难处,问小谢能不能帮帮忙,小谢答应小夏去问问公司。

三天之后,小夏接到了小谢的电话,电话里小谢兴奋地说:"公司已经同意给你们一部分订单了!你们公司的规模不大,这笔订单应该可以帮助你们渡过难关,维持生存了。"小夏非常欣慰,甚至有一种"绝处逢生"的感觉。"只是,公司有一点比较苛刻的要求,不知道你们愿不愿意?"小谢继续说道。"只要能让公司挺过去,我们完全愿意配合你们!"小夏说。"那好。公司要求你们做深加工结转业务,并且要求先送货,在送货一段时间后,再根据双方确认的数量向海关办理备案手续。"小谢说道。有着

小王在海关稽查的日子——企业如何配合海关稽查

多年经验的小夏一听就知道,这是不符合海关规定的,对于深加工结转业务,海关是要求先备案、再收发货、再结转报关的。怎么能先收发货,再备案呢?

"你们公司为什么要这么操作?"小夏知道小谢也一定明白这是违规行为。"我也不明白啊,我们公司去年年底来了新任的业务经理,不知道为什么就有这样的怪要求,每一家与我们有深加工结转业务的他都要求这么做,好在我们的深加工结转业务不多。"小谢解释道。"那你们至今没被海关处罚过吗?"小夏不解地问道。"可能时间不长、量也不大,海关还没发现吧!我已经多次跟业务经理说明了这其中的利害关系了,可是'位微言轻,难入人心'啊!他根本就不搭理。"小谢无奈地说。"好的,那我跟公司上层汇报一下再做决定吧!"小夏挂了小谢的电话,心里很矛盾。一方面,这样一笔订单确实能给公司带来生机,可是触犯海关规定也一定是公司不愿意做的事。S公司也确实奇怪,为什么非得这样操作呢?小夏向经理汇报了此事之后,为了公司的一线生机,经理同意接这个单子,但是让小夏务必在送货后最快的时间内办理相关海关手续。

小夏公司与S公司做了九个月的深加工结转业务之后,稽查人员来下厂核查了,主要就是针对深加工结转业务。

知识点链接

深加工结转业务的办理流程

深加、工结转业务的办理流程包括:深加工结转备案——收发货登记——结转报关三个环节。深加工结转必须按先备案、再送货、最后报关的程序运作。结转申请经转入地海关备案后,转入、转出企业才可开始进行收、送货;在转出、转入企业实际收发货后,双方还须按规定办理结转报关手续。

稽查人员核查时了解到:2008年10月至2009年5月,小夏公司向海关申领了编号为CXXXXXXX、CXXXXXXXY的进料加工手册,备案进口聚碳酸酯、聚甲基丙烯酸甲酯、聚乙烯嵌有玻璃纤维的片等原料,备案出口不同型号的背光源用导光板。

2009年3月24日至2009年11月12日,小夏公司以进料深加工贸易方式向海关申报出口8票货物,共申报出口背光源用导光板3 746 700个,申报总价共计21 502 900日元,客户为S公司。而小夏公司并未按照规定在送货前向海关办理深加工结转备案手续,而是在送货一段时间后(基本以月为周期)根据双方确认数量再向海关办理备案手续。具体送货时间、向海关申请深加工结转及海关审批时间详见表2-4。

表2-4 时间表

报关单号	申报日期	送货起止日期	当事人申请深加工结转日期	转出地海关审批日期	转入地海关审批日期
39511378	20090324	20090119-20090224	20090304	20090309	20090316
39515516	20090417	20090225-20090323	20090330	20090402	20090410
39520756	20090519	20090325-20090420	20090504	20090506	20090509
39525452	20090617	20090424-20090515	20090527	20090529	20090609
39537369	20090822	20090625-20090722	20090810	20090813	20090819
39541620	20090916	20090724-20090831	20090901	20090901	20090909
39548476	20091023	20090901-20090921	20090929	20090929	20091015
39553038	20091112	20090925-20091023	20091015	20091016	20091026

自始至终,小夏及公司的相关人员都很配合海关的核查,他们很坦率地承认,出现上述"先送货、后备案"的原因为S公司要求先送货,再根据对账确认数量向海关备案,公司为维持订单,同意了该客户的要求。

最终,核查组将该线索移交给缉私部门处理。

事情过后,小夏感到很懊悔。她后悔自己为什么没在当初主动跟海关取得联系,说明自己公司所处的困境,相信海关一定会考虑企业的实际困难,在政策允许范围之内最大限度地为企业想办法帮助渡过难关的。这场"金融危机"中的"危机"让她明白:事事不可心存侥幸,只有不折不扣地遵守海关各项规定,公司才能"长治久安"。

小王在海关稽查的日子——企业如何配合海关稽查

海关提醒

深加工结转的"三步运作"不可颠倒

企业办理深加工结转业务,必须严格按照审批、送货、报关的"三步运作",切勿擅自变更操作流程!办理深加工结转业务的双方企业可在合规的前提下,结合企业身实际事先商讨约定具体操作细则,以提高工作效率,减少差错。

以下附某企业深加工结转操作流程,供参考。

企业资料

未喷漆塑胶外壳半成品深加工结转操作流程

转出方:E公司　　转出方主管海关:B海关

转入方:I公司　　转入方主管海关:C海关

目的:针对塑胶外壳半成品以深加工结转的方式从E公司至I公司而进行的操作,制定以下流程,以保证双方明确操作方法,符合海关要求。

1. 结转备案

(1) E公司进出口部每隔三个月问业务部后三个月结转出口到I公司未喷漆塑胶外壳半成品的预计数量。

(2) E公司以三个月的结转出口总量,到B海关办理深加工结转申请备案。

① E公司填写一式四联"结转申请表"上转出方相关内容附对应手册备案的深加工结转合同复印件交B海关审批。

② 审批通过后,第一联B海关留存,其余三联退E公司交I公司在当地C海关申请备案。

(3) I公司办理结转转入申请备案。

① I公司填写其余三联"结转申请表"上转入方相关内容,连同深加工结转正本合同、E公司手册备案复印件递交C海关审批。

② 审批通过后,第二联由C海关留存,第三、第四联分别交E公司和I公司用于办理结转收发货登记和报关。

2. 实际货物收发

(1) 双方备案完毕,E公司可进行发货,发货品种型号须与申请表所列一致，数量不得超量。申请表获批额度有效期为90天，到期未及时送货，额度作废，需重新备案。

（2）E公司每次交货给I公司须准备一份一式二联的"结转货物收发货单"（后附装箱单），并在收发货单上填入对应结转申请表号及日期、商品编码、商品名称、规格型号、数量等相关信息，并加盖结转专用章。

（3）I公司每次收货，在确定货单相符后，收货人在收发货单上签收，并将收发货单带回公司交进口部加盖结转专用章，定期每月返还E公司进出口部。

（4）收发货单I公司留存一联，另一联E公司留存。

（5）双方进口操作员将收发货单上的数据对应转登在相应申请表背面，将收发货单与申请表装订在一起备用，进口操作员负责妥善保管。

3. 进出口报关（每月底对申请表已送货部分报关结清一次）

（1）月底由I公司先行进口申报。

① 办理报关前由双方确认收发货数量无误后，由E公司开具报关发票（箱单）交I公司报关。

② I公司凭发票、箱单、结转申请表黄联、手写报关单、正本合同办理进口报关手续，并在结转进口报关后的第二个工作日内将报关情况通知转出方E公司。

（2）E公司进行出口申报。

① E公司收齐I公司提供的进口报关单复印件、结转申请表红联、发票、箱单、出口核销单后，进行审单。

② 审单无误后，制作工作联系单，交由报关公司报关。

③ 转出方E公司在接到转入方I公司通知之日起10日内，办理结转出口报关手续。

三、都是"超期"惹的祸

小贺在一家大型电子企业做关务，主要负责与深加工结转相关的备案及报关业务。与公司有深加工结转业务往来的供应商挺多，每个月都要与这些供应商就收发货的数量进行对账，之后再履行报关手续。时间做长了，小贺也差不多了解了每家企业关务的性格，有些是急性子，在每月双方确认好收发货数量后，就会立即开具报关发票（箱单）交由他们报关；而有些却是慢性子，报关发票（箱单）总是姗姗来迟，有好几次都险些误了报关时间。

M公司的关务小蔡就是属于慢性子中的一员，每个月都要再三催促，这不，这个月又是这样，一周前就对好账了，可是到现在也不见发票的踪影。小贺给小蔡打电话，小蔡一副抱歉的语气："不好意思，我又忘了。我现在休假呢，等我回去再寄给你。"小贺无奈地摇了摇头，在台历上做了个记号，只好先把别的单报了。差不多忙了半个月，这个月的报关任务终于差不多了，小贺忙里偷闲也休了个假。可是假期结束，小贺却把小蔡那事儿给忘了，而小蔡休假回来也没想起来，总之那个月的报关手续就没做。等到小贺发现的时候，已经是三个半月后了，小贺赶紧催促小蔡把资料寄过来补办了报关手续。

说来也巧，小贺刚补办完这批结转的报关手续没几天，就接到海关稽查部门关员小管的电话，说要来核查公司的深加工结转情况。小贺庆幸自己及时发现了那票"漏网之鱼"，现在应该没什么大问题了。

稽查人员来到企业后，得到了小贺他们的热情接待。小管之前因为稽查的事儿跟小贺接触过，对她的印象还不错，知道她做事情认真、细心、踏实。小贺早就按照要求把资料准备好了，稽查人员在翻阅的过程中，还赞赏小贺的工作做得细致到位。可是就在快检查到最后的时候，小管发现了小贺那笔超期报关的单子。他前后看了三遍，确认没有弄错，才有点诧异地问小贺："这票单子怎么超了90天才报关？"小贺把事情的前因后果跟小管解释了一下，随后又强调了一下："管关员，在你们核查之前我就已经补办了报关手续了，您看，这是报关单。"小贺拿出了报关单给小管核实。"虽然已经补办了，可还是超期了啊，按规定是要移交缉私部门的。"小管遗憾地告诉小贺。经查，该司未在海关规定期限90天内报关的原料有：PVC粒14 090千克、端子12 630个、磁环10 000个、电源线线材5 235米、连接器50 059个、塑胶壳13 140个。

最终，核查组将该线索移交缉私部门处理。

知识点链接

转出、转入企业实际收发货后如何办理结转报关手续

《中华人民共和国海关关于加工贸易保税货物跨关区深加工结转的管理办法》中规定，转出、转入企业实际收发货后，应当按照以下规定办理结转报关手续：

（1）转出、转入企业应当分别在转出地、转入地海关办理结转报关手续。转出、转入企业可以凭一份"申请表"分批或者集中办理报关手续。转出（入）企业每批实际发（收）货后，应当在90日内办结该批货物的报关手续；

（2）转入企业凭"申请表""登记表"等单证向转入地海关办理结转进口报关手续，并在结转进口报关后的第二个工作日内将报关情况通知转出企业；

（3）转出企业自接到转入企业通知之日起10日内，凭"申请表""登记表"等单证向转出地海关办理结转出口报关手续；

（4）结转进口、出口报关的申报价格为结转货物的实际成交价格；

（5）一份结转进口报关单对应一份结转出口报关单，两份报关单之间对应的申报序号、商品编号、数量、价格和手册号应当一致；

（6）结转货物分批报关的，企业应当同时提供"申请表"和"登记表"的原件及复印件；

（7）企业超过规定时限申请办理结转报关手续的，海关按照本办法第十二条（第十二条：转出、转入企业违反本办法，海关按照《中华人民共和国海关法》及《中华人民共和国海关行政处罚实施条例》的规定处理；构成犯罪的，依法追究其刑事责任）规定处理后，可以补办有关手续。

对于参加H2000深加工结转管理系统推广应用的加工贸易企业，按照《海关总署关于H2000深加工结转管理系统推广应用暂行办法》中的相关规定办理结转报关手续。

海关提醒

深加工结转报关超期后补办也属违规

开展深加工结转业务的企业,务必在实际收发货后90日内办结该批货物的报关手续。若未办理,即使事后补办,也属违规,也将受到海关的处罚!本案例的情形即属于此。

第五节 外发加工核查

在企业从事加工贸易的过程中,由于受自身生产工序的限制,导致无法在本企业内完成保税料件所有环节的加工和生产,而需要外发到别的厂家就部分工序进行辅助加工的情形,从海关的角度来说,称为"外发加工",企业在开展外发加工业务的过程中必须严格遵守海关规定。

一、"擅自外发"不可取

某金属制品有限公司关务小彭刚一上班就被叫到了采购陈经理办公室。小彭焦头烂额,这几天忙着海关调查的事儿,一分钟也没闲着。"要是经理再布置什么任务下来,我可是分身乏术啊!"小彭心里暗暗地想。"小彭,公司有一批保税进口的料件要运至C公司进行加工,海关那边有没有什么问题?"陈经理问道。"公司料件给C公司加工,为什么?"小彭一脸疑惑,"是我们的产能不足吗?""不是产能的问题。公司最近进口的一批不锈钢带有200mm以上宽带和80mm以上窄带两种,而我们能用以生产电热管的仅为80mm以下的窄带,所以对于这些不锈钢宽带必须先通过开料变成窄带才能使用;此外,我们公司生产的电热管中的引出棒也需由不锈钢丝切割加工而成。而我们本身没有将不锈钢宽带开料成窄带的加工能力,也没有切割不锈钢丝的加工能力。因此,必须先将这些不锈钢宽带和不锈钢丝运至C公司进行开料和切割加工后,我们才能使用。"陈经理解释道。小彭算是听明白了:"您说的这种情形属于海关意义上的'外发加工'。""外发加工？哦，那我们公司可以做吗？"陈经理问道。"需要先申请的。我先咨询海关看看吧！"小彭回答。"那好，你尽快给我答复。"陈经理下了指示。

小彭从海关网站上下载了申请外发加工需要的表格，认真填写好相关信息后，来到海关加贸部门申请。加贸部门小吴关员审核后，发现该司申请外发的"不锈钢宽带"和"不锈钢丝"因涉嫌申报不实，正处在调查阶段。"你们公司的'不锈钢宽带'和'不锈钢丝'是不是正处在海关调查阶段？"小吴向小彭询问道，"是啊，我最近天天跑海关配合调查呢，就是因为一时疏忽，规格型号弄错了，导致价格申报也出了点问题。"小彭解释道。"那调查终结了吗？""没有呢，缉私部门的孙干警约我明天做'询问笔录'。"确认了上述信息，小吴遗憾地告诉小彭："依规定，我没法批准你们的外发申请。《中华人民共和国海关加工贸易货物监管办法》中明确规定：'经营单位申请外发的货物属于涉案货物且案件未审结的，海关不予批准外发加工业务'。你们申请外发的这两种货物不巧刚好处在调查阶段。""啊？那没有商量的余地了吗？我们缴纳一定的保证金行吗？"小彭急切地问道。"缴纳保证金也不行。你们公司正处在调查阶段，如果你们申请未涉案的货物进行外发的话，缴纳保证金倒是可以办理的。"小吴耐心地解释道。

小彭怏怏地回到公司，向陈经理报告了这一情况。"不同意外发?！那怎么行！客户还急着要货呢！"陈经理显然没想到申请还会不通过，有点恼火，"那你想想还有别的办法吗？""没有更好的办法，只能等调查终结。""调查终结还要多久？""我咨询过孙干警了，他说至少还要半个月到一个月吧！""需要那么久？只怕那时客户早就不跟我们合作了！"陈经理忿忿地说。"这样吧，我们拉到C公司进行加工，时间也不会太长，最多也就十天左右，再说C公司也不远，我们不让海关知道不就行了吗？海关最近在忙着我们申报不实的事，估计也顾不上别的。十天之后，货物就拉回来了，到时候没人知道发生了什么。"陈经理自作聪明地出了个"好"主意。"这恐怕不行吧？万一让海关知道了，又要被处罚了啊！"小彭被陈经理的主意吓得腿都有些打颤了。"这有什么关系？公司一向崇尚'客户至上'，再说我们又不是想偷逃税款走私什么的，不就是拉出去加工一下吗？就这样说了，你回去工作吧！"小彭看陈经理已经下定了决心的样子，只好默默地回到自己的座位上。

货物外发的每一天，小彭都心惊胆战，真是称得上"度日如年"。他心里很清楚，这件事情一旦被查发，自己作为公司的关务，是无论如何也逃脱不了干系的。可是，真是越怕什么越来什么。第八天的时候，稽查人员来了！稽查人员到了企业之后，就告知小彭此次是"径行核查"，而且核查的范围就是该公司一年来的外发加工！小彭一时间不知道该怎么办，脑海里一片空白。"在我们正式核查之前，有什么需要向海关说明的吗？"关员小向一脸微笑，循循善诱。"哦，没、没什么，先前的外发加工我们不是一直都备案的吗？"小彭越来越紧张，根本没法思考，但潜意识里告诉他应该这么回答。小向听了小彭的话，没再追问下去。"那请你们的仓库、财务、产线的相关人员准备好近一年来的外发加工资料备查吧！"

稽查人员经仔细查阅，发现了企业未经海关允许，擅自将"不锈钢宽带"和"不锈钢丝"外发至其他工厂进行加工的行为。

"现在还有什么需要向海关说明的吗？"回到会议室，小向一脸严肃地问小彭。"哦，是的，这笔外发业务我们没有向海关备案，因为公司有涉案的货物，所以加贸部门没批准我们的申请。""这就是你们擅自外发的理由吗？""我们知道错了。"小彭的脸涨得通红，此刻恨不得找个地洞钻进去。

最终，核查组将该线索移交缉私部门处理。

知识点链接

1. 了解外发加工

随着加工贸易的迅速发展，一些企业自身生产能力已不能满足市场需求，而为了达到提高加工增值率和利润率、追求利润最大化的目的，企业会将生产过程中某一道或某几道，甚至全部工序外发给其他企业加工，并在规定期限内将加工后的产品运回本企业，最终由本企业完成加工复出口。

《中华人民共和国海关对加工贸易货物监管办法》中对外发加工做了

如下定义：

外发加工，是指经营企业因受自身生产特点和条件限制，经海关批准并办理有关手续，委托承揽企业对加工贸易货物进行加工，在规定期限内将加工后的产品运回本企业并最终复出口的行为。

2. 海关关于企业开展保税货物外发加工的规定

《中华人民共和国海关对加工贸易货物监管办法》第二十三条规定："经营企业经海关批准可以开展外发加工业务，并按照外发加工的相关管理规定办理。"

《中华人民共和国海关对加工贸易货物监管办法》第二十四条规定了"申请开展外发加工业务的经营企业应当向海关提供相当于外发加工货物应缴税款金额的保证金或者银行保函"的几种情形：

（1）外发加工业务跨关区的；

（2）全部工序外发加工的；

（3）外发加工后的货物不运回直接出口的；

（4）申请外发加工的货物未涉案，但经营企业或者承揽企业涉嫌走私、违规，已被海关立案调查、侦查且未审结的。

申请外发加工的货物之前已向海关提供不低于应缴税款金额的保证金或者银行保函的，则经营企业无须再向海关提供保证金或者银行保函。

《中华人民共和国海关对加工贸易货物监管办法》第二十四条规定："经营企业或者承揽企业生产经营管理不符合海关监管要求以及申请外发的货物属于涉案货物且案件未审结的，海关不予批准外发加工业务。"

本案例中，企业申请外发加工的保税货物由于涉嫌申报不实，正处在调查阶段，所以海关不予批准其外发加工申请。

海关提醒

外发加工必须严格遵守审批程序

企业务必严格遵守保税货物外发加工审批手续，切勿存在侥幸心理。所有保税货物的外发加工均需先向海关申请，再外发。

二、"超范围"的外发加工

小吕是一家塑胶企业的关务,这几天,她正忙着准备资料向海关申请办理外发加工手续。公司进口的 ABS、PC、PC/ABS 等塑料粒子要运至 Y 公司进行染色处理,小吕向生产部与业务部了解了这三种原料外发的数量与加工期限,认真地填制了申请外发加工需要的表格,送至海关审核。仅仅一个工作日,海关就完成了审批工作,同意了他们的外发申请,小吕就通知仓库可以发货了。

染色的工艺很快就完成了,塑料粒子如期运回公司,生产部门将它们注塑成型,制成上盖、下盖、导光柱等成品。小吕以为就这样可以出口了,谁知却迟迟没有接到出货的消息。又过了几天,小吕从仓库管理员小雅那里得知,公司准备将注塑好的半成品以及浇口料外发出去加工。这又是怎么回事?小吕赶紧到生产部华经理那里了解情况。原来,经客户要求,产品还要进行喷漆印刷的加工,而公司没有喷漆及印刷的生产线,只好外发至 Z 公司进行加工。此外,为了节约成本,浇口料也可以经抽粒后再重新利用,Z 公司恰好又有抽粒设备,所以就准备一起运过去。

虽然外发出去的是同样一批货物,但是小吕之前只申请过染色加工,并未提及喷漆印刷与抽粒,海关能允许这样的现象发生吗?小吕心生疑虑,为了保险起见,她还是建议华经理等等再外发,等她去海关补办了手续再说。谁知华经理表示非常不理解,说:"你怎么又要去海关申请外发加工啊?不是已经就该批料件申请过染色了吗?还是同样一批货,只是又出去加了一道工序而已。都像你这样申请,海关不要忙得团团转啊?何况,我也没时间等你做好手续再外发,客户急着要货呢!别自作多情了,海关不会介意的。"华经理丢下这一段话就匆匆离开了,小吕无奈地耸耸肩,本来还想跟他确认一下外发的数量,这下可是没戏了,没有具体数量是没法向海关递交申请的。

小吕也就没把这事放在心上。仔细想想华经理的话也并非全无道理,同样一批货物,申请一次不就行了嘛!难道出去进行 10 道工序的加工,还要申请 10 次吗?那海关还真忙不过来了。半个月过后,小吕也就彻底把这事给忘了。周五快下班的时候，小吕的心早就飞走了，跟朋友约好了周末去外地踏青，刚准备走，接到了海关稽查部门的电话，说下周要去公司就保税货物的外发加工情况进行核查，小吕礼节性地回应着并表示欢迎，挂了电话就收拾东西下班了。

周三的上午，稽查人员来到了公司。经查发现，该司2011年9月3日至2011年10月5日期间，在未经海关许可并未办理相关手续的情况下，擅自将手册项下保税制成品上盖、下盖、导光柱等外发至Z公司进行喷漆印刷加工，共涉及保税原料ABS染色塑料粒子18 563千克、PC染色塑料粒子952千克、PC/ABS染色塑料粒子17 305千克；此外，将PC浇口料30 895千克外发至Z公司进行抽粒加工。小吕这才知道自己最初的判断才是正确的，海关外发加工的备案其实实行的是"一事一批"制，申请一次并不代表可以"全程享受"。工作还是要做细了才好！

最终，核查组将该线索移交缉私部门处理。

海关提醒

保税货物的外发工序须在海关批准的范围内

企业只可对获取海关批准的保税货物进行外发加工，且加工的工序须是向海关申请备案的，未经海关批准的保税货物及加工工序不能擅自外发！

第六节 不作价设备核查

不作价设备与加工贸易货物有着类似之处——都属于海关监管货物。因此，对于不作价设备的管理，海关也有着严格的规定，并不是像某些企业所认为的"既然合规进口，就能随意使用"那样。

一、不作价设备切不可"互通有无"

关务小林所在的公司是一家针织厂，主要做来料加工。该司原材料保税进口,主要有羊毛线、棉纱毛线、混纺毛线等;成品有羊毛衫、棉纱毛衫、混纺毛衫等,成品 100% 出口。其生产设备包括:照衫灯、电动打毛机、衣车、钮门车、电动打带车等。上述生产设备以不作价设备的方式从 D 手册中免税进口。

稽查人员到来的时候,小林并没有做什么准备。后来小林才知道,这种未经通知就来核查的方式叫作"径行核查"。稽查人员让小林提供了截至目前该司 D 手册进口的设备清单,并到车间查看了这些设备的使用情况。稽查人员发现:该公司于 2008 年 8 月至 2008 年 12 月,未经海关许可并办理有关手续,涉嫌擅自将仍在监管期限内及监管期虽届满但尚未依法解除监管的照衫灯、电动打毛机、衣车等 5 台不作价设备借给辖区内另一家针织厂(F 公司)使用。具体借用情况为:照衫灯,2003 年 6 月 11 日进口 1 台,2008 年 8 月借出;电动打毛机,2005 年 6 月 25 日进口 1 台,2008 年 8 月借出;衣车,2006 年 5 月 15 日进口 1 台,2008 年 10 月借出;钮门车,2006 年 8 月 16 日进口 1 台,2008 年 10 月借出;电动打带车,2007 年 4 月 13 日进口 1 台,2008 年 12 月借出。以上事实均有借条为证。铁证如山,小林及总经理无奈地低下了头。小林是经办人,他是在总经理的授意下,办理了这些设备的外借手续。

"在金融危机来临之际,公司面临倒闭的风险,我们与 F 公司的生产工序相近,产成品类似,而且我和那家公司的费经理私交也不错,以前就互有代加工业务。公司面临困境,我向费经理求助。虽说商场如战场,可费经理还算不错,向我伸出了援助之手,给了我们一些订单,但他同时也向我提出要借几台设备的要求。我知道那是海关监管设备,可是想着只要不卖问题应该不大,再说 F 公司也不远,即使出了什么问题自己也能第一时间知道。为了公司的存续,我就让小林办理了设备外借的事。"总经理向海关解释道。"金融危机确实使不少企业受到了影响,可是企业有困难,也应该第一时间跟海关联系,海关会想办法帮助企业渡过难关的。你们也不应该擅自处理尚未解除监管的免税设备啊!"稽查人员说道。总经理的无奈小林看在眼里,可此时此刻,他也爱莫能助,毕竟企业违规在先。

最终,核查组将该线索移交给缉私部门处理。

知识点链接

1. 了解"加工贸易不作价设备"

根据《外经贸部、海关总署关于加工贸易进口设备有关问题的通知》的规定，不作价设备是指：与加工贸易经营单位开展加工贸易（包括来料加工、进料加工及外商投资企业从事的加工贸易）的外商，以免费即不需经营单位付汇进口、也不需用加工费或差价偿还方式，向经营单位提供的加工生产所需设备。

2. 不作价设备的海关监管期限

加工贸易免税不作价设备自进口之日起至退运出口并按海关规定解除监管止，属海关监管货物。监管期限为 5 年，在监管期限内，不得擅自在境内销售、串换、转让、抵押或移作他用。

例如，某公司 2003 年 6 月 11 日进口的不作价设备照衫灯一台，海关监管期限为进口之日起至 2008 年 6 月 10 日止。在此期间，该公司对照衫灯除正常使用外的任何处置都必须先向海关申请并办结相关手续。

3. 企业是否可以任意处置已满海关监管期的不作价设备

本案例中，对于 2003 年 6 月 11 日进口的一台不作价设备照衫灯，在 2008 年 8 月借给 F 公司使用时，已经过了 5 年的监管期。那么，企业是否可以任意处置呢？

《海关总署、外经贸部、质检总局关于进一步明确加工贸易项下外商提供的不作价进口设备解除海关监管有关问题的通知》中明确规定：监管期限已满的"不作价设备"应退运出境，因特殊情况不退运出境的，按以下规定办理解除监管手续：

（1）企业不退运出境并向海关申请放弃"不作价设备"，海关可直接为企业办理解除监管手续，并按有关规定对放弃的"不作价设备"作出处理；

（2）不退运出境并留在境内继续使用的"不作价设备"，企业需提出申请，由机电产品进口管理机构办理进口审批手续，海关凭批件为其办理解除监管手续，并免缴进口关税、进口环节增值税。

由此可以看出，虽然不作价设备的监管期限已满，但如果要留在境内

小王在海关稽查的日子——企业如何配合海关稽查

处置的话,必须首先按规定向海关办理解除监管手续才可。

海关提醒

不作价设备转借他用须先行办理相关手续

无论是否在监管期内,企业进口的不作价设备如需转借给其他公司使用,必须首先向海关申请办理相关手续!

二、不作价设备"越界"使用须有"度"

某文具制品公司业务部的张经理很是高兴。前段时间他刚刚约谈了国外的一个客户,双方相谈甚欢,这不,张经理刚回国没几天,对方就下订单了。跟以往不同的是,这次不仅有订单,还有对方免费提供的用于生产该产品的加工设备。张经理找到了关务部李经理,询问这些设备该怎么进来,李经理很专业地告诉他:"这还不简单!办理不作价设备手册,直接进口呗!"说干就干,2011年2月,关务部小谢就去海关办理了不作价设备的进口手续,分别进口了五色印刷机2台和四色印刷机1台。设备如期进厂,经调试后,很快就投入了生产。起初,工人对新机器的性能还不太熟悉,换样版的时候还要调试好一阵,可是三个月过后,一切都步入了正轨,工人的熟练度也提高了,对于新机器的使用已经达到了游刃有余的地步。

渐渐的,这几台设备出现了"吃不饱"的状态,国外的订单很快就能生产完,又没有其他的单子,这几台设备就只能这么闲置着。"可不能这么浪费啊,这么好的资源不充分利用那真是太可惜了!这几台印刷机所能达到的性能在国内同行业中还实属领先,我可得想办法再弄点订单来才行。"张经理又动起了脑筋。

要论谈业务,张经理可是一把好手,幸运之神也似乎总眷顾他,没见他费多少功夫,又一家客户即将谈妥了。但与上次不同的是,这次的客户是国内的,而非国外的。客户对产品的品质要求很高,但张经理信誓旦旦地保证:"肯定让你们满意!我们的设备可是一流的!""你们的设备是国外进口的,性能我不怀疑,可是您刚才自己介绍说,这些设备是外商以不作价的方式提供给你们的,用于生产他们的产品,那么我们的产品可以用这些设备生产吗?"对方业务部赵经理问道。"这有什么不行啊?既然进口了,那么使用权就是我们的,国外的客户只要按期交货不就行了嘛!从目前的情况来看,生产国外的订单只需要半天的时间,设备还有半天是闲置的,所以接你们的单子是绰绰有余的啦!"张经理自豪地介绍道。

"你确认在海关方面没有问题?"赵经理追问道。"不会有问题的。这些设备我们都是依规定按程序报关进口的,您尽管放心!"张经理说得胸有成竹。赵经理得到了张经理的承诺,自然也很高兴,立马给他们公司下了订单,而订单的量也恰好能使这些机器设备都"吃饱",真是物尽其用。到了年底,经财务核算,这几台设备生产的成品50%出口了,50%内销了。

年底之际,稽查人员来核查了。当稽查人员小黄通知小谢要来核查时,小谢还特地跑到车间看了看这3台设备,确认它们都在他也就放心了。果然,稽查人员到来时,了解了一下公司大致情况之后,也到车间清点了一下进口的不作价设备的种类与数量,均与报关信息一致。随后,小黄向产线上的工人了解起了机器设备的生产情况:"这些机器平时都生产什么产品呢?""一般生产两种印刷品,一种是销往国外的,一种是用于国内销售。"工人答道。"那比例呢?"小黄接着问道。"大概各50%吧!"工人如实回答。

得到了答案之后,稽查人员回到了会议室,要求财务调取2011年的产品销售记录,经计算,核实了工人的说法,销往国外与国内的产品确实各占50%。"你们已经涉嫌违规了,知道吗?"小黄代表核查组说。"违规?!"小谢和会议室在座的其他人几乎要跳了起来,这简直是一件不可思议的事!"您是不是弄错了,黄关员?我们可是严格按照海关规定使用机器设备的呀!机器进厂之后就一直没离开过,数量也没少,也没有移作他用的情形,怎么会违规呢?"小谢急切地问道。

那么,小谢公司不作价设备的问题到底出在哪里呢?

小王在海关稽查的日子——企业如何配合海关稽查

知识点链接

不作价设备的使用规定

《外经贸部、海关总署关于加工贸易进口设备有关问题的通知》中规定，免税进口和使用外商提供的不作价设备必须符合下列条件之一：

(1) 设有独立专门从事加工贸易（即不从事内销产品加工生产）的工厂或车间，并且不作价设备仅限在该工厂或车间使用；

(2) 对未设有独立专门从事加工贸易的工厂或车间、以现有加工生产能力为基础开展加工贸易的项目，使用不作价设备的加工生产企业，在加工贸易合同（协议）期限内，其每年加工产品必须是70%以上属出口产品。

看来，小谢公司的不作价设备存在的问题正是出在承接的内销订单上。企业因生产经营需要，使用不作价设备时可不设独立专门从事加工贸易的工厂或车间，也可不仅用于加工贸易产品的生产。但是，即便如此，企业也必须达到最低标准：即使用进口的不作价设备每年加工的产品必须保证70%以上属出口产品。也就是说，企业可以利用不作价设备"越界"生产内销产品，但须把握好尺度。

最终，核查组将该线索移交给缉私部门处理。

海关提醒

不作价设备应主要用于加工贸易产品的生产

企业进口的不作价设备应主要用于加工贸易产品的生产，如要用作其他用途，则需掌握一定的尺度。

第七节　其他项目核查

消耗性物料也是加工贸易管理中不可或缺的一部分。本节通过"蓝膜"案例，详细介绍消耗性物料的相关知识，以及企业应注意的事项。

"蓝膜"的争议

关务小森所在的公司是一家外商独资的半导体有限公司,主营集成电路的封装与测试。公司的一本进料加工手册到期后,小森做好了核销资料向海关加贸部门申请报核。关员小朱审核后,注意到了手册中的进口料件"磨料"。依小朱的专业知识,"磨料"应该是属于消耗性物料,而消耗性物料的认定和监管一直是海关加工贸易监管中的难点。目前相关政策法规也对"消耗性物料"的备案有着较为严格的规定,那么,这家公司进口的"磨料"是不是属于海关允许保税进口的物料范畴?为解决这样的疑问,稽查部门对该本手册的"磨料"进行核查。

稽查人员来到公司,首先让小森介绍该本手册"磨料"的相关情况。小森说自己的专业知识不够,怕讲得不到位,遂请来了工程部的赵经理。赵经理介绍说:"我们进口的这种材料是一种蓝色成卷保护胶带,俗称'蓝膜'。这是一种单面胶带,由基材层和离型层组成,其中基材层由PO(聚烯烃)制成,离型层由PET(聚酯)制成,宽度和厚度依据产品要求而略有差异,主要运用在集成电路封装前的研磨和切割工序中。"

"在研磨过程中,胶带将被贴附在集成电路晶圆的正面(如图2-7、图2-8所示),以避免晶圆表面的集成电路在研磨(晶圆背部的)过程中被碎屑或其他杂质划伤。"赵经理解释道。

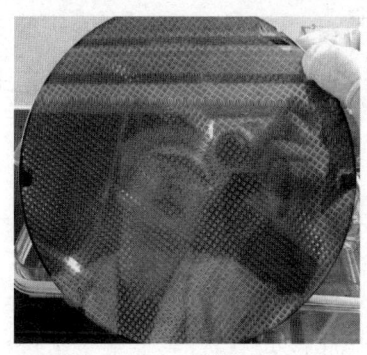
图2-7 未贴膜晶片

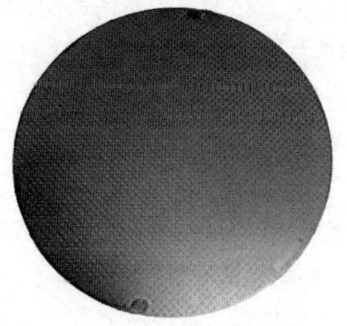
图2-8 研磨工序贴膜后
(正面有膜背面无膜)

"在切割工序，胶带被贴附在集成电路晶圆的背面，将晶圆与周转定位用铁框整合成一个整体（如图 2-9 所示）。此时的胶带具有多重作用：一是固定晶圆，以方便后续工序给晶圆定位；二是提供切割缓冲，使切刀可以将晶圆切透，而不伤及切割平台，切割后胶带上有切痕而不开裂；三是防止晶粒脱落，它可以牢牢地将已被切散的晶粒粘附在胶带上，而无须担心掉落；四是对于部分具有 UV 功能（即经过紫外线照射使粘胶的粘度降低）的胶带，还可使后续工序方便地取用切割后的晶粒。"赵经理继续说道。

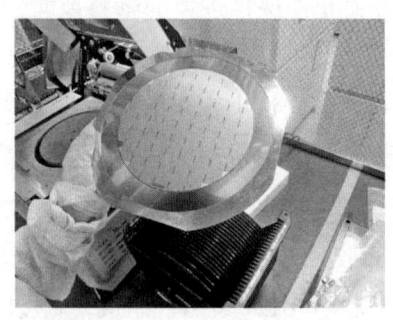

图 2-9　切割工序贴膜后（背面有膜，正面的膜已被撕去）

听完赵经理详尽而又清晰的介绍，稽查人员明白了，小森从手册中进口的"磨料"原来就是眼前的"蓝膜"。但事实上，蓝膜并不能称作为"磨料"，并且按照海关对消耗性物料的相关规定，蓝膜也不能从手册中进口。因为，蓝膜并不属于海关予以保税的四类消耗性物料之一，企业需要通过一般贸易进口这类原材料。

知识点链接

1. 了解"消耗性物料"

消耗性物料，是指加工贸易企业为加工复出口（含深加工结转）产品而进口的、直接用于加工过程中、但又完全不物化于（部分物化的纳入单耗管理）产品中所消耗掉的物料。

2. 哪些"消耗性物料"属于可以保税的范畴

《海关总署关于加工贸易进口消耗性物料监管问题的通知》中规定：数量合理的触媒剂、催化剂、磨料、燃料，可予以保税备案。

具体来说，催化剂（又称触媒剂）：是一类能够改变化学反应速度而本身不物化进入最终产物的分子组成中的物质。催化剂可以由一种物质或几种物质组成，也可以是组成结构非常复杂的体系。常用的有：金属催化剂、金属氧化物催化剂、硫化物催化剂、酸碱催化剂、络合催化剂、生物催化剂等。催化剂性能的主要指标是活性、选择性及使用寿命。多数具有工业意义的化学转化过程是在催化剂作用下进行的。

磨料：是模具在对加工对象表面进行打磨抛光时所需的一类助剂的统称，如抛光润滑降温的油品、蜡、磨粉等。

燃料：是指在为加工出口产品提供电力能源而使用的发电机燃油料，如柴油、重油。

本案例中，企业所进口的"蓝膜"，其本质只是一种保护膜，只是这种膜的保护功能是在研磨的时候发挥作用的，跟研磨本身并没有关系，所以根本不能算作"磨料"。

3. "消耗性物品"和"消耗性物料"

"消耗性物品"一般指加工生产过程中所用的工具类物品，是生产设备或检测装置的一部分或其延伸的部分。其特点是：为加工生产所必需，与加工设备相对分离，作用于加工料件，比生产设备检测装置折旧快，更换频繁，但最终不物化到出口成品中。

"蓝膜"并非属于消耗性物料，最终，核查组将此核查结果如实反馈给了加贸部门。

海关提醒

"磨具"不同于"磨料"

磨具是一种工具，它一般是指用于抛光研磨用的轮、纸或布等，而磨料是一种助剂。例如，某大型电子企业是生产内存条与集成电路的外商独资企业，在生产集成电路的过程中，需要用到圆片研磨机，用于加工半导体圆片，对晶圆厚度进行打磨。该工序是半导体组装工程的一道重要工序，其目的是将晶圆打磨到不同产品所需要的厚度，以便于后续的切割、粘贴加工。因此，企业在进行此道工序时需要碾磨轮，安装于圆片研磨机上，通过碾磨轮对晶圆背面进行打磨，使晶圆达到目标厚度。

碾磨轮又称研磨轮，系由合金基座与研磨齿轮构成，其中，合金基座固定在研磨设备上，研磨齿轮则由一定规格的金刚石颗粒和树脂及碳化硅通过高温热压方式成型在合金底座上，金刚石颗粒平均分布于研磨齿轮，直接在晶圆背面研磨减薄晶圆厚度，研磨齿轮与基座不可分割，整体使用，同时报废。

2009年6月起，该企业以消耗性物料"磨料"备案从手册中进口该研磨轮。自2012年海关下厂核查时发现，研磨轮并非"磨料"，而是"磨具"，不能算作消耗性物料。故对企业在此期间段进口的研磨轮予以追补税款处理。

书目介绍

乐贸系列

书名	作者	定价	书号	出版时间

📖 外贸操作实务子系列

书名	作者	定价	书号	出版时间
1. 出口营销实战(第三版)	黄泰山	45.00 元	978-7-80165-932-3	2013 年 1 月第 3 版
2. 外贸实务疑难解惑 220 例	张浩清	38.00 元	978-7-80165-853-1	2012 年 1 月第 1 版
3. 外贸高手客户成交技巧	毅 冰	35.00 元	978-7-80165-841-8	2012 年 1 月第 1 版
4. 外贸纠纷处理实务——案例与技巧	熊志坚	35.00 元	978-7-80165-789-3	2011 年 1 月第 1 版
5. 报检七日通	徐荣才 朱瑾瑜	22.00 元	978-7-80165-715-2	2010 年 8 月第 1 版
6. 实用外贸技巧助你轻松拿订单	王陶(波锅涅)	25.00 元	978-7-80165-724-4	2010 年 4 月第 1 版
7. 外贸业务经理人手册(第 2 版)	陈文培	39.00 元	978-7-80165-671-1	2010 年 1 月第 1 版
8. 外贸会计实务精要	疏 影	28.00 元	978-7-80165-633-9	2009 年 5 月第 1 版
9. 外贸实用工具手册	本书编委会	32.00 元	978-7-80165-558-5	2009 年 1 月第 1 版
10. 外贸实务经验分享 33 例	沱沱网中文站	28.00 元	978-7-80165-560-8	2009 年 1 月第 1 版
11. 外贸实务案例精华 80 篇	刘德标 吴珊红	29.80 元	978-7-80165-561-5	2009 年 1 月第 1 版
12. 快乐外贸七讲	朱芷萱	22.00 元	978-7-80165-373-4	2009 年 1 月第 1 版
13. 外贸七日通(最新修订版)	黄海涛(深海鱿鱼)	22.00 元	978-7-80165-397-0	2008 年 8 月第 3 版
14. 金牌外贸业务员找客户——17 种方法·案例·评析	陈念祥 张思羽	35.00 元	978-7-80165-543-1	2008 年 8 月第 2 版
15. 出口营销策略(《出口营销实战》升级版)	黄泰山 冯斌	35.00 元	978-7-80165-459-5	2008 年 5 月第 1 版

📖 出口风险管理子系列

书名	作者	定价	书号	出版时间
1. 轻松应对出口法律风险	韩宝庆	39.80 元	978-7-80165 822 7	2011 年 9 月第 1 版
2. 出口风险管理实务(第二版)	冯 斌	48.00 元	978-7-80165-725-1	2010 年 4 月第 2 版
3. 50 种出口风险防范	王新华 陈丹凤	35.00 元	978-7-80165-647-6	2009 年 8 月第 1 版

📖 外贸单证操作子系列

书名	作者	定价	书号	出版时间
1. 跟单信用证一本通	何源	35.00 元	978-7-80165-849-4	2012 年 1 月第 1 版
2. 信用证审单有问有答 280 例	李一平 徐珺	37.00 元	978-7-80165-761-9	2010 年 8 月第 1 版
3. 外贸单证经理的成长日记	曹顺祥	38.00 元	978-7-80165-716-9	2010 年 3 月第 1 版

书名	作者	定价	书号	出版时间
4. 外贸单证解惑 280 例	龚玉和 齐朝阳	38.00 元	978-7-80165-638-4	2009 年 7 月第 1 版
5. 信用证 6 小时教程	黄海涛（深海鱿鱼）	25.00 元	978-7-80165-624-7	2009 年 4 月第 2 版
6. 跟单高手教你做跟单	汪 德	32.00 元	978-7-80165-623-0	2009 年 4 月第 1 版

📖 福步外贸高手子系列

书名	作者	定价	书号	出版时间
1. 小小开发信　订单滚滚来 ——外贸开发信写作技巧及实用案例分析	薄如骢	26.00 元	978-7-80165-551-6	2008 年 8 月第 1 版
2. 外贸技巧与邮件实战	刘 云	28.00 元	978-7-80165-536-3	2008 年 7 月第 1 版

📖 国际物流操作子系列

书名	作者	定价	书号	出版时间
1. 货代高手教你做货代 ——优秀货代笔记	何银星	25.00 元	978-7-80165-696-4	2010 年 1 月第 1 版
2. 国际物流操作风险防范 ——技巧·案例分析	孙家庆	32.00 元	978-7-80165-577-6	2009 年 4 月第 1 版

📖 通关实务子系列

书名	作者	定价	书号	出版时间
1. 外贸企业轻松应对海关估价	熊 斌　赖 芸　王卫宁	35.00 元	978-7-80165-895-1	2012 年 9 月第 1 版
2. 报关实务一本通（第 2 版）	苏州工业园区海关	35.00 元	978-7-80165-889-0	2012 年 8 月第 2 版
3. 如何通过原产地证尽享关税优惠	南京出入境检验检疫局	50.00 元	978-7-80165-614-8	2009 年 4 月第 3 版
4. 海关进出口商品归类基础与训练	温朝柱	36.00 元	978-7-80165-496-0	2009 年 1 月第 1 版
5. 最新报关单填制实用辅导	盛新阳　彭飞	38.00 元	978-7-80165-497-7	2008 年 10 月第 1 版

📖 彻底搞懂子系列

书名	作者	定价	书号	出版时间
1. 彻底搞懂信用证（第二版）	王腾　曹红波	35.00 元	978-7-80165-840-1	2011 年 11 月第 2 版
2. 彻底搞懂中国自由贸易区优惠	刘德标　祖月	34.00 元	978-7-80165-762-6	2010 年 8 月第 1 版
3. 彻底搞懂贸易术语	陈 岩	33.00 元	978-7-80165-719-0	2010 年 2 月第 1 版
4. 彻底搞懂海运航线	唐丽敏	25.00 元	978-7-80165-644-5	2009 年 7 月第 1 版
5. 彻底搞懂提单	张敏　赵通	29.80 元	978-7-80165-602-5	2009 年 6 月第 1 版
6. 彻底搞懂关税	孙金彦	29.00 元	978-7-80165-618-5	2009 年 6 月第 1 版

书名	作者	定价	书号	出版时间

📖 外贸英语实战子系列

1. 十天搞定外贸函电　　　　毅　冰　　38.00元　978-7-80165-898-2　2012年10月第1版
2. 外贸高手的口语秘籍　　　李　凤　　35.00元　978-7-80165-838-8　2012年2月第1版
3. 外贸英语函电实战　　　　梁金水　　25.00元　978-7-80165-705-3　2010年1月第1版
4. 外贸英语口语一本通　　　刘新法　　29.00元　978-7-80165-537-0　2008年8月第1版

📖 外贸谈判子系列

1. 外贸英语谈判实战　　　　王慧　吴旻　张海军　32.00元　978-7-80165-767-1　2010年9月第1版
　　　　　　　　　　　　　蒋晓杰　仲颖
2. 外贸谈判策略与技巧　　　赵立民　　26.00元　978-7-80165-645-2　2009年7月第1版

📖 国际商务往来子系列

国际商务礼仪大讲堂　　　　李嘉珊　　26.00元　978-7-80165-640-7　2009年12月第1版

📖 贸易展会子系列

外贸参展全攻略——如何有效
参加B2B贸易商展（第二版）　钟景松　33.00元　978-7-80165-779-4　2010年10月第2版

📖 区域市场开发子系列

中东市场开发实战　　　　　刘军　沈一强　28.00元　978-7-80165-650-6　2009年9月第1版

📖 国际结算子系列

1. 国际结算函电实务　　　　周红军　阎之大　40.00元　978-7-80165-732-9　2010年5月第1版
2. 出口商如何保障安全收汇
　　——L/C、D/P、D/A、O/A　庄乐梅　85.00元　978-7-80165-491-5　2008年5月第1版
　　精讲

📖 国际贸易金融工具子系列

1. 出口信用保险　　　　　　中国出口信用　35.00元　978-7-80165-522-6　2008年5月第1版
　　——操作流程与案例　　保险公司
2. 福费廷　　　　　　　　　周红军　　26.00元　978-7-80165-451-9　2008年1月第1版

📖 加工贸易操作子系列

1. 加工贸易实务操作与技巧　熊　斌　　35.00元　978-7-80165-809-8　2011年4月第1版
2. 加工贸易达人速成
　　——操作案例与技巧　　陈秋霞　　28.00元　978-7-80165-891-3　2012年7月第1版
3. 加工贸易企业关务作业统筹　熊　斌　29.80元　978-7-80165-423-6　2009年3月第1版

书名	作者	定价	书号	出版时间
乐税子系列				
1. 外贸企业出口退(免)税常见错误解析100例	周朝勇	49.80元	978-7-80165-933-0	2013年2月第1版
2. 生产企业出口退(免)税常见错误解析115例	周朝勇	49.80元	978-7-80165-901-9	2013年1月第1版
3. 外汇核销指南	陈文培等	22.00元	978-7-80165-824-1	2011年8月第1版
4. 外贸企业出口退税操作手册	中国出口退税咨询网	42.00元	978-7-80165-818-0	2011年5月第1版
5. 生产企业免抵退税实务——经验、技巧分享	徐玉树	35.00元	978-7-80165-780-0	2011年1月第1版
6. 生产企业免抵退税从入门到精通	中国出口退税咨询网	98.00元	978-7-80165-695-7	2010年1月第1版
7. 出口涉税会计实务精要(《外贸会计实务精要》第2版)	龙博客工作室	32.00元	978-7-80165-660-5	2009年9月第2版
专业报告子系列				
1. 国际工程风险管理	张燎	1980.00元	978-7-80165-708-4	2010年1月第1版
2. 涉外型企业海关事务风险管理报告	《涉外型企业海关事务风险管理报告》研究小组	1980.00元	978-7-80165-666-7	2009年10月第1版
外贸企业管理子系列				
小企业做大外贸的四项修炼	胡伟锋	26.00元	978-7-80165-673-5	2010年1月第1版
国际贸易金融子系列				
1. 国际贸易金融服务全程通(第二版)	郭党怀	43.00元	978-7-80165-864-7	2012年1月第2版
2. 国际结算与贸易融资实务	张丽君 张贝 李华根	42.00元	978-7-80165-847-0	2011年12月第1版

中小企业财会实务操作系列丛书

书名	作者	定价	书号	出版时间
1. 小企业会计疑难解惑300例	刘华 刘方周	39.80元	978-7-80165-845-6	2012年1月第1版
2. 做顶尖成本会计应知应会150问	张胜	38.00元	978-7-80165-819-7	2011年8月第1版
3. 会计实务操作一本通	吴虹雁	35.00元	978-7-80165-751-0	2010年8月第1版

以上图书均可在中国海关出版社网上书店(www.hgcbs.com.cn)、当当网、卓越网、京东网及各地新华书店等处购买。若有其他购书意向,请与本社发行部联系,联系电话:(010)65195616/5127/4221/4238/4286。

若想了解更多书讯,可关注新浪微博"海关金钥匙书肆"(http://weibo.com/u/2931768405)。

"关务通"品牌图书

书名	作者	定价	书号	出版时间

📖 关务通·加贸系列

1.《加工贸易实务操作与技巧》	"关务通·加贸系列"编委会	60.00 元	978-7-80165-927-9	2013 年 3 月第 1 版
2.《海关特殊监管区域和保税监管场所实务操作与技巧》	"关务通·加贸系列"编委会	60.00 元	978-7-80165-926-2	2013 年 3 月第 1 版
3.《加工贸易疑难解惑 280 例》	"关务通·加贸系列"编委会	60.00 元	978-7-80165-928-6	2013 年 3 月第 1 版

📖 关务通·稽查系列

《小王在海关稽查的日子——企业如何配合海关稽查》	"关务通·稽查系列"编委会	70.00 元	978-7-80165-925-5	2013 年 3 月第 1 版

📖 关务通·双语系列

《国际海关新视野》	上海海关	60.00 元	978-7-80165-918-7	2012 年 12 月第 1 版

📖 关务通·电子口岸系列

1.《电子口岸实用功能》	"关务通·电子口岸系列"编委会	32.00 元	978-7-80165-904-0	2012 年 11 月第 1 版
2.《电子口岸实务操作与技巧——通关篇》	"关务通·电子口岸系列"编委会	55.00 元	978-7-80165-906-4	2012 年 11 月第 1 版
3.《电子口岸实务操作与技巧——加贸篇》	"关务通·电子口岸系列"编委会	55.00 元	978-7-80165-908-8	2012 年 11 月第 1 版
4.《电子口岸疑难解惑 400 例》	"关务通·电子口岸系列"编委会	38.00 元	978-7-80165-910-1	2012 年 11 月第 1 版

📖 关务通·监管通关系列

1.《监管通关政策实用指导手册》	"关务通·监管通关系列"编委会	78.00 元	978-7-80165-907-1	2012 年 10 月第 1 版
2.《通关实务操作与技巧——货物、运输工具篇》	"关务通·监管通关系列"编委会	48.00 元	978-7-80165-909-5	2012 年 10 月第 1 版
3.《通关实务操作与技巧——进出境物品篇》	"关务通·监管通关系列"编委会	26.00 元	978-7-80165-905-7	2012 年 10 月第 1 版
4.《通关疑难解惑 720 例》	"关务通·监管通关系列"编委会	48.00 元	978-7-80165-903-3	2012 年 10 月第 1 版

待出系列

📖 关务通·企管系列

《AA 类企业关务秘笈》	"关务通·企管系列"编委会			